茂木雅博 著

常陸の古墳

同成社

まえがき

　本書は、これまで常陸の古墳について発表した諸論文に修正を加え、一書としてまとめたものである。最も古い論文は1971年、最新のものは2006年であるから、約40年に亘る調査研究の成果といえる。

　また本書は、1958年8月に麻生町南古墳(俗称三夜塚古墳)を大森信英先生の指導の下で発掘調査して以来の、私の念願達成でもある。私の考古遍歴はこの古墳から始まり、日本国中を徘徊し、韓国・中国を経て、2005年8月に東海村真崎古墳群で終着点に到達したといえる。その間、東アジア的視点に立って生まれ故郷の古墳文化を整理した成果でもあるが、思考の完成ではない。単なる通過点であることをお断りしておきたい。

　本書を編むにあたって揃えた原稿を通読して、私の常陸古墳研究の経過を、改めて認識した。その第1は古墳の築造開始時期と前方後円墳の消滅時期の問題である。消滅期については坪井正五郎と野中完一の卓見を超えるものは見られないように思われるし、私はこの卓見をもとに、常陸の前方後円墳の廃止時期は大化の喪送令による禁止令と理解する。問題は出現期である。常陸の古墳の出現時期については、後藤守一説が障壁となり、5世紀説を遡ることはきわめて困難であった。またそれを支持したのが小林行雄先生であった。だが、私たちは地域に密着する視点で永年にわたり、遺跡分布調査と基礎資料作成のための古墳測量調査を根気良く継続した結果、出現期を4世紀初頭あるいは3世紀末まで遡らせることが可能となった。その背景としては、末永雅雄先生の指導で私が大和の前方後円墳の全探査を実施しえたのが大きいと思っている。

　第2は時代区分論に基づく弥生土器と土師器の共伴問題である。1978年春、私たちは東海村部原遺跡で十王台式土器と五領式土器の共伴する住居跡に遭遇したが、そこで事実を克明に記録し、類例を調査して1982年に報告書を刊行した。当時、県内の研究者からは強い反対意見が提出されたが、しかし事実は事実であることが、最近では証明されている。

第3は国造墓園の整理である。常陸を基礎に漢皇帝陵をモデルとして、「大王陵園と国造墓園」という視点で数年前に整理したが、これはあくまでも常陸の古墳を基礎とした視点であり、漢皇帝陵園と大和の大王陵園を見据えた仮説である。今後の私に課せられた宿題である。

　第4は本書ではあまり問題にすることができなかった壁画古墳問題である。東海村須和間12号墳の問題提起は、常陸の壁画古墳の再検討の必要性を意味する。日本の壁画研究は東アジア的視点で解釈することが肝要であることは、多くの研究者の知るところである。今後さらに検討してゆきたい。

　第5は墓園と居館の関係である。常陸の古墳時代研究では全く解決の糸口さえ見えていない問題である。この後、何らかの方程式を立てたいと考えている。

　茨城大学時代に蓄えた考古学資料を材料に、まもなく大学を辞して時間的余裕が与えられるであろうこれからの研究生活において、これらのテーマについてどれだけの成果が残せるか、自問自答するとともに、楽しみでもある。

　なお、本書収載の諸論文に関して、執筆時以降、データ上の修正は勿論のこと、考古学的・歴史的解釈においても改変のなされることがさまざまに出来している。一書にまとめるにあたって、データ上の誤りは可能な限り改め、また解釈のうえでも、研究の進展に伴って明らかに誤りとなった点については、躊躇なく修正を加えた。しかし、単に時代の変遷に伴っての状況の変化については発表時のままとしたものも多い。その一つが、古墳所在地の地名表記である。特に近年の市町村大合併に伴って多くの地名が変り、論文発表時の地名はほとんどが変更されたといってよい。だがこれについては逐一現表記に改めることはしなかった。そのほうが当時の雰囲気がよく伝わると考えたからである。ただし「序」においてのみ、現地名表記に改めた。これから古墳研究に携わる若い研究者にとっての便宜を考えたからである。

　若い研究者によって常陸の古墳研究がさらに進むことを切望するとともに、本書がそのための捨て石となるならば、望外の幸せである。

　　　2006年12月24日

　　　　　　　　　　　　　誕生65年の日　佐原の書斎にて　茂木雅博

目　次

まえがき

序　常陸古墳の沿革 ─────────────────1

第Ⅰ部　常陸の前方後円(方)墳と円墳 ──────────15
　1　常陸の前方後方墳 ……………………………………16
　2　常陸の初期前方後円墳 ………………………………42
　3　常陸における前方後円(方)墳の伝播 ………………61
　4　北浦西岸の前方後円墳 ………………………………73
　5　常陸における前方後円墳の終焉 ……………………81
　6　常陸の円墳 ……………………………………………88

第Ⅱ部　常陸の古墳をめぐる諸問題 ───────────103
　1　常陸南部の古墳群 ……………………………………104
　2　常陸伊勢山古墳の墳形について ……………………114
　3　霞ヶ浦沿岸の発生期古墳 ……………………………122
　4　土浦の古墳 ……………………………………………150
　5　鬼怒川中流域における古墳文化の展開 ……………172
　6　須和間12号墳と水鳥の絵 ……………………………189
　7　日天月天塚と箱式石棺 ………………………………203
　8　常陸の箱式石棺 ………………………………………212
　9　茅山古墳と寿陵の終焉 ………………………………225

第Ⅲ部　常陸における古墳研究抄史 ───────────233

参考文献一覧 ─────────────────────269
　1．引用参考文献 …………………………………………269
　2．茨城県の主要古墳・古墳群の報告書等 ……………272

初出一覧

常陸の古墳

序　常陸古墳の沿革

1　はじめに

『常陸国風土記』には11の郡名が記されており、それぞれに簡単な記録を伝えている。特にその内容は他国の現存風土記と異なり、省略部分が多く、全文を伝えるのは行方郡のみである。そのうえ、ここで取り扱おうとする古墳に関する記録は全く存在しない。

『常陸国風土記』に記された郡領域内にどれだけの古墳が存在するかをみると、下記の如くである。

○新治郡	228基	○行方郡	496基
○白壁郡	56基	○香島郡	689基
○筑波郡	229基	○那珂郡	969基
○河内郡	339基	○久慈郡	179基
○信太郡	412基	○多珂郡	114基
○茨城郡	806基		

この数は1974年刊行の『茨城県遺跡地名表』（茨城県教育委員会編）をもとに作製したもので、横穴808基はいちおう除外した。当時、常陸に築造された高塚古墳の数は、1万基を越えたと筆者は想定している。そうした古墳と関連するものとして、信憑性については必ずしも定かではないが、『国造本紀』が残されている。その中から常陸の部分を紹介しておこう。

○新治国造

　　志賀高穴穂朝御世、以美都侶伎命児比奈羅布命、定賜国造。

図1 茨城県の主要古墳分布図（古墳名は右頁の表の番号に対応）

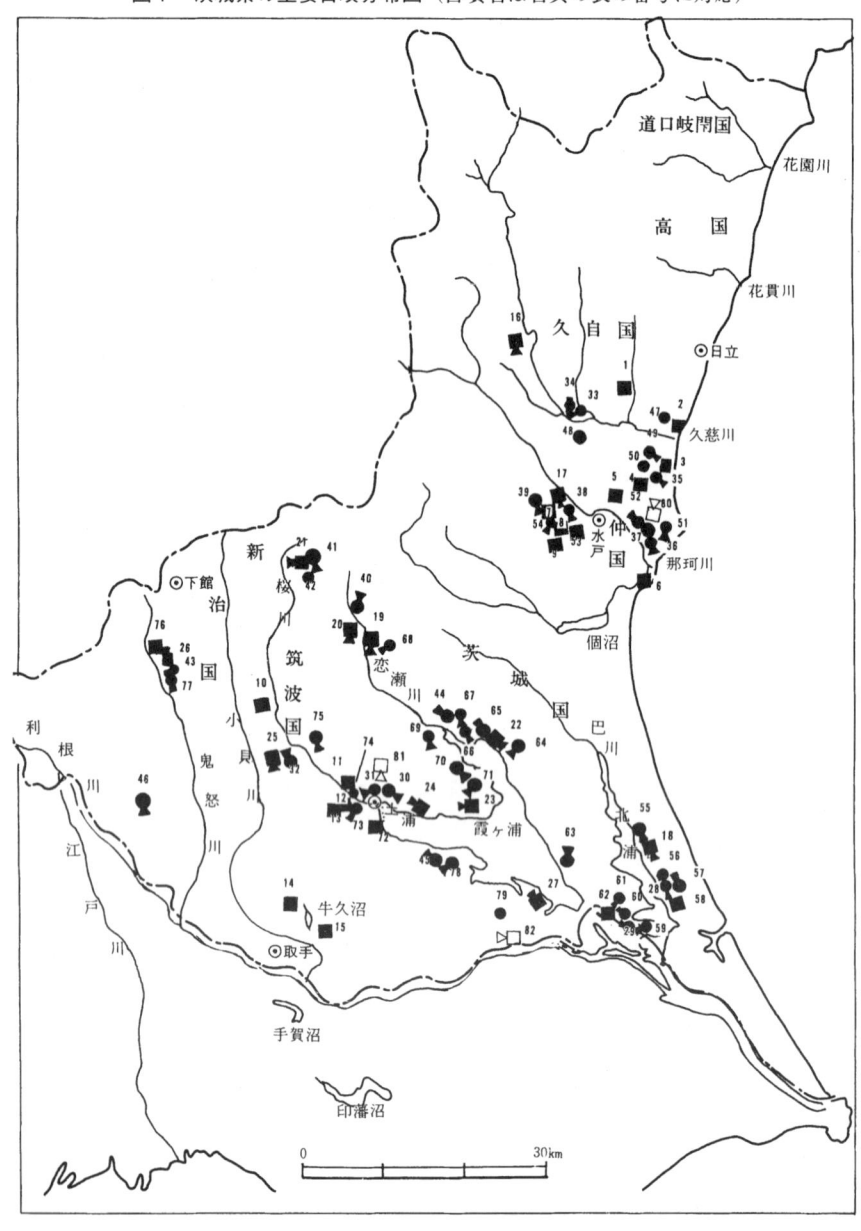

序　常陸古墳の沿革　3

番号	遺跡名	所在地	形式	番号	遺跡名	所在地	形式
1	小野崎城址	常陸太田市瑞竜町	方形	42	青柳古墳	桜川市青柳	円墳
2	金井戸遺跡	日立市久慈町	〃	43	桜塚古墳	筑西市関本下	後円
3	須和間遺跡	那珂郡東海村須和間	〃	44	舟塚山古墳	石岡市北根本	後円
4	津田天神山遺跡	ひたちなか市津田	〃	45	観音山古墳	稲敷郡美浦村舟子	〃
5	下高場遺跡	ひたちなか市下高場	〃	46	上出島古墳	岩井市上出島	〃
6	髭釜遺跡	東茨城郡大洗町	〃	47	割山古墳	日立市久慈町	円墳
7	向井原遺跡	水戸市開江町	〃	48	白河内古墳	那珂市門部	〃
8	大塚新地遺跡	水戸市大塚町	〃	49	舟塚2号	那珂郡東海村村松	後円
9	赤塚西団地遺跡	水戸市河和田町	〃	50	部原古墳	那珂郡東海村部原	円墳
10	倉持中妻遺跡	筑西市倉持	〃	51	川子塚古墳	ひたちなか市磯崎町	後円
11	上坂田北見塚遺跡	土浦市上坂田	〃	52	虎塚古墳	ひたちなか市中根	〃
12	穴塚遺跡	土浦市宍塚町	〃	53	吉田古墳	水戸市元吉田町	方墳
13	花室遺跡	つくば市花室	〃	54	牛伏古墳	水戸市牛伏	後円
14	泊崎城址	稲敷市岩崎	〃	55	大峰山5号墳	鉾田市中居	〃
15	廻り地A遺跡	竜ヶ崎市馴馬町	〃	56	勅使塚古墳	鹿嶋市宮中野	帆立
16	富士山4号墳	ひたちおおみや市下村田	後方	57	夫婦塚古墳	鹿嶋市宮中野	後円
17	安戸星古墳	水戸市飯富町	〃	58	宮中野99号墳	鹿嶋市宮中野	方墳
18	大峰山1号墳	鉾田市中居	〃	59	子子前塚古墳	潮来市大生	後円
19	丸山1号墳	石岡市柿岡	〃	60	観音寺山1号墳	潮来市上戸	〃
20	長堀2号墳	石岡市長堀	〃	61	日天月天塚古墳	潮来市堀の内	〃
21	狐塚古墳	桜川市北着	〃	62	塚原古墳	潮来市永山	方墳
22	勅使塚古墳	行方市沖洲	〃	63	南古墳	行方市小高	後円
23	赤塚古墳	かすみがうら市赤塚	〃?	64	大日塚古墳	行方市沖洲	〃
24	舟塚山2号墳	土浦市田村町	〃	65	三昧塚古墳	行方市沖洲	〃
25	桜塚古墳	つくば市水守	〃	66	舟塚古墳	小美玉市上玉里	〃
26	西山古墳	筑西市関本上	〃	67	愛宕山古墳	石岡市北根本	〃
27	原1号墳	稲敷市浮島	〃	68	丸山4号墳	石岡市高友	〃
28	伊勢山古墳	鹿嶋市宮中野	後円	69	熊野古墳	かすみがうら市	〃
29	浅間古墳	潮来市上戸	〃	70	稲荷塚古墳	かすみがうら市風返	〃
30	王塚古墳	土浦市手野町	〃	71	十日塚古墳	かすみがうら市折越	〃
31	天神山古墳	土浦市常名町	〃	72	石倉山古墳群	土浦市烏山町	方墳
32	山木古墳	つくば市山木	〃	73	大日山古墳	土浦市宍塚町	後円
33	梵天山古墳	常陸太田市島町	〃	74	武者塚古墳	土浦市上坂田	円墳
34	高山塚古墳	常陸太田市島町	双円墳	75	八幡塚古墳	つくば市沼田	後円
35	権現山古墳	那珂郡東海村村松	後円	76	船玉古墳	筑西市船玉	方墳
36	鏡塚古墳	東茨城郡大洗町磯浜町	〃	77	茶焙山古墳	筑西市上野	後円
37	車塚古墳	東茨城郡大洗町磯浜町	円墳	78	木原台古墳	稲敷郡美浦村木原	〃
38	愛宕山古墳	水戸市愛宕町	後円	79	前山古墳	稲敷市神宮寺	円墳
39	富士山古墳	水戸市牛伏	〃	80	坊主山古墳	東茨城郡大洗町磯浜町	後方?
40	佐自塚古墳	石岡市佐久	〃	81	后塚古墳	土浦市手野町	後方
41	長辺寺山古墳	桜川市岩瀬	〃	82	東大沼古墳	稲敷市東大沼	後方

（方形＝方形周溝墓　後方＝前方後方墳　後円＝前方後円墳　帆立＝帆立貝式古墳のそれぞれ略）

注　この「序」のみ所在地を現在地に改めた

○筑波国造

　　志賀高穴穂朝〈御世〉、以忍凝見命孫阿閇色命、定賜国造。

○茨城国造

　　軽島豊明朝御世、〈以〉天津彦根命孫筑紫刀禰、定賜国造。

○仲　国造

　　志賀高穴穂朝御世、〈以〉伊予国造同祖、建借間命、定賜造。

○久自国造

　　志賀高穴穂朝御代、〈以〉物部連祖伊香色雄命三世孫船瀬足尼、定賜国造。

○高　国造

　　志賀高穴穂朝御世、〈以〉弥都侶岐命孫弥佐比命、定賜国造。

○道口岐閇国造

　　軽島豊明（朝）御世、〈以〉建許呂命児宇佐比乃禰、定賜国造。

　以上、7国造の存在が記されている。これらを『古事記』と照合すると、5国造（新治・筑波・仲・久自・高）が成務朝に、残る2国造（茨城・道口岐閇）が応神朝に設置されたことを知ることができる。『国造本紀』が信用できるとすれば、7国造の設置と1万基を越えたであろう古墳の築造は無関係ではあるまい。またこれらの国造の支配領域は定かではないが、『常陸国風土記』や『和名抄』に記された郡郷の中で河内・信太・行方・鹿島四郡を国造支配と切り離したとすると、1936基もの現存する古墳をどう理解するかという疑問も生じてくる。

　このような問題は後日検討することとして、考古学上の知見から、常陸の古墳について概略を紹介しておこう。

2　出現期の古墳

　古墳出現前夜の常陸地方を観察すると、大きく3地域の区別が可能となろう。その1つは那珂、久慈・多珂などを中心として茨城の一部を含む県北部地区。

その2は新治・白壁・筑波などを中心に河内北部を含む県西部地区。

その3は信太・行方・鹿島などを中心に茨城・河内の一部を含む県南部地区などである。

その1は、十王台系弥生文化圏で、その2は、下野系弥生文化圏、その3は、南関東系弥生文化圏と仮に呼称しよう。

筆者は数年来、積極的にマッピングを実施しており、断定はできないが、こうした傾向がみられると予想している。

具体例を示すならば、土浦市の周辺では3者の合流がみられ興味ぶかいし、東海村部原遺跡では十王台系土器群に客体として五領式土器群が含まれている。最近、部原遺跡で確認されたこの部原パターンと呼称される土器のセット構成は、水戸市大塚新地遺跡や石岡市外山遺跡においても確かめられている。

東海村においては、この段階で須和間遺跡という低墳丘墓が出現している。それは6基の方形墓と1基の円形周溝墓からなり、狭い尾根上に溝を接して築造されていた。これらの築造された時期を、集落遺跡である部原遺跡や小沢野遺跡と比較すると、部原東→部原北→小沢野Ⅰ期など、少なくとも3期以上の時期に築造されたことが知られる。

久慈川領域では、現在までのところ、須和間遺跡を除いて4世紀代に遡る古墳は確認されていない。

これに対して、信太郡に属すると思われる稲敷市浮島に所在する原古墳群では、独立した尾根状の丘上に、前方後方墳1基、方墳5基、円墳4基、不整前方後円墳1基の11基の低墳丘墓が確認されている。

須和間墳墓群のように群全体を発掘調査したわけではなく、前方後方墳1基、方墳1基、円墳1基を調査したにすぎないが、常陸の出現期古墳の様相を知るうえで、これ以上の遺跡は確認されていない。

須和間においては、発見された土器群に底部に穿孔を有するものはなかったが、原古墳群では3基から土師器が発掘され、1号墳と呼んだ前方後方墳からは少なくとも4個体の焼成前に底部を穿孔した壺型土器が確認されている。

これらを比較すると、須和間で最も新しいと思われる11号墓と原1号墳がほ

ぼ同時期に築造されたと考えられる。要するに原古墳群では、前方後方墳が4世紀中葉段階で出現しているのである。

このように常陸地方では、現在のところ久慈川領域以南において、最初の古墳として前方後方墳が出現している。その具体例として、桜川市狐塚古墳、筑西市西山古墳、つくば市桜塚古墳、土浦市舟塚2号墳、稲敷市原1号墳、石岡市丸山古墳、同長堀2号墳、行方市勅使塚古墳、鉾田市大峯山1号墳、水戸市安戸星古墳、ひたちおおみや市富士山古墳などをあげることができる。

常陸の古墳出現は、須和間墳墓群や原古墳群を契機として、前方後方墳として始められる。

占地は尾根上であることが基本で、けっして平坦な場所ではない。外護施設として埴輪や葺石はなく、地山を最大限利用し、墳丘内で底部穿孔の土師器を使用した祭祀を行うことを常とする。また埋葬施設には石材を使用することがなく、副葬品はごくわずかである。

その時期は4世紀第Ⅲ四半期以降であり、この時点での前方後円墳の築造はまだ確認されていない。

常陸で最初に築造された前方後円墳と考えられるものには、鹿嶋市伊勢山古

つくば市桜塚古墳

行方市勅使塚古墳

墳や土浦市王塚古墳、つくば市山木古墳などがある。山木古墳を除いて発掘調査がされておらず、実測のみであるので断言はできない。

しかし埴輪片が全く採集されないこと、平面プランが典型的な柄鏡型であること、しかも占地が丘陵端部をうまく利用していることなどがある。こうした初源的な前方後円墳は、4世紀末には築造されていたものと思われるが、その数は十指に余る。

3　5世紀の古墳

この時期になると、前方後方墳はあまり築造されなくなり、前方後円墳が大形化する。筑西市葦間山古墳、桜川市長辺寺山古墳、石岡市佐自塚古墳、石岡市舟塚山古墳、水戸市富士山古墳、大洗町鏡塚古墳、同車塚古墳、水戸市愛宕山古墳、常陸太田市梵天山古墳、同高山塚古墳などがそれである。[1]

これらの古墳は、長辺寺山古墳と佐自塚古墳および葦間山古墳を除いてすべ

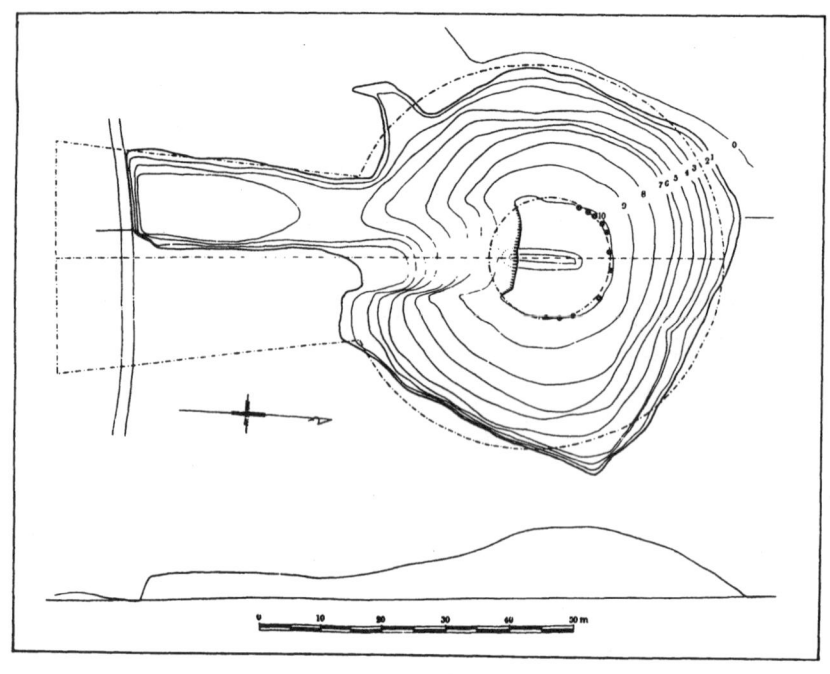

図2　大洗町鏡塚古墳

て丘陵端部に築造され、片面のみ周隍をもつという共通性がある。特に長辺寺山、佐自塚、舟塚山、鏡塚、愛宕山、梵天山などは常陸の埴輪研究上初源をなすものであり、これらには形象埴輪は含まれない。発掘調査されたものは佐自塚、鏡塚の2例であり、この時期の解明は遅れている。鏡塚古墳の例が示すように、滑石製模造品が特徴的となり、最近、舟塚山古墳でかつて出土したという滑石製品の一部を知ったが、それは形体的に鏡塚より後出するようである。5世紀中葉と思われる東海村権現山古墳は、全長85m程度の前方後円墳であり、格子状タタキ目を有する円筒埴輪が樹立されている。最近、久慈川流域でもう1ヶ所それらしい埴輪片を採集しており、注目される。この世紀後半になると、大型の円墳と帆立貝式前方後円墳が出現する。その代表として大洗町車塚、東海村別当山古墳、常陸太田市高山塚古墳、日立市割山古墳などがそれである。そして埋葬施設に石材が使用されるようになることもつけ加えておきたい。

4　6世紀の古墳

　三昧塚古墳を6世紀初頭にするか、5世紀の範疇で捉えるかは意見の分かれるところである。筆者は後者の立場をとる。6世紀の声をきくと、全長100mを越える古墳はほとんどみられなくなる。ただし筑西市上野の茶焙山古墳は測量の結果、100m近い可能性のあることが判った。

　常陸では、この時期に埴輪生産に大きな転期がみられる。すなわち窖窯が出現してくるのであるが、窖窯生産が開始されたことによって埴輪が全体的に小型化する。しかも須恵質埴輪が伴うようになる。前代のような太形の円筒埴輪で須恵質埴輪を伴う例として筑西市茶焙山古墳(2)、ひたちなか市川子塚古墳、東海村部原古墳などがある。これらが6世紀初頭の古墳であろう。

　人物埴輪の中にも須恵質のものが含まれる。東海村石神小学校古墳（現茅山古墳）出土のフンドシをした人物埴輪は、その代表的なものである。

　埋葬施設として横穴式石室が採用されるのは6世紀中葉頃である。桜川市松田原古墳、石岡市丸山4号墳などが常陸に採用された初期の横穴式石室である。

玉造町三昧塚古墳（森昭氏撮影）

いずれも奥壁の鏡石に大型石を使用し、側壁はゆるやかな持送り状に小口積みで天井に達する。常陸北部では、これ以後、横穴式石室が採用される。南部では、三昧塚古墳以後、箱式石棺が墳丘の裾に設けられ追葬を可能にしている。
　常陸の古墳の7割以上は、6世紀中葉以降の築造であろう。

5　7世紀の古墳

　この時期になると、例外を除いて、埴輪の樹立はなくなったものと思われる。墳丘も小型化し、前方後円墳も中葉を境として築造されなくなる。しかし潮来市観音寺山7号墳のような前方部の退化したと思われる古墳が築造されており、地域によっては第Ⅲ四半期に残るものも存する。前方後円墳の築造が停止された後には、方墳が再び現れる。筑西市船玉古墳、潮来市塚原古墳、鹿嶋市宮中野6号墳、同99号墳などは常陸の7世紀後半の首長墓として、最も注目される方墳である。
　7世紀前後に現れる最も大きな特色は、装飾古墳である。特に横穴式石室に彩色される例は、九州地方を除いて類例が少ない。筑西市船玉古墳、桜川市花園古墳、かすみがうら市大師唐櫃古墳、同十日塚古墳、[3]水戸市吉田古墳、ひたちなか市虎塚古墳、同金上古墳、那珂市白河内古墳、東海村須和間12号墳などは、いずれも横穴式石室に装飾を施すもので、7世紀の常陸の古墳の最も大きな特色である。こうした装飾古墳には彩色によるものと、線刻によるものとがあり、また横穴に施されたものもある。
　常陸のこの種の古墳については、早くから彩色例として船玉古墳と大師唐櫃古墳が知られ、線刻例として吉田古墳が報告されていた。
　船玉古墳を最近調査したところ、赤色と白色の顔料によって靫4枚、ゴンドラ様船1、円文数ヶ所と石室のほぼ全体に図柄不詳の赤彩が確認された。靫については、近年桜川市花園古墳で確認されたものとほとんどかわらない図柄であり、かなり具体的に図示されている。虎塚古墳のような、抽象化され文様化されたものではない。線刻例としては、吉田古墳や金上古墳のような武具を図

ひたちなか市虎塚古墳石室の壁画（ひたちなか市教委提供）

示したものと、白河内古墳や須和間12号墳のように水鳥を描いたものがある。

一方、横穴に装飾されたものは、日立市かんぶり穴横穴のように線刻後彩色を施した例は問題ないとしても東海村下諏訪横穴の竜（？）、常陸太田市幡山横穴の鳥、常陸太田市猫渕横穴の人物像などの絵画については、改めて検討する必要があると思われる。

こうした装飾古墳の大半は7世紀の所産のようであるが、詳細について解き明かされていない。

6　終末期の古墳

終末期の古墳の調査はきわめて少ないが、1983年、筑波大学の増田精一らによって調査された土浦市武者塚古墳は、その欠を補う好資料である。墳丘はな

く、小規模な横穴式石室を埋葬施設とし、天井から遺骸を追葬するもので、横穴式石室と箱式石棺の折衷形式をとる。副葬品として青銅製杓と銀製透彫帯状金具などが特に注目される。増田は飛鳥・白鳳期の築造と報じている。

片口を呈する青銅鋺に鉄製の柄を付した杓は、古墳出土品としては、類例の少ない逸品である。追葬された6体の遺骸の中には毛髪が確認され、その中には「口ヒゲ」「ミズラ」などが残されていたものがある。

土浦市石倉山1号・2号墳は盗掘されていたものの、方形の周隍の中心部に武者塚同様の埋葬施設が存し、周隍中より高台付長頸壺を出土している。年代を決定することは不可能であるが、鹿嶋市宮中野仮称1号墳として茅根修嗣が調査した方形墳も終末期古墳の好例である。

註
(1) 1984年12月、茨城大学人文学部史学第6研究室が100mを越える帆立貝式前方後円墳であることを確認する。
(2) 1985年5月、墳丘を測量し、埴輪片を多量採集する。上野古墳と呼称された箱式石棺は本墳のクビレ部付近の埋葬施設の可能性が強く、本墳も全長100mに近い大前方後円墳の可能性がある。
(3) 茨城大学工学部学生の塚本敏夫によって1984年4月発見されたもので、副室構造の横穴式石室に赤色顔料がかなり施されている。図柄は不詳である。

〈付論〉 常陸の古墳編年概説

常陸の古墳の編年にとって注目したいのは東海村須和間遺跡の位置づけである。従来は十王台式土器と土師器共伴について県内研究者の賛成が得られなかったこともあるが、東海村部原遺跡の報告以来このことは一般的となった。すなわち形態的に変化はないが年代的に3世紀後半から4世紀初頭に位置づけることで、常陸の出現期古墳の年代が、畿内に接近することになったといえる。

そうするとまず整理しなければならない古墳に県内で18基確認されている前方後方墳がある。特にこれらの中で調査の行われた勅使塚古墳、原1号墳、安

序　常陸古墳の沿革　13

戸星古墳などと狐塚古墳、舟塚山2号墳、大上4号墳などでは築造年代を異にするものと思う。

　前三古墳は出現期であるが、後者のうち舟塚山2号墳と大上4号墳が築造された時期にはすでに前方後円墳が常陸に出現していたと推察される。こうして整理すると常陸の前方後方墳は調査を経た古墳から一応4世紀中葉から5世紀前半に築造されたものとして捉えておく。

　前方後円墳については、新治地区では灯火山古墳、長辺寺山古墳、葦間山古墳、筑波地区では山木古墳、王塚古墳、天神山古墳、仲地区では大場天神山古墳、鏡塚古墳、久自地区では星神社古墳、梵天山古墳、鹿行地区では伊勢山古墳、浅間塚古墳などは4世紀代の出現とする。ただし最後の浅間塚古墳からは未確認であるが円筒埴輪が採集されたともいわれるので再検討の必要がある。

　ここで注目したいことは新治地区の葦間山古墳と久自地区の梵天山古墳という巨大前方後円墳が出現している点である。

　5世紀になっても巨大な古墳が2基築造されている。仲地区の愛宕山古墳と茨城地区の舟塚山古墳である。この時期になると確実に円筒埴輪の樹立がみられる。4世紀代とした古墳の中では長辺寺山古墳と鏡塚古墳に初期埴輪がみられるのみである。しかしここで採集される埴輪は野焼きを主体とするものであり、窖窯の導入は5世紀末にならないとみられない。常陸唯一の陪冢を有する舟塚山古墳の陪冢に箱式石棺が登場する。舟塚山古墳の年代を5世紀中葉とすると、このあと巨大なものはかすみがうら市富士見塚古墳くらいである。常陸ではこのあとに巨大な円墳が出現する。仲地区車塚古墳（95m）、久自地区高山塚古墳（約90m）、鹿行地区大塚古墳（80m）などで直径50mを超えるものは17基も存在している。この時期のものの中に窖窯によって焼かれた埴輪が登場することも事実である。

　窖窯焼成による小型埴輪が出現するころになると前方後円墳の中規模化が進んでくる。新治地区茶焙山古墳、茨城地区三昧塚古墳、中地区川子塚古墳、久自地区権現山古墳、鹿行地区瓢箪塚古墳などがそれであろう。しかし、この時期以降6世紀は常陸で最も埴輪製作が盛んな時代である。

7世紀に近づくにつれて前方後円墳の小型化が進み、埴輪が大量に樹立されるようになる。例えば筑波地区の愛宕塚古墳や鹿行地区の日天月天塚古墳などはその代表的なものといえる。筆者はこのころから常陸に装飾古墳が出現するようになり、7世紀中葉の大化の喪葬令によって前方後円墳の築造に終止符が打たれると考えている。7世紀の前方後円墳として仲地区虎塚古墳、鹿行地区鹿見塚古墳、同観音寺山1号墳などをあげておく。この時期に前後して方形墳が登場し、古墳の築造が終了する。現時点での最新のものは筑波地区の武者塚古墳の可能性が強い。

　以上の変遷も埋葬施設や副葬品から整理すると以下のようになる。埋葬施設に石材が使用されるようになるのは桜川市青柳古墳の墳裾および石岡市舟塚山古墳の陪冢が最初である。それ以前は木棺直葬、粘土槨といった木棺葬である。副葬品にこれといった特徴は認められず、水戸市大場天神山古墳では鏡・武器、行方市勅使塚古墳では鏡・玉、稲敷市原1号墳では武器・農工具・玉、桜川市狐塚では武器・工具・玉、つくば市桜塚では鏡・石製品・玉などがそれぞれ発見されている。鏡塚古墳では鏡・石製品・玉類・武器などを副葬している。しかし4世紀末〜5世紀中葉の古墳は発掘調査されておらず不詳である。

　鏡塚古墳に大量に副葬された滑石製模造品は舟塚山古墳の陪冢にも大量に発見されており、また美浦村弁天山古墳からも知られている。三昧塚古墳には滑石製品は含まれておらず、5世紀末の本格的な石材を使用する埋葬施設が出現するころには石製品はみられなくなってしまう。これからは馬具類や武器の副葬が多くなり、埴輪の生産が活発化する傾向がある。また常陸では6世紀末から装飾古墳が出現し、7世紀に盛行する。大師唐櫃古墳、十日塚古墳、花園3号墳、吉田古墳、虎塚古墳、船玉古墳、金上古墳などがそれである。

　これらも前方後円墳から方墳へと移行し古墳の築造に終止符が打たれる。

〔付記〕その後の調査・研究の結果、葦間山古墳、長辺寺山古墳、鏡塚古墳などは4世紀代であり、梵天山古墳は4世紀前半か、もしかすると3世紀後半の可能性も考えられることとなった。しかし本稿は常陸の古墳年代研究の学史的意味も有すると思い、本書に収録するにあたり、あえて改変を行わなかった。

第Ⅰ部　常陸の前方後円(方)墳と円墳

1　常陸の前方後方墳

1　寿陵としての前方後円墳

　古墳がある時期まで単なる死体処理のためだけの施設でなかったことは、その規模の宏大さや、埋葬に伴う副葬品の豪華さなどから理解することができる。具体的にはわが国最大規模を有する大阪府大山古墳を例にすると、墳丘全長486mもあり、その外側には濠が穿たれ、中堤も存在する。延喜式に記された仁徳天皇陵には、東西8丁、南北8丁という兆域を記している。いかに大規模な墓域であったかを知ることができる。古墳が単なる死体処理の施設でないとすると一体何かということになる。明らかなことは縄文時代や弥生時代前半の埋葬遺構と弥生時代後半以降のそれでは性格的にかなり異なっていることである。特に古墳時代と呼称する3世紀末〜4世紀に入ると大和を中心とする地域に突如として大墳丘を有する前方後円墳が出現する。
　突如として大前方後円墳が出現するところに古墳とは何かを考える重要なポイントが存在する。何故『日本書紀』崇神記10年9月条に箸墓築造に関する以下のような詳細な記事を載せているのか。
　爰倭迹々姫命仰見、而悔之急居^{急居此云}^{菟岐于}。則箸撞陰而薨。乃葬於大市。故時人號其墓、謂箸墓也。是墓者、日也人作、夜也神作。故運大坂山石而造。則自山至于墓、人民相踵、以手遞傳而運焉。
　次に注目しなければならないことは、埋葬施設の問題である。現在数百メートルの大前方後円墳はすべて宮内庁が陵墓に指定しており、立ち入りさえ禁止されていて、学術的に詳細な検討を加えることは許されない。しかし畿内を問

わず調査された前方後円墳の中に、いくつかの判明した事実がある。そうした中で最も重要なことは、前方後円墳がその築造と埋葬との間にかなりの時間差が有するという点をあげることができる。すなわち前方後円墳の中に築造後何年かの年期を経て埋葬行為が行われるという事実である。筆者は日本における古墳研究にとって、その性格を検討するうえで最も重視しなければならないのはこの点であると考える。直接的に以下の資料を結びつけることには異論もあるが、充分に検討する必要があろう。それは『史記』趙世家の趙の粛侯15年条に「起寿陵」とあることである。

筆者は前方後円墳の起源を寿陵的性格と理解したい。寿陵・寿墓とは生前に墓を造ることであり、それが政権の安定を願い精神的、政治的モニュメントであったと考えるのである。

3世紀末〜4世紀初頭にわが国にこうした大規模な前方後円墳が出現する事実は、東アジア文化圏という枠組みの中で把えるならば当然の結果であったかも知れない。このようにして出現したのが前方後円墳である。わが国の古墳は、前方後円墳を主として大和を中心に東北地方から九州地方に広く築造されていった。しかもその前半期は寿陵としての性格がきわめて強かったといえる。

そうした流れに対して、弥生時代後半に成立するプレ古墳とでもいうべき一群の中には吉備地方の例が示すように、方形墓群を中心とする一連の台状墓、墳丘墓と呼称されるグループが存在する。それらは畿内に前方後円墳を中心とする古墳文化が成立して後も保守的または規制を受けつつ築造を続けている。その中心的な役割を果たすものが前方後方墳である。本稿ではこうした前方後方墳の実態を常陸というローカルな地域の資料を紹介しながら、その現情を整理しておきたい。

2　前方後方墳の認定

前方後方墳が最初に問題視されたのは1925年である。野津左馬之助はこの年に刊行された『島根県史』の中で八束郡大庭村（現松江市）山代に所在する二

子塚古墳をはじめて前方後方墳と認定した。

野津は、「此墳型に属するものは、従来考古学の記述に見ざる我国内稀有のものなり、従って本県内に於ても此処あるのみにて、八束郡大庭村大字山代字二子塚、角万太郎宅後に存し、此型式は前方後円墳の後円部を方形に築けるのみにて、其他の形式に於いては、前方後円墳と異なるなし、此形式の墳丘の行われたる時代は、前方後円墳の末期に当り方墳の行われんとする中間過渡期のものにて、従って長き年間に行われたものにあらず、換言すれば前方後円墳が方墳に変化する中間変遷期に属する一変形なるべし」と述べている。しかし野津が基本資料とした二子塚古墳は、墳丘の一部が陸軍歩兵第63連隊の射的場を造成するために削り取られて変形していたことや、当時の考古学界が中央偏向であったことから、この主張はほとんど顧みられることはなかった。

1951年、山本清の発表した「出雲における方形墳と前方後方墳について」（『島根大学論集』1）はそうした中央偏向を一掃するに足るものであった。

野津が二子塚古墳を紹介したにすぎなかったのに対して、山本は二子塚古墳を含めて9基の前方後方墳を実測図を添えて紹介し、「前方後円墳が出雲の平原地帯の東西にわたって散在しているのに対して、前方後方墳はやや東に偏し、おおむね方墳の中心地帯乃至埴輪を用いた古墳の中心地帯に密集する」と述べている。しかも出雲では前方後方墳が中期から築造されていると整理した。これを機として、1956年大塚初重は全国的視野で問題点を整理した（大塚 1956）。大塚の努力によって前方後方墳が出雲独自のローカルな墳丘形式ではなく畿内・北陸・関東・東北等にまで築造されていることが明らかとなり、より複雑な内容を包括する古墳の一形式であることが判明した。

3　常陸の前方後方墳研究

常陸における前方後方墳の研究は、1952年後藤守一らによって行われた八郷町柿岡所在の丸山古墳の発掘調査に始まる。

1956年丸山古墳の調査に参加した大塚初重は、「前方後方墳の成立とその性

格」(大塚 1956)の中で、丸山古墳に次いで玉造町勅使塚古墳の存在を指摘した。また本論中丸山古墳を問題視して、「内部主体と出土遺物層は、前期的な残滓を残している、しかし遺物の内容には畿内地方或はその周辺の諸地域において認められる前期古墳の遺物のあるものを欠いており、相対年代は中期初頭に降すべきであろう」と述べているが、このことは後藤の「前方後方墳に古墳文化前期初頭のものとしてよいものはない、つまり前方後円墳と肩を並べて現われたものではなく、ややおくれたものであり……」(後藤他 1957)という主張を踏襲したものである。

一方大塚は前述の論文中で勅使塚古墳についても外形観察の結果を紹介し「本古墳群形成の初期に築造され、その年代は5世紀を下らないであろうということが、墳形、規模、占地、方位諸点の綜合から推定できる」と常陸の出現期古墳の相対年代を初めて具体的に示した。

1957年には後藤守一を中心に『常陸丸山古墳』が刊行された。これが常陸最初の前方後方墳に関する発掘調査報告である。これは詳細なデータが公表されただけでなく、常陸の出現期古墳の研究にとって、そのスタートとなった。この報告の中で後藤は、占地、主体部、副葬品等を全国的視野で検討し、次のように整理している。

(イ) 占地、4～5世紀代のものとしてよい。
(ロ) 主体部、一種の粘土床であることは、この古墳の年代を6～7世紀に降すことが無理であるということ、さりとて3、4世紀に遡らすのもまた無理ではないかということになる。
(ハ) 副葬品、前期のものというより前期的という表現が適当であり、従って4世紀代の終りというよりは、5世紀に入ってからのものといった方がよい。

後藤は最後まで前方後方墳を認定することに慎重であった。

1961年斎藤忠の著した『日本古墳の研究』の中でも丸山古墳が取り上げられている(斎藤 1961)。すなわち「古墳のかた」がそれである。この中で全国40基の前方後方墳を集成して、「奈良県下池山古墳、栃木県八幡古墳、茨城県丸

山古墳は前方部がかなり低い方である」としたうえで「前方部の低い狭い那須八幡塚や丸山古墳等は内部構造主体や出土品の上から考えて比較的早い時期に属するものであり、恐らく4世紀後半から5世紀のはじめにわたるものとみられ……」という年代を与えている。

同じ年西嶋定生は「古墳と大和政権」(西嶋 1961)の中で「県主、国造、伴造として営造したものであり、前方後円墳の伝播はこのような職掌的地位に随伴したものではないかという疑問も考えられる」という興味ある見解を示し、その中で岡山県車塚古墳、栃木県上侍塚古墳、同下侍塚古墳、同八幡塚古墳、静岡県浅間塚古墳、茨城県丸山古墳等の前方後方墳をあげて、「これらはオミもしくはアタヒのカバネに相当するであろう。これらが何故に前方後方墳という特異な墳形を採用しているかということは別個の問題として考えなければならない」とその性格に切り込んでいる。

1964年になると常陸で2番目の前方後方墳の発掘調査の報告が大塚初重らによって行われた。報告の中で大塚は次のように述べている。

「副葬品は貧弱である。しかし丘陵尾根上に立地し、自然地形をきわめてよく利用した墳丘築成上の条件は、畿内およびその周辺地域の比較的構造年代の遡る古墳の特色と相通じるものがある」として、墳丘の形態の類例を岐阜県東寺山2号墳に求めた。そして成立年代と性格については、「舟塚山古墳の被葬者こそ、古史に見える茨城国の支配者とするにふさわしい人物ではなかろうか、5世紀初め頃に出現した小地域統治の首長であった勅使塚古墳の被葬者の性格は、舟塚山古墳の被葬者に至って、おそらく茨城国造としての権威と実力を備え、大和政権の東国支配の重要な役割を果すように変質したものと考えられる」と結んでいる(大塚他 1964)。

1966年大塚初重は「常陸の前方後方墳について」を公表し、「茨城県下の古墳時代の開始は前方後方墳の築造という形でなされたといえそうである」と言い、さらに次のように論を展開した。「前方後方墳の被葬者は、この墳形が畿内において天皇陵を含む有力古墳群に含まれながらも、ついに天皇陵には採用されなかったような特別な性格を有していたのではないだろうか、それは古墳

群の中での位置や古墳の規模、豪華な副葬品の内容から大和政権ときわめて密接な関係にあり、その政治機構の中で重要な役割を果した人々であったにちがいないと思う」と前方後方墳の諸現象が前方後円墳のそれと異なることを指摘している（大塚 1966）。

　1969年になると西宮一男によって岩瀬町狐塚古墳の発掘調査報告書が刊行された。この古墳は、常陸の前方後方墳の年代決定にとって注目する内容を備えたものである。それは丸山古墳や勅使塚古墳と異なり、定形化した粘土槨を有し、竪矧板革綴短甲を伴う副葬品を備えている。これを重視した西宮はその築造年代を5世紀中葉まで下げた。

　1976年には筆者らによって浮島古墳群中の原1号墳が紹介された。この古墳の場合特に注目されることは、墳丘の築造法である。すなわち墳丘が地山整形と盛土とに大きく分離され、埋葬施設以下に盛土は全く認められず、盛土はすべて埋葬後であることが把握された。また副葬品に滑石製品を伴わず、4世紀の所産とされた。常陸の古墳が具体的に4世紀代に比定された最初である。

　1982年には同じく筆者らによって水戸市安戸星古墳が前方後方墳と確認された。本墳の発見によって常陸北部にもこの種の古墳の存在が明らかとなった。

　1983年には土浦市田村町所在の舟塚山2号墳が新たに加えられた。

　1985年になると2基の前方後方墳が発見された。関城町西山古墳（本書30頁参照）と茨城町宝塚古墳がそれである。

　以上現在までに調査された常陸の前方後方墳であり、その研究状況である。しかしこの種古墳は予想以上に多く、今後さらに増加するものと思われる。そこで次節では現在までに確実に前方後方墳と認められたものと、今後の調査でその可能性がある古墳を具体的に紹介しておくことにしたい。

4　常陸の主要な前方後方墳

　常陸に存在する前方後方墳の中で確実なものは現在以下の12基と思われる。
（1）大峯山1号墳　　　　　　鹿島郡大洋村中居

（2）原1号墳　　　　　　稲敷郡桜川村浮島
（3）勅使塚古墳　　　　　行方郡玉造町沖洲
（4）舟塚山2号墳　　　　土浦市田村町舟塚
（5）桜塚古墳　　　　　　筑波郡筑波町水守
（6）丸山1号墳　　　　　新治郡八郷町高友
（7）長堀2号墳　　　　　新治郡八郷町長堀
（8）西山古墳　　　　　　真壁郡関城町関本上
（9）狐塚古墳　　　　　　西茨城郡岩瀬町北着
（10）宝塚古墳　　　　　 東茨城郡茨城町野曽
（11）安戸星古墳　　　　 水戸市飯富町
（12）富士山4号墳　　　　東茨城郡大宮町下村田

　以上12基は何らかの形で調査されて前方後方墳と確認されたものである。これに対して、

（13）赤塚古墳　　　　　 新治郡出島村赤塚

は塚本敏夫が確認し、筆者はそれによって踏査を試みたが、実測を計画中の1984年4月、削平されたという。また以下の3基は前方後方墳のようにもみえるが全く調査されておらず断定することはできない。

（14）后塚古墳　　　　　 土浦市手野
（15）東大沼古墳　　　　 稲敷郡東村東大沼
（16）坊主山古墳　　　　 東茨城郡大洗町磯浜

　以下、それぞれの古墳の概要を簡単に紹介しておこう。

1）大峯山1号墳（図3）

　北浦を見下す標高36mほどの尾根上にほぼ南面して築造されている。その規模は全長約31m、前方部先端幅9.5m、長さ9m、高さ1.85m、後方部幅18m、長さ22m、高さ4mと報告されている。

　現状を観察すると全体的に雑木に覆われ、葺石や埴輪等の外表施設を把握することはできない。後方部中央部が主軸線上に凹んでおり、盗掘の可能性も考

えられる。後方部の規模に対して前方部はきわめて小規模である。
　ここには5号墳という前方後円墳もあって、前方後方墳と共に7基程度の円形墳を含む古墳群を形成しているが、鹿島地方の古墳出現期の重要な遺跡と思われる。残念ながら5号墳は土砂採取によって削平された。

2）原1号墳（図4）

　本墳の存在する浮島は、現在干拓されて陸繋化されている。この地域は海抜5mの等高線をひとつの基準として、その上に大小の丘陵が約10ヶ所程度載っている。原古墳群は東端から2つ目の尾根上に築造されている。その数は10～11基からなる低墳丘墓群である。その立地といい、構成といい関東地方ではあまり例のない出現期の古墳群である。1号墳は丘陵東端に西面して築造された前方後方墳である。その規模は全長29m、前方部先端幅7m、後方部幅11.5m、後方部長さ18m、クビレ部幅5m等である。
　発掘調査の結果、後方部の地山直下から地下に切り込んで埋葬施設が発見された。それは長さ4m、幅2mの土壙で、その中から短剣、鉈、ノミ、鎌、短冊型鉄斧、針、管玉等の副葬品が発見された。さらに埋葬施設上には壺と高坏が一部破砕して散布していた。

3）勅使塚古墳（図5）

　霞ヶ浦の北岸、高浜入の沿岸には50～80mの中形前方後円墳の集中している地域がある。その中で最古に属するのが本墳である。立地は舌状に突出する小丘陵の尾根上に、東南に面して築造された前方後方墳である。
　眼下に霞ヶ浦を望み、北西部には水田が広がり、西方に三昧塚古墳を見下す位置にある。全長64m、前方部幅18m、後方部はほぼ正方形で、一辺約30mであるという。霞ヶ浦に面する南面は急崖をなす。北側は裾部に犬走り状にフラットな面を残している。
　発掘報告によると後方部に埋葬施設があって鏡と管玉、小玉、鉄片が幅葬されていたという。また後方部には壺を主とする土師器が破砕された状態で発見

24　第Ⅰ部　常陸の前方後円(方)墳と円墳

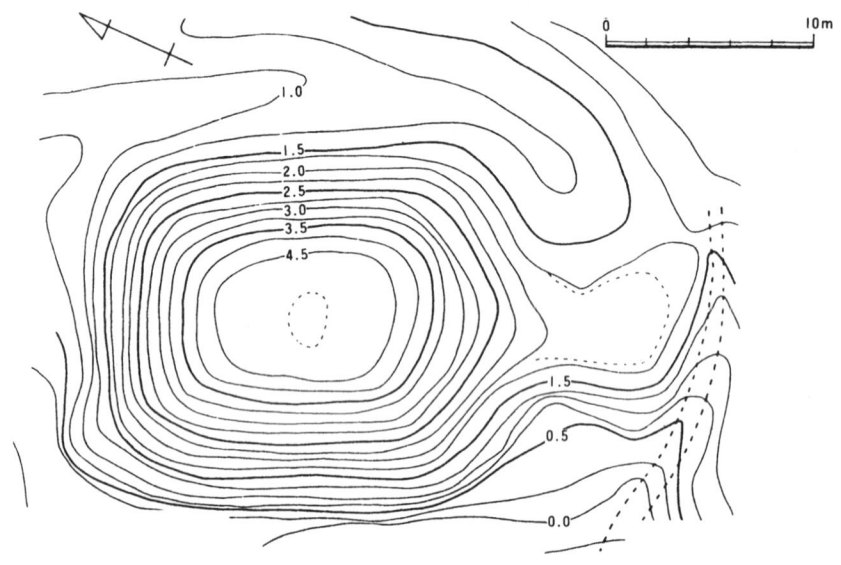

図3　大峯山1号墳(『金鈴』21号より)

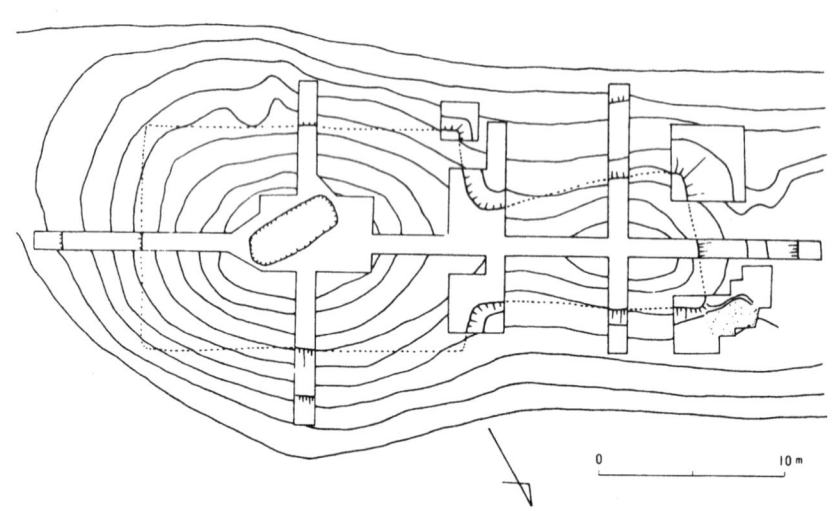

図4　原1号墳(『常陸浮島古墳群』より)

された。埋葬施設は後方部頂から1.8m以下にあり、墳丘は原1号墳と同様の盛土であったものと推察される。

4) 舟塚山2号墳（図6）
　霞ヶ浦を見下す標高25mほどの小尾根上に北面して築造されている。測量の結果では全長約30m、前方部先端幅10m、長さ10m、高さ1m、後方部幅15m、長さ20m、高さ2.5mが計測された。そして霞ヶ浦側では墳丘が急傾斜であるのに反対側では円形のふくらみが確認された。
　墳丘確認の調査では全長25m、後方部長さ約18m、幅約10mを有し、前方部と思われる部分に盛土はなく、後方部で約1.5mの盛土を確認した。墳頂部中央やや前方部寄りで約40cm下った部分に五輪塔1基を検出した。盛土を除去すると主軸と交叉する方位に幅2m、長さ6mの土壙を確認したが埋葬の痕跡は認められなかった。この土壙の中央部西寄りの旧表土上面に刀子1、高坏1、盌1を検出した。さらにクビレ部と後方部南側の周溝内より壺形土器片を発見した。

5) 桜塚古墳（図7）
　霞ヶ浦に注ぐ桜川の西岸に突出する小丘上に南面して築造された前方後方墳である。しかし前方部先端に墓地があって、前方部の幅を捉えることはできない。後方部側も整然とした方形または矩形をなさないが、盛土下の地山整形から全長30m前後の前方後方墳と想定されている。墳丘は後方部で6mの高さを有し、上部3mが盛土であったという。
　埋葬施設は後方部墳頂下1mの部位より主軸線上に全長9.5m、幅4.2m、深さ20～30cmの第1次の掘り方を穿ち、その中央に長さ9m、幅2.8～3.2m、深さ50cmほどの第2次墓壙を穿って粘土槨を設けていた。槨内の内法は全長6.74m、幅50～80cm、深さ約40cmを計測した。
　副葬品は鏡、玉、石釧、短剣、編物等が槨内から、土師器片若干が槨外から検出された。

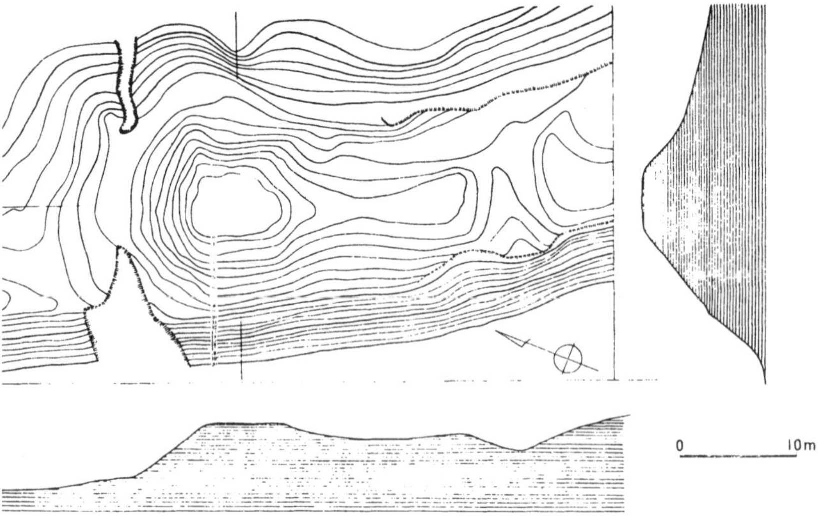

26　第Ⅰ部　常陸の前方後円(方)墳と円墳

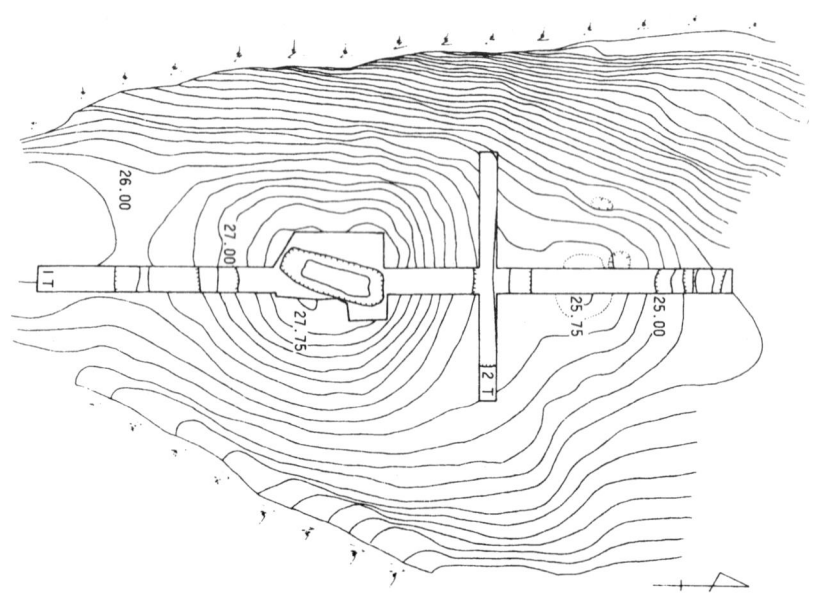

図5　勅使塚古墳（『考古学集刊』2-3より）

図6　舟塚山2号墳（茨城大学史学教室実測）

6）丸山1号墳（図8）

　柿岡の中心街より北方約2kmの恋瀬川に面する高友丘陵上に南面して築造されている。墳丘の東側から前方部にかけてかなり深い後世の溝が掘られており、その東に4号墳と呼称する前方後円墳が西面して存在する。

　2基の古墳の南側に式内社の佐志能神社が鎮座している。

　全長55m、前方部先端幅18m、後方部幅34m、前方部高さ4m、後方部高さ6mの整然とした前方後方墳である。

　埋葬施設に後方部の墳頂下2.6mの部位に発見された粘土床で、木棺の両端を粘土で抑えたもので、その間3.56m、幅60～70cmであったという。副葬品は鏡、直刀、剣、刀子、銅鏃、玉等が発見されている。

　なお後方部から土師器も発見されている。

7）長堀2号墳（図9）

　柿岡の北西約2.5mの恋瀬川の西岸丘陵上に南面して築造され、東約1kmの高友丘陵上に丸山古墳群が位置している。

　早稲田大学考古学研究室によって測量が行われ、全長46m、後方部幅28m、高さ4.8m、前方部幅16m、高さ2.4mと報告されている。発掘調査は行われず詳細は不明である。葺石や埴輪等は全く確認できず。東側クビレ部に五輪塔が存在する後方部墳頂に盗掘と思われる落ち込みが認められる。

　墳丘の形態は大峯山1号と同様で、後方部に対して前方部が極端に小規模である。前方部と後方部の比高が3.27mと大きいことを考慮すると、前期タイプの前方後方墳と考えてよいだろう。

　また盗掘孔については、古老によると祟りを恐れて途中で中止したといわれ、出土品については伝承もない。

8）西山古墳（図10）

　鬼怒川に面する海抜30mの低丘上に北面して築造されている。現在浜名尚文氏の屋敷林内に円墳と共に存在する。

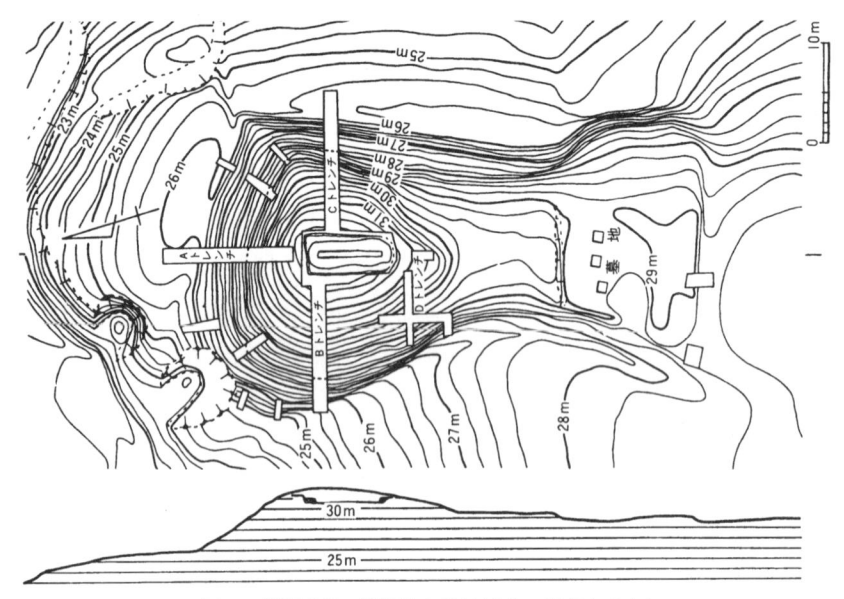

28 第Ⅰ部 常陸の前方後円(方)墳と円墳

図7 桜塚古墳(『筑波古代地域史の研究』より)

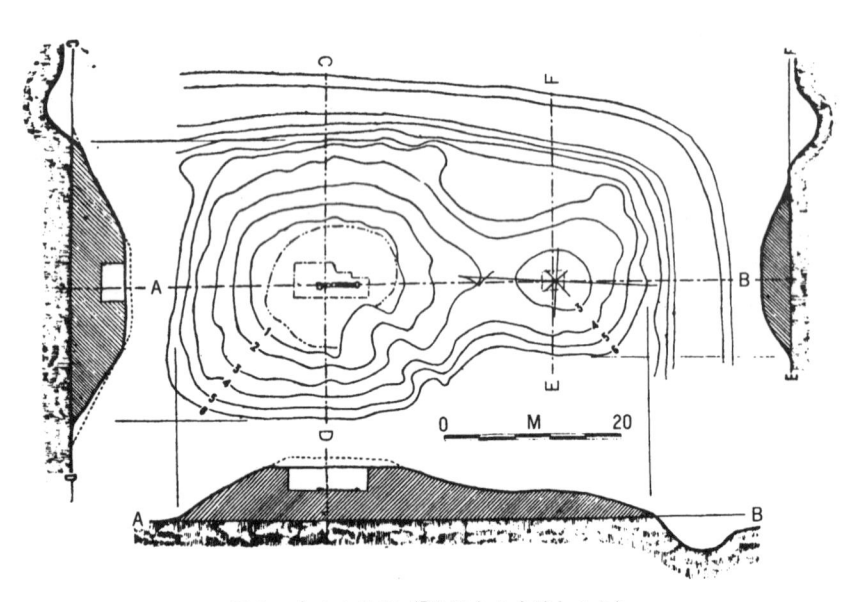

図8 丸山1号墳(『常陸丸山古墳』より)

測量の結果、全長20m、前方部先端幅7m、後方部幅7m、高さは前方部38cm、後方部1mを計測する。測量によると10cmコンターで前方部先端と後方部東側に明らかに周溝を想定する落ち込みが図示できる。墳丘上にはクマザサが覆い茂り、外護施設等については観察できないが、葺石やその他も確認できない。

県下最小の前方後方形をしたマウンドであり発掘による確認調査が必要である。附近には隣接した円墳の外にも3基の古墳が確認されており、注目したい。

9）狐塚古墳（図11）

国鉄岩瀬駅の北方約1kmの長辺寺山の西麓小丘上に南面して築造されていた。1967年3月に発掘調査が行われ、調査後破壊され、現在は墳丘の存在した丘陵端に記念碑が建てられている。

調査の結果、全長41m、後方部幅約25m、前方部先端幅6.5m、高さ後方部3mの整然とした前方後方墳であった。葺石は認められず、墳丘は地山ロームを削り出してプランを整え、一部盛土を行って後、後方部主軸線上に長さ7m、幅2mの矩形の粘土槨が設けられていた。掘り方は確認し得なかったが、桜塚同様であったものと思われる。棺は長さ5m、幅95cmの割竹型木棺が想定された。

副葬品は竪矧板革綴短甲、短冊型鉄斧、刀子、短剣、銅鏃、鉇、直刀、玉（ガラス小玉）が棺内から発見された。また墳頂及び墳丘裾部より多量の土師器が発見された。

10）宝塚古墳（図12）

涸沼川北岸の丘陵先端部に東面して築造されている。本墳は以前から前方後方墳ではないかと一部で考えられていた。昭和60年5月町史編纂事業の一環として確認調査が行われ、前方後方墳と認定された。

葺石や埴輪等の外護施設はなく、わずかに北側クビレ部附近より土師器壺1個体分を発見した。墳丘の規模は全長39.3m、前方部長さ18.8m、高さ約1.2m、

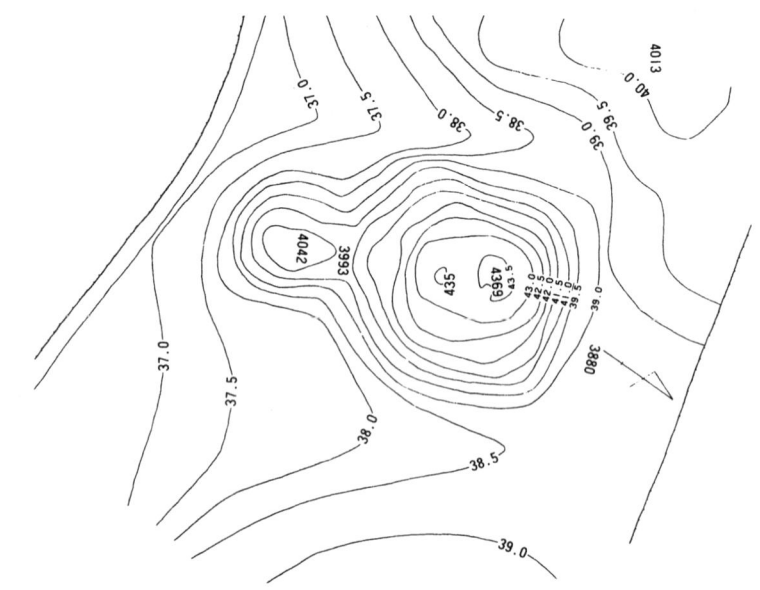

30　第Ⅰ部　常陸の前方後円(方)墳と円墳

図9　長堀2号墳(『茨城県埋蔵文化財調査報告書』Ⅳより)

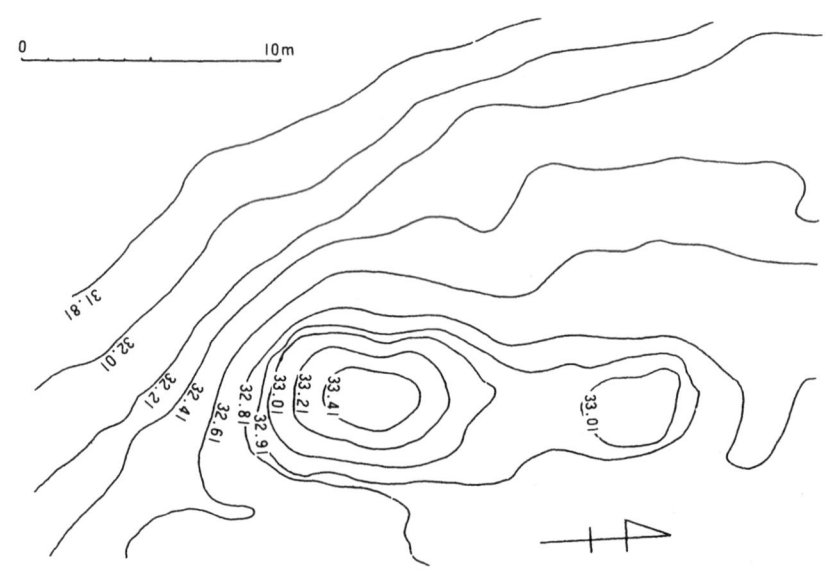

図10　西山古墳(茨城大学史学教室実測)

後方部長さ20.5m、幅19.5m、高さ2.1mを計測した。

なお宝塚古墳の対岸にあたる木部地区には滑石製模造品を出土した諏訪神社古墳等があり、本墳の確認によって、空白部分が埋められたことになった。

11）安戸星古墳（図13）

那珂川に面する標高30mほどの尾根上に南東面して築造されていた。その規模は全長28.3m、前方部先端幅8.1m、前方部長9.6m、後方部幅16.m、後方部長18.7m、高さ1.8mである。

発掘調査の結果、葺石等の外護施設は全く存せず、後方部では地山整形後1mほどの盛土がなされていたが、前方部では地山整形が中心で盛土は確認できなかった。埋葬施設は発見できず、盛土墳丘下の旧表土上面からガラス玉2個が弥生式土器片と共に発見された。この部分で埋葬の痕跡を確認することはできなかった。

なお墳丘から6個体分の土師器が発見された。それは後方部溝中に壺型土器2、南西クビレ部より甕1、塊1、南東クビレ部より壺2個体分である。

12）富士山4号墳（図14）

久慈川とその支流玉川によって半島状を呈する大宮台地の一支丘の先端部に北面して築造されている。

大宮町史によれば「全長48m、前方部の一辺は14mで高さ1.13m、後円部は楕円形を呈しており、長径約30m、短径26m、高さ3.25mである」とし、「前方後方墳としても考えられたが、前方部と接するところと、南側の曲り方からみると、変形の前方後円墳であることがわかる。」とされている。

その後調査した井上義安は「発掘調査の結果、周溝を伴う前方後方墳であることが明確になった」と報じている。

13）赤塚古墳

霞ヶ浦に面する台地端に西面して築造されていた。昭和59年3月茨城大学生

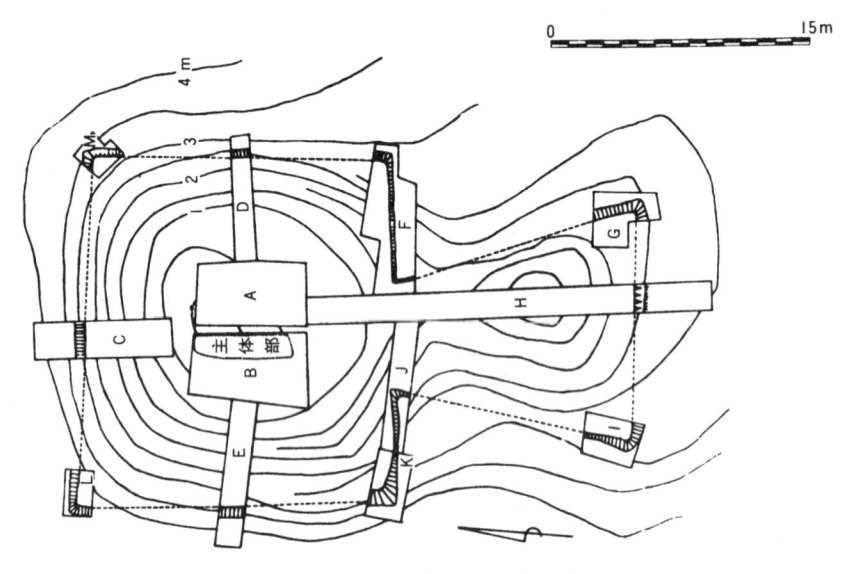

32　第Ⅰ部　常陸の前方後円(方)墳と円墳

図11　狐塚古墳（『常陸狐塚』より）

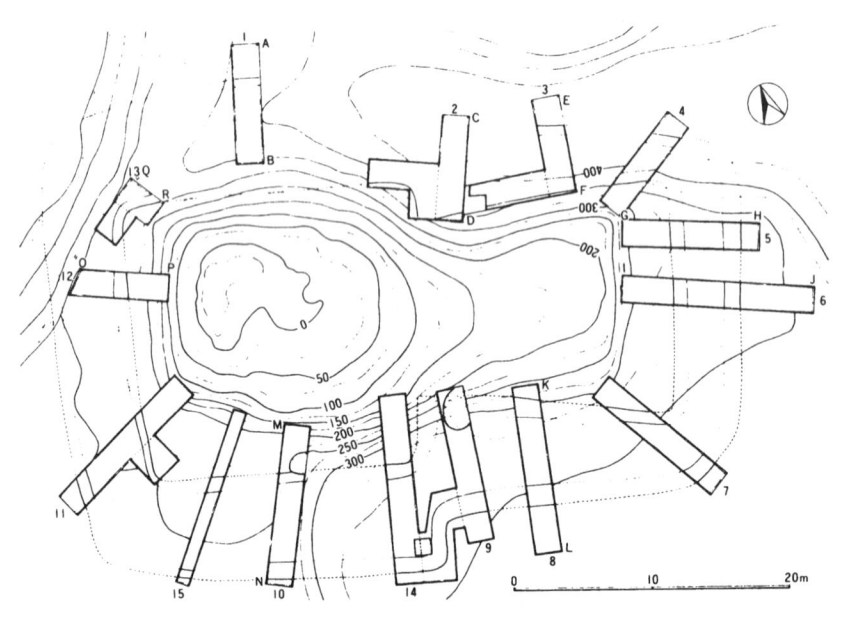

図12　宝塚古墳（『茨城町宝塚古墳』より）

の塚本敏夫によって発見された前方後方墳である。全長約30m、後方部幅約20m、高さ3m、前方部先端幅約10m、高さ1mほどの規模を有し、墳丘全体は孟宗竹の林であった。筆者が踏査したときには墳丘表土は落葉のため不詳であったが、後方部は主軸に長い矩形で、前方部先端が高くなる形であった。墳丘の北側から東側にかけて周隍の痕跡が確認された。本墳の西方約300mの谷を挟んだ独立丘陵上には全長約50mほどの前期タイプの前方後円墳（田宿天神山古墳）が存在する。

赤塚古墳は筆者らが確認して間もなく削平されたという報告を受けた。

14) 后塚古墳（図15）

霞ヶ浦を見下す手野の丘陵西端に南西面して築造されている。土浦市史の編纂事業の際大塚博によって測量が実施された。市史によると全長約54m、後円部径30m、前方部長24m、後円部高さ5.6mの前方後円墳と報告されている。

特に大塚の教示によると、旧状を知り得ないほど荒れており、後円部北東部分を観察するとかなり直線的であったし、前方部については地山の傾斜に添って墳丘が流れており、墳端を明確にし得なかったという。

本墳の南側約100mの地に全長84mという南面する前方後円墳がある。前方部柄鏡式の古式の前方後円墳であり、后塚古墳との相関が興味深い。

15) 東大沼古墳（？）

利根川に面する台地上にほぼ南面して築造されている。調査は全く行われておらず不詳である。1973年小室勉の協力で略測したところでは、全長約26m、後方部一辺11m、高さ後方部2.5mほどであった。またクビレ部から前方部にかけて犬走り状の段が確認された。県下の前方後方墳としては特異であり、正確な実測が必要である。

16) 坊主山古墳

大場磐雄は「鏡塚の東方、大洗台地に続く鞍部近く1個の前方後円墳等が認

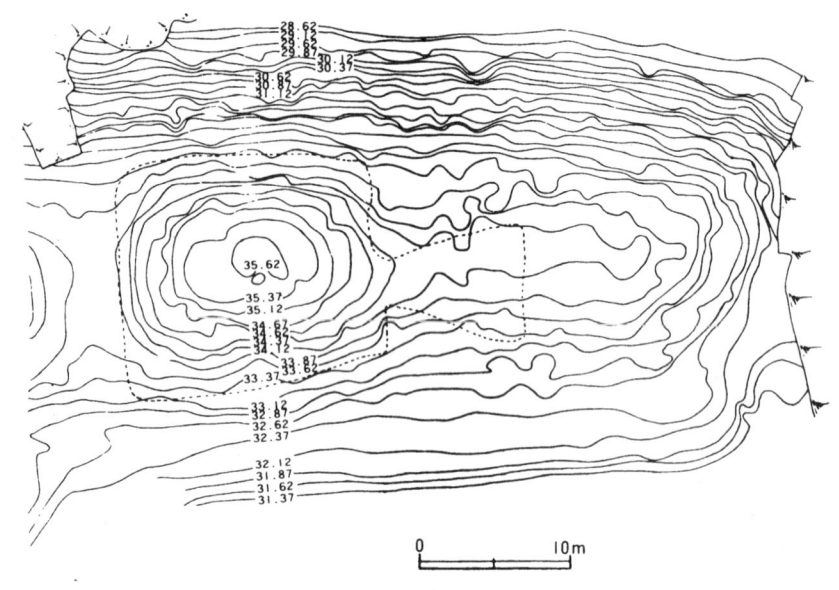

図13 安戸星古墳(『常陸安戸星古墳』より)

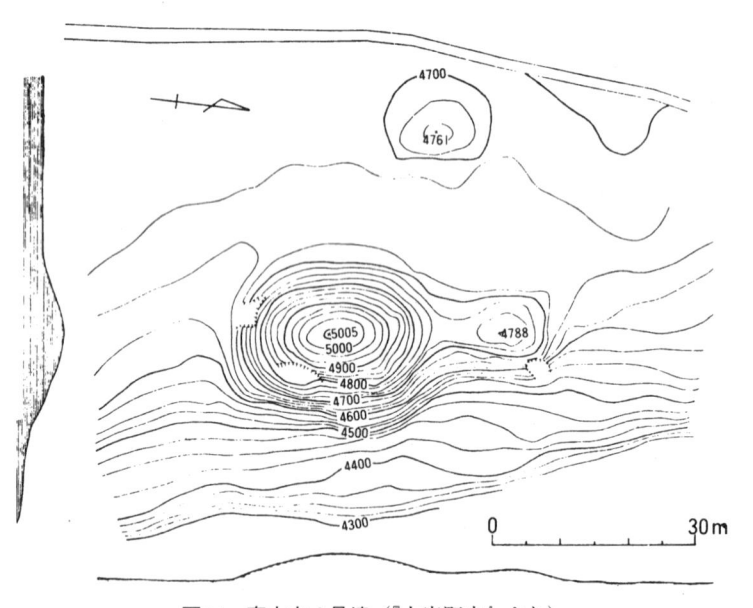

図14 富士山4号墳(『大宮町史』より)

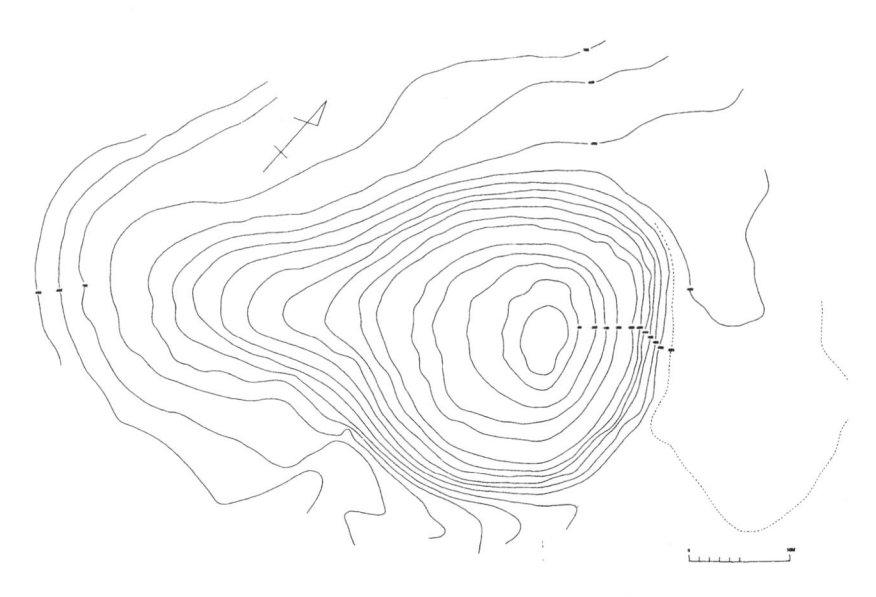

図15　后塚古墳（茨城大学史学教室実測）

知し得られる」と鏡塚古墳の報告中で述べている。現在は後円部が半分以上削り取られており、実測図もないため詳細は知り得ないが、北東に面する前方部が比較的よく残されている。地山を削り出して作られた前方部は柄鏡式のタイプで、残されているクビレ部の状況は円というよりも主軸に対して矩形を想定する方形に近い。さらに削り取られた後方部では、断面で観察するかぎり、2m以上がロームを削り残しており、その上部に3mほど盛土が確認できる。推定長約50m。

5　埋葬施設による2つの分類

　常陸の前方後方墳個々の概略や、分布図等について前節で紹介しておいたので、ここでは埋葬施設を中心として検討して行きたい。
　先に紹介した前方後方墳の中で発掘調査が充分に行われたものは、原1号墳、勅使塚古墳、舟塚山2号墳、桜塚古墳、丸山1号墳、安戸星古墳等7基である。

ここで注目したいことは7基の前方後方墳が墳丘築造のどの段階で埋葬を実施したかという点である。
　要するに墳丘が埋葬時に完成していたものであるか、埋葬後に積み上げられたものであるかを検討したい。
　原1号墳の墳丘は地山の削り出しによって整えられ、埋葬後に後方部のみ盛土を行い、墳丘完成後に土師器を使用した祭祀を行っていることが確認されている。詳細は報告書を参照していただきたいが、本墳の場合埋葬施設は黒色土から切り込んで地山ロームに達している。その形状は長径4.9m、短径2mの長方形の土壙が穿たれ、長さ3.7m、幅約1.26mの木棺が想定された。しかし割竹形であったか、組合せであったかを報告段階では決定しかねた。いずれにせよこの木棺は土壙内に埋置されたと思われる。常陸の前方後方墳の中で埋葬後に墳丘の盛土を行った好例が原1号墳であり、後方部の墳丘に注目したい。ただし埋葬施設の存する地山墳丘の整形については不詳である。
　常陸では、地山およびそれに近い場所に埋葬が行われた資料として勅使塚古墳がある。報告によると「表土下30～40cmのあたりから、破砕された土師器片がかなりまとまった状態で検出された」とあり、さらに「墳頂部より1.6mまで掘り下げたときガラス製小玉と管玉の一群を検出することに成功した」とある。それは地山直上であって、埋葬施設は地山直上に木棺を安置して、その上に1.5mを越える盛土がなされたと推定される。原1号墳の場合は地山に土壙が穿たれたのに対して、勅使塚古墳ではそれが認められなかった。この点に関しては「自然の傾斜する粘土層の途中に、わずかに木棺床に順応させてU字形に掘りくぼめ、その両側周囲を砂質土層でかためたらしい形跡をみとめることができた」と報告されている（大塚他 1964）。
　ここでは原1号墳のように土壙を穿つほどではないが地山上に木棺を安置して後、盛土を行っている。これら2基の前方後方墳に対して水戸市安戸星古墳と土浦市舟塚山2号墳は共に明確な埋葬施設を発見することはできなかったが、地山直上の黒色土層上面より、前者はガラス小玉2個、後者は土師器2個と鉄製刀子1をそれぞれ検出した。両古墳共に筆者らの調査によるもので、充

分注意して精査したにもかかわらず埋葬施設を明らかにすることができなかった。しかし盛土による墳丘は双方共に後方部のみで、しかもこうした遺物の上面である。舟塚山2号墳の場合はこうした遺跡の北側に地山を掘り込んだ長さ6m、幅2mの土壙を確認したが、埋葬の痕跡を認めることはできなかった。

丸山1号墳もこの形式に近いものである。本墳の埋葬施設は、報告によると後方部墳頂下2.6m掘り下げて発見されたという。このレベルが墳丘のどの部位であるか記載はないが、地山直上の可能性は強いと思われる。その点に関して後藤は「丘陵上に占地する古墳は、その基底部から積土をすることがなく、丘瘤地形等を利用し、これに若干の整形工作を加え、しかしてその上に多少の積土をするものが多いことは人の説くところ、私も古墳の調査を始めた頃からその事実に遭遇してきたのである。ところで、本古墳は恐らくその事がなく、基底部からの積成であったように思う」と墳頂下3mの未調査部分を残したことを悔みながらも推察を加え、さらに「この墳丘の積土はかなり広濶のところであり、しかも山地でもなく、又沖積地でもないところに土を求め、これを一気に運び、一気に築成したものであることを確かめることが出来た」としている（後藤他1957）。このことは埋葬が墳丘築成の過程で行われたことをあらわしている。この場合に後藤は、埋葬施設を設けるについて掘り方の存在には触れておらず、墳丘の築造と埋葬は同時と解している点に注目したい。

以上の墳丘と埋葬施設の関係に対して狐塚古墳および桜塚古墳では、その様相は全く異なる。

狐塚古墳を調査した西宮一男は「主体部は、後方部の中央、主軸線の西側にほぼ併行し、表土にあたる褐色土層下約60cmの位置に、概して水平の状態で認められた」と報告している。筆者も調査に加わっており、当時の日誌には埋葬施設のための掘り方の存在は記されていないが、注意しなければならない一文がある。すなわちこの古墳の調査は墳頂部にA・B2本のトレンチを設定し、東側のBトレンチについて次のように記録していることである。

「Bトレンチ表土下約50cmで封土のロームを切って鹿沼土を混入せる遺構を発見する。平面的に清掃して一応作業中止、土師器片を検出する。鹿

沼土の範囲は南北約6mで南側はかなり攪乱されている。」

狐塚古墳の墳丘は長辺寺山の一支丘の先端を利用しており、後方部では地山ロームがかなり整然と削り出され、その上に約2m程度の盛土がなされ、その上面に鹿沼土で囲まれた槨が設けられていた。

桜塚古墳は蒲原宏行・松尾昌彦によって「粘土槨を構築するにあたっては、まず墳頂下0.6mほどの所まで盛土によって墳丘を構築し、平坦に整形した後、長さ9.2m、深さ0.2～0.3mの浅い第一次墓壙を掘り込んでいる。その平面形は、ほぼ隅丸長方形であるが、南側では前方部に移行するため、掘り込み面自体が低くなって、墓壙壁はやや回り込むような形で自然に切れている。この第一次墓壙の中央に、粘土槨を構築するための第二次墓壙を穿っている」と報告されているが、一部地山を墳丘に利用しており、「後方部の比高は現在約6mを測るが、下から3m程の位置で地山削出しによって整形し、上の3m程を盛土して墳丘を構築している事が確認された」とある。このことは埋葬施設の墓壙を穿つ段階で、すでに墳丘が完成していたことになる。

常陸では調査の済んだ前方後方墳を墳丘築造と埋葬施設の位置関係について整理すると、大きく2種に分類することが可能となった。このことは前方後方墳の性格を検討するうえで注目されるのである。

特に前者は、墳丘の築造と埋葬時がほとんど同時と思われ、しかも墳丘に地山を利用することが多い。原1号墳にあっては地山中に埋蔵されている。それに対して後者は墳丘が完成した後で埋葬が行われている。しかもそれは墳丘のより高い位置である。

桜塚古墳のように埋葬施設を設けるための墓壙が確認されるということは、盛土の質とその築造法に関係するものと思われる。かつて堅田直が池田市茶臼山古墳の調査報告の中で分析したデータによれば、墳丘築造後数年間の放置を必要とすることによって、墓壙の掘り込みが可能となるという（堅田 1964）。版築法の伝えられなかった当時の墳丘築造法としては重要な指摘である。

以上の問題点を整理すると大きく2類型に整理することができる。

A類として原1号墳や勅使塚古墳に代表される例をあげておく。それは埋葬

施設が地下またはそれに近い位置に設けられた点に特徴があり、それに伴って次に掲げる属性を有する。
　（イ）墳丘が尾根を利用している。
　（ロ）葺石がなく埴輪を樹立せず、埋葬施設上および墳丘各所から土師器を供献することが多い。
　（ハ）竪穴式石室のような石材を使用した施設はなく、概して小規模な木棺が直葬される。
　（ニ）副葬品が貧弱でセットをなすことが少ない。
　B類として狐塚古墳や桜塚古墳に代表される例をあげておく。この類型の最も大きな特徴は、墳丘に盛土がされ、その盛土の上位に埋葬施設を設けていることである。それに伴って次の属性を有する。
　（イ）墳丘が突出度の少ない低い丘陵を利用する。
　（ロ）葺石がなく埴輪を樹立せず、土師器を供献する。
　（ハ）粘土槨を有し、比較的規模の大きな割竹形木棺を使用する。
　（ニ）副葬品に畿内的な色彩が加わる。
　（例）狐塚＝短甲（竪矧板革綴）、銅鏃、短冊型鉄斧、鉇、直刀、刀子、ガラス玉
　　　　桜塚＝石釧、仿製四獣鏡、短剣、玉類
　このように整理していくと、安戸星古墳や舟塚山2号墳の埋葬施設が当然問題視されてくる。安戸星古墳の場合は後方部墳頂下に土師器を確認することはできなかったし、舟塚山2号墳でも同様である。しかし双方共に旧表土上面から遺物が検出されている。
　安戸星古墳の場合、報告の時点では墳頂部近くに埋葬施設が作られていて、後世流出したのではないかという考えであったが、その後舟塚山2号墳を発掘調査した結果、同様な場所から鉄製刀子が検出されたことを考えると、安戸星古墳の墳丘下のガラス玉2個が埋葬を意味するのではないかと思われる。その場合ガラス玉と同一レベルで出土した十王台系土器片の性格問題がある。東海村部原遺跡の様相を拡大解釈すれば、それは当然同一時期と理解できる。

舟塚山2号墳は、墳丘下の旧表土と思われる黒色土中に土壙の存在を確認したが、この中に副葬品は皆無で、その南側に土師器2個と共に刀子1点が発見されている。

両古墳共通して墳丘を盛り上げる前に何らかの行為が行われている。

埋葬と墳丘築造の関係は、これら少数遺物を埋葬品と判断すれば、墳丘の築造は後である。そして段階的にはB類が考えられる。B類の場合は前方後方墳でありながら埋葬は墳丘築成後に行われている。このB類と埴輪を伴出しない出現期の前方後円墳がほぼ同時に登場してくるものと思われる。

常陸における古墳の出現は前方後方墳A類に始まり、B類の段階で前方後円墳が築造されるようになる。特にそれを霞ヶ浦沿岸に限定すると第13図のようになる。それは鹿島町伊勢山古墳、牛堀町浅間塚古墳、美浦村観音山古墳、土浦市王塚古墳、同天神山古墳、筑波町山木古墳、八郷町佐自塚古墳、出島村赤塚2号墳等である。

これらは発掘調査されたものが少なく詳細は知り得ないが、佐自塚古墳を除いて平面形がすべて柄鏡型の前方後円墳である。また立地においては前方後方墳B類に近似する。わずかに調査された山木古墳、佐自塚古墳、観音山古墳等と前方後方墳B類と比較しておこう。

山木古墳は桜川の低地に突出する小舌状丘の先端部に南西面して築造された前方後円墳である。その規模は全長48m、後円部径25.5m、前方部先端幅15.5m、高さ後円部3.45m、前方部2mである。墳丘各所から土師器壺片が検出されている。埋葬施設は後円部墳頂下30～50cmの浅い位置に埋置された簡単な粘土槨である。その規模は全長5.5m、幅3.2mほどで、その中央に長さ3.2m、幅70cmの木棺痕を確認した。副葬品は短剣1、玉類（勾玉1、管玉9、ガラス小玉4）等であった。

佐自塚古墳は、恋瀬川に突出する低丘陵上に南西面して築造された前方後円墳である。その規模は全長58m、後円部径35m、前方部幅27m、高さ後円部6m、前方部4.3mである。埋葬施設は墳頂下1.6mの部位に設けられた粘土槨で、その掘り方については不詳である。槨の全長8.4m、幅4.2mでその中央に長さ

6.2m、幅 1 mほどの木棺痕が確認された。副葬品は刀子 1、櫛 1、玉類（勾玉 2、管玉20、ガラス小玉 8）等と棺内より土師器壺が発見されたという。

また埋葬施設上の墳頂下40〜50cmの部位に器台、小形壺、高坏等の土師器が埋置され、さらに前方部先端には底部に穿孔する壺が発見されたという。

観音山古墳は、霞ヶ浦に面する丘陵先端部に北西面して築造された前方後円墳である。その規模は全長70m、後円部径45m、後円部高さ 5 mという。埋葬施設は後円部の墳頂部近くに粘土槨が存在したようであるが、調査不備のため形状を知ることはできなかった。副葬品についても検出できずに破壊されてしまった。

以上 3 基の前方後円墳は、現在までに常陸で調査された最古の資料である。山木古墳を除いて詳細を知ることはできないが、前方後方墳B類と近似する様相が強い。特に埋葬施設の位置が後円部墳頂近くである点注目したい。

前方後円墳は埋葬時には、少なくとも盛土による墳丘が完成していたことを示すものである。常陸の場合は、墳丘の地山利用から盛土による墳丘への変化を表している。

常陸の前方後方墳を 2 類に分類して整理してきたのは、このように墳丘の性格を理解することによって、古墳とは何かを整理しようとしたためである。このことは常陸に限らず、前方後方墳と前方後円墳の相違が単なる墳形の違いを意味するのではなく、前方後方墳に前代の葬制の古い相が認められるのに対して、前方後円墳はそれらを凌駕して大和地方に出現した新しい時代を意味するといえるのである。

まさに前方後円墳は桜井市箸墓古墳をもって開始される前方後円墳を中心とする古墳時代に先駆をなす墳墓体制であって、箸墓によって寿陵を基本とする新しい墳墓体制が古墳時代の新体制として登場するのであろう。この体制に組み入れられた前方後方墳を残したグループは、露払い的な存在として全国各地に散って行ったのであろう。

〔付記〕その後、東海村真崎 5 号墳、鉾田市大上 1 号墳・ 4 号墳なども前方後方墳と確認されている。

2　常陸の初期前方後円墳

　茨城県下の前方後円墳の現存数は、350基を超えると推定されている。特に霞ヶ浦沿岸地域に多く、その数は250基を超えるだろう。

　筆者は数年来、霞ヶ浦沿岸における前方後円墳のあり方に興味をもち、分布調査、墳丘の測量、発掘調査等を実施してきた。まだ充分とはいえず、未消化な部分も多いが、いずれ完全な分布を中心にその内容を紹介したいと思う。今回はこうした古墳の中から初期の前方後円墳について整理しておきたい。

　この地域の出現期古墳としては、前方後方墳が注目される。この問題についてはすでに紹介しておいたので参照していただきたい（本書13頁以下）。その際、常陸の前方後方墳をA・B2類に別けて整理したが、B類の築造と同じ頃に、常陸の初期前方後円墳の築造が開始されると思われる。本項ではその様相を整理してみたい。

1　主要な初期前方後円墳

　筆者が確認した常陸の初期前方後円墳は次の通りである。

　（1）伊勢山古墳　　　　　鹿島郡鹿島町宮中野
　（2）浅間塚古墳　　　　　行方郡牛堀町上戸
　（3）王塚古墳　　　　　　土浦市手野町
　（4）天神山古墳　　　　　土浦市常名町西根
　（5）山木古墳　　　　　　筑波市山木
　（6）観音山古墳　　　　　稲敷郡美浦村舟子
　（7）桜塚古墳　　　　　　真壁郡関城町関本下

（8）赤塚古墳（2号墳）　新治郡出島村赤塚

　これら8基の古墳を初期古墳として捉えることは、発掘調査も行われておらず問題もある。しかしあえてあげれば墳丘の形態、占地、埴輪を樹立していない点である。単に墳丘の形態や占地等からいえば鏡塚古墳、佐自塚古墳、長辺寺山古墳等も当然加えるべきである。また埴輪を伴わないとすれば上出島1号墳等も加えなければならない。しかし本項では除外した。

　外表土器群を伴って出現する常陸の前方後方墳にはA類にもB類にも埴輪は樹立していない。常陸の出現期古墳としての条件に埴輪樹立の風習は存しないとの前提でこれら従来常陸最初の前方後円墳とされた3古墳を除外した。

　論を展開するための基本として、これらの資料を紹介しておきたい。

（1）伊勢山古墳（69頁図23）

　北浦に臨む宮中野古墳群の一角に東南に面して築造されている。全長は明確にし得ないが95〜100mを測る。後円部径約50m、前方部長約45m、後円部高さ8〜8.5m、前方部高さ1.75m、比高4.5mを計測することができる。

　墳丘の築造にはかなりの整地作業が行われ、前方部先端から後円部後方までに高さ3mの傾斜が存する。さらに墳丘の東北側に隍が掘られ、その外側に周庭帯状のテラスが認められる。その全体の範囲は東西150m、南北100mに及ぶものと思われる。

　墳丘の外表部分には葺石や埴輪等を確認することはできない。また墳頂部には以前に伊勢神社が鎮座していたといわれることと、戦時下で塹壕が掘られたために変形している。

　墳頂平坦面を推定すると、50cm下った面に東西10m、南北8mを測ることができる。上田方式で墳丘全体のプロポーションを計測すると、6対3対2ないし、6対3.5対1.5の比率を得る。

（2）浅間塚古墳（図16）

　霞ヶ浦と北浦に挾まれた行方台地の南端に北西に面して築造されている。そ

の規模は測量によると全長約88m、後円部直径約48m、前方部長約40m、後円部高さ7.5m、前方部4.5mで比高は3mである。墳丘の北東側に周隍が掘られ、その北側は周庭帯状を呈している。

本墳の規模を測定する場合、前方部先端をどこで抑えるか発掘調査が必要である。前方部先端で標高27.1mのコンターが瘤状に突出しており、これを前方部の変形とすれば全長は98mとなる。そして後円部直径よりも前方部が長いことになる。筆者らは現状ではこの部分を墳丘とせず上田方式の6対3対2の形式で検討している。

次に後円部について整理しておきたい。標高29.1mから33.1mまでの墳丘と28.6m以下では墳丘の築造に差がある。29.1mから33.1mまでは一気に盛り上げたものと思われる。墳頂平坦部の詳細については、この部分に浅間社が建立されており、墳丘裾からの参道のため変形しており微妙な変化を捉えることはできない。ただ墳頂部の標高33.1mのコンターが図のように双方に分離しており、平坦部の直径は少なくとも12mを有するものと思われる。

墳丘外表に葺石や埴輪等を認めることはできない。

（3）王塚古墳（図17）

霞ヶ浦に臨む尾根上にほぼ南面して築造されている。墳丘の一部が、木田余沖の築堤の際、土取場とされた急崖となっている。特に前方部先端から西側にかけて削り取られている。その規模を推定すると、全長88m、後円部直径48m、前方部長40m、後円部高さ7.4m、前方部高さ4.5m、比高は6m程度である。

後円部の最高点は標高31.46mであるが平坦をなすことはない。後円部を詳しく観察すると、標高26mから前方部とコンターが分離し、1m高い27mまでクビレ部側に突出している。28mから正円に近い独立したコンターとなって31mの墳頂平坦部まで一気に盛り上げられている。墳頂部には以前天神社の小祠が祀られていたといわれ、墳丘裾部から参道が残っている。31mの平坦部を推定復原すると直径12mある。その上に48cmの土が積まれている。

外表に葺石は認められないが、ハケメ痕を有する土師器片を採集したことが

2 常陸の初期前方後円墳 45

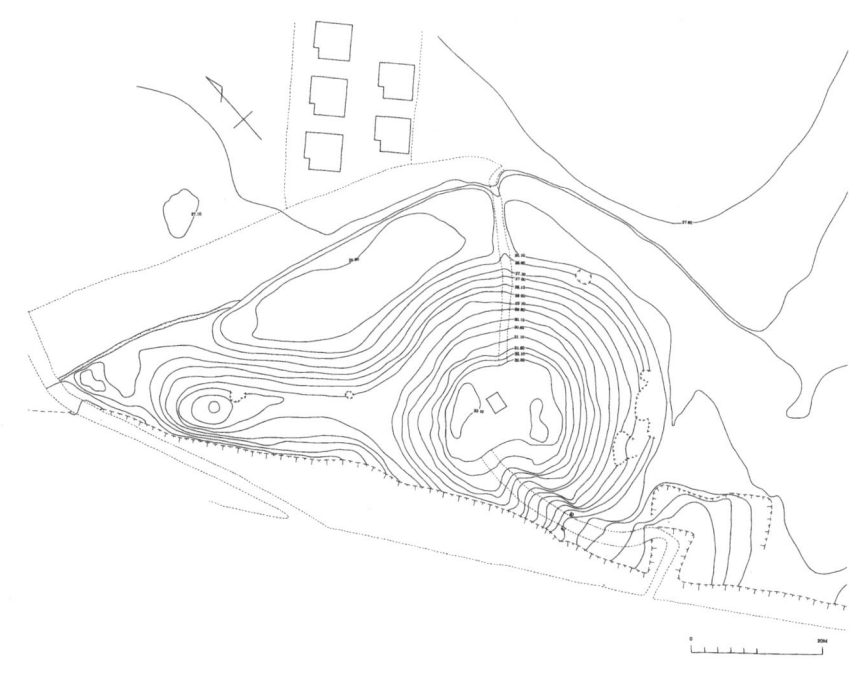

図16 浅間塚古墳実測図

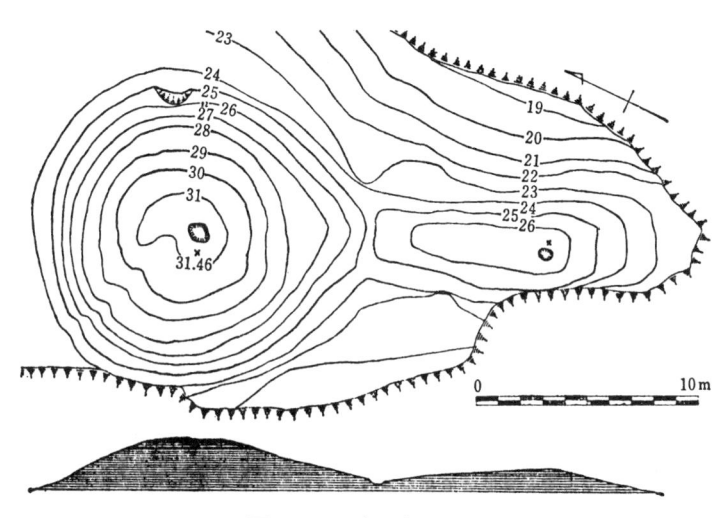

図17 王塚古墳実測図

ある。

　上田方式によるプロポーションは6対3対3で、規模も浅間塚古墳と変らない。

（4）天神山古墳（図18）

　霞ヶ浦に注ぐ桜川に面する尾根上に西面して築造されている。後円部頂に天神社が鎮座し、墳丘裾部から丘陵下に達する石段が設けられている。

　墳丘は前方部先端が不詳である。標高29mのコンターでは全長70mとなる。これを基本とすれば、後円部径42m、前方部長28mが想定される。後円部高さ7m、前方部高さ3mで、クビレ部からの比高は5mある。後円部の墳丘は標高30mから、墳頂平坦部の34mまで一気に盛り上げられている。

　標高34mの平坦部の直径は10mであり、ここに天神社がある。神社によって整地されたものと思われるが、外表部に葺石や埴輪等を認めることはできない。

　前方部にはほとんど平坦面が認められず、クビレ部側に傾斜している。

　全体のプロポーションは6対3対1か、6対2対2の可能性が考えられる。正確には発掘調査を必要とする。本稿では6対3対1で整理したい。

（5）山木古墳（図19）

　桜川中流の尾根上に東南面して築造されていたが、1969年、発掘調査後破壊された。その規模は全長約50m、後円部直径30m、前方部長20mと推定された。高さは後円部で5m、前方部で1m弱である。比高は2m強であり、標高28.93mから墳頂平坦部を構成する30.43mまで一気に盛り上げられている。墳頂平坦部は直径約10m（東西12m、南北9m）で、その上面に標高30.93mの覆土と推定される高まりがある。

　報告書を参考に検討すると、埋葬施設は、全長を50mとして、後円部直径30mの中心点を基点として前方部側に整然と設けられている。後円部現表土からは30～50cmの部分から埋葬面が確認されているという。

　本墳丘のプロポーションは6対3対1の可能性が強く、外表に葺石はなく土

2 常陸の初期前方後円墳 47

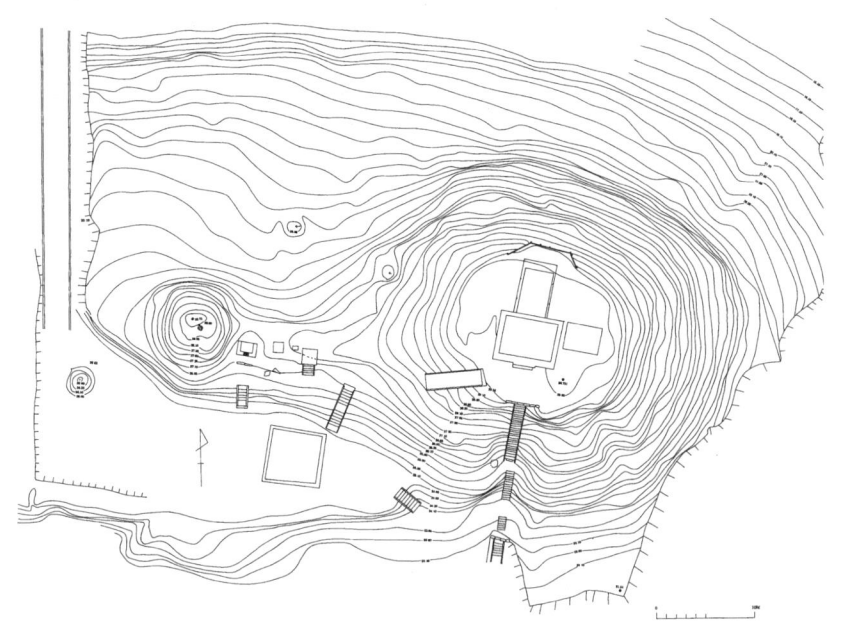

図18 天神山古墳実測図

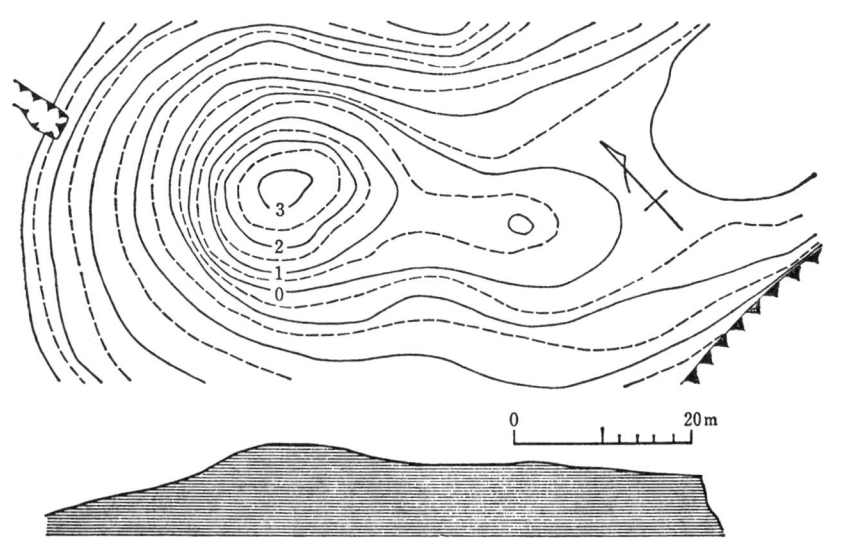

図19 山木古墳実測図

師器が発見されている。

（6）観音山古墳（図20）

霞ヶ浦の北に臨む丘陵先端に西面して築造されていた。かつてこの付近は本墳も含めて矢崎観音として参詣人で賑わったといわれるが、1980年そうした遺構も含めてすべて削平され分譲地と化した。

霞ヶ浦西岸地域では最古の前方後円墳と推定され、筆者らは保存を主張したが、行政側の理解を得ることができず、精密な調査もなく湮滅した。きわめて難解な報告書が刊行されている。報告書よりその規模を紹介しよう。

「墳丘実測の結果、前方部はクビレ部より25m、その最頂部で幅13m、後円部は45×45m、前方部の最も高い所で標高20.9m、クビレ部で標高24.62m、後円部頂で標高24.72mが計測された。」

とあり、墳丘の図に示されたコンターには高低を示す数値が示されていない。

墳丘の規模については「全長約70m、後円部の直径約45m、前方部の長さ約24m、高さ約5mを測る」とあるので、この数値からプロポーションを算出す

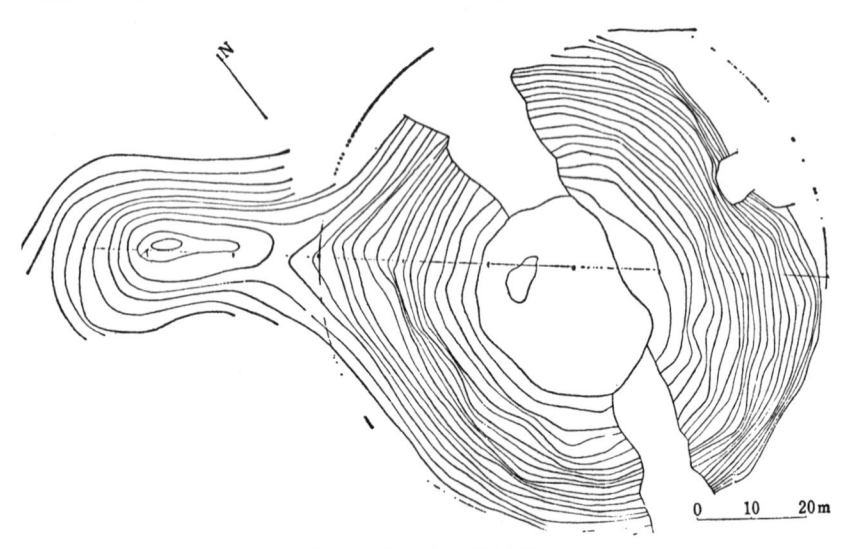

図20　観音山古墳実測図

ると6対2対1の比率が知られる。この比率を有する初期の前方後円墳は常陸ではまだ確認されていない。

　埋葬施設については、墳頂下に粘土塊が存したとあるだけで、その形状については全く触れていない。報告書に示された墳丘図面から墳頂平坦部を計測すると直径16mである。

　外表に葺石や埴輪等は認められず、土師器が検出されているという。

（7）桜塚古墳（図42）

　鬼怒川に臨む丘陵上に築造されている円墳状の古墳である。しかし古老の伝えには瓢形であったという。因に大正期に残された『桜稲荷再興縁起』によれば「関本町桜塚ハ古老ノ伝ニ依レバ古ヘ桜ノ宮ト称シ塚上ニ老桜アリ稲荷祠ヲ安ゼリト今其塚形ヲ視ルニ元ト瓢形ナリシ形迹アリ瓢形ハ皇族ノ墳墓タルコト考古学示メス所也」とあることによっても、本墳が前方後円墳であったことが推察される。筆者は南西に面する前方後円墳と考えている。

　現在、前方部は全く認められず、直径約30m、高さ3.5mの円墳として残されている。墳頂部は変形して稲荷神社が西面して鎮座し、その裾の鳥居の南西約20m付近に高さ1m程の低いマウンドが残されている。これを前方部の一部と推定すると全長50.25mとなる。

　墳丘は後円部が残るのみであるが、葺石や埴輪等は認められず、土師器片を採集する。

　上田方式によると6対3対1.5のプロポーションが推定できる。墳頂平坦部は直径10mを超えそうである。

（8）赤塚2号墳

　霞ヶ浦に臨む尾根上に西面して築造されていた。1984年4月、当時茨城大学工学部学生であった塚本敏夫によって確認され、踏査したものである。全長約50mの前方部の未発達な古墳で、谷を挟んだ北側の尾根上には1号墳の前方後方墳が存在していた。筆者らが測量を計画中に双方とも削平されてしまった。

2号墳は尾根上をきわめて合理的に利用しており、前方部と後円部の比高は3m程度であったと記憶している。もちろん葺石や埴輪等を採集することはできなかった。

2 築造の前後関係

以上の8基の古墳を筆者は常陸の初期前方後円墳と考えている。もちろん完全に調査し尽したわけではなく350基の中にはさらに追加されるものも存すと思われるが、とりあえずこれらを整理しておくことにしよう（表1）。

これらの資料を整理すると、常陸の前方後円墳は最初に霞ヶ浦沿岸に築造されていることがわかる。特に伊勢山古墳、浅間塚古墳、王塚古墳等3基が注目されてくる。墳丘の立地や形状から検討すると、3基の中でも王塚古墳を注意する必要がある。

筆者が3基の古墳を特に問題視するのは、墳丘の示す比率が6対3対2を示す点にある。最近、上田宏範は常陸の前方後円墳を築造企画の面で整理したが、6対3対2を示すこれらの資料を「型式分類の操作にたえない墳形の損じたもの」として除外している（上田 1985）。

上田はこの比率を示す前方後円墳の例として、山梨県大丸山古墳、兵庫県上山古墳、宮崎県西都原1号墳・同13号墳・同92号墳・同95号墳・同99号墳・同100号墳・同175号墳、大韓民国松鶴洞1号墳等をあげ、このタイプは畿内には

表1　常陸の初期前方後円墳8基の概要

古　墳　名	築造企画	後円部高	墳頂平坦部（直径）	外表遺物
伊勢山古墳	6：3：2	8～8.5m	東西10m．南北8m	
浅間塚古墳	6：3：2	7.5m	約12m	
王　塚　古　墳	6：3：2	7.4m	約12m	土師器？
天神山古墳	6：3：1	7 m	約10m	
山　木　古　墳	6：3：1	5 m	約10m	土師器
観音山古墳	6：2：1	5 m	約16m	土師器
桜　塚　古　墳	6：3：1.5	3.5m	約10m	土師器

みられないという。最近報告された兵庫県養久山1号墳もこのタイプと思われる（近藤他 1985）。

3基の古墳を初期とする第2点は、墳丘から埴輪片が全く採集できないことである。筆者は常陸における埴輪樹立の初源を大洗町鏡塚古墳、八郷町佐自塚古墳、岩瀬町長辺寺山古墳（大橋他 1984）等を例示することが多いが、従来はこれらの古墳が常陸最古の前方後円墳とされることが多かった。ところが最近の調査ではこれらに先行する埴輪を樹立しない前方後円墳の存在が知られるようになってきた。

その一群がここに紹介した3古墳である。しかもこれ以外に前方部が未発達で後円部の直径が極端に大きい埴輪を樹立しない前方後円墳の一群、すなわち先に紹介した（4）～（8）も知られるようになっている。後者は墳丘規模が前3者よりもやや小さく、また前方部が短いようである。これらは段階的に前者に続く可能性がある。

ただし（6）観音山古墳の墳形は現在類例があまりみられず、わずかに筑波町八幡塚古墳がこれに近いようである。（7）の桜塚古墳については占地において後出の可能性が強く、プロポーションも鏡塚古墳が想定される。

上田は、鏡塚古墳は畿内の古墳を基準としてA型式に属するとしたうえで次のように結論を下している（上田 1985）。

> A型式について述べると常陸鏡塚古墳が墳丘比率6：3：1.5で、畿内の桜井茶臼山古墳、同メスリ山古墳と同型に属する。また梵天山古墳、佐自塚古墳、三昧塚古墳は畿内の箸墓古墳で代表される6：2：2型で、畿内のA型式の主流を汲むものといえよう。畿内におけるA型式の実年代は4世紀にあり、茨城のこれら古墳は5世紀、中には6世紀初頭に降るものもあり、同一墳丘型式でも畿内と茨城にはかなりの時間差が認められる。

3　前方後方墳との先後関係

本節では、常陸の初期前方後円墳と前方後方墳との先後関係を検討しておき

たい。

　前方後方墳を理論的に先行させるポイントは多い。その第一点は占地にある。筆者が狐塚古墳の調査以来、当地方の前方後方墳の発見に努めた結果、最近では20指に近いこの種の古墳が確認されるようになった（本書17頁以下）。それらの大半が自然地形を有効に利用して築造されており、自然地形利用で特筆されることは、側面からの優位性を認めないことである（A型）。それは単に占地のみにいえることではない。葬送儀礼においてもそのような要素が加わっている。

　勅使塚古墳、原1号墳、舟塚山2号墳、安戸星古墳等には、全く他を圧倒すべく葬送における卓越性は認められない。要するに墓域が死体処理的性格を強くしているのである。

　これに対して前方後方墳B類になると、やや様相を異にする。具体的には狐塚古墳、桜塚古墳に従来の前方後方墳にはみられない埋葬位置の上位性がみられる。埋葬施設の下位性と上位性では、埋葬についての観念が全く異なっているといわねばならない。

　前方後円墳と前方後方墳B類の共通性がそこにあることはすでに指摘した通りであるが、それが伊勢山古墳、浅間塚古墳、王塚古墳等にはじめてみられるのである。これらは占地においても墳丘規模においても他を圧倒している。しかも墳丘が生活面に近く、広い丘陵の一端を利用し、周辺に集落をもつ場合が多い。このことが従来の前方後方墳の埋葬のあり方と占地において根本的に異なる点である。

　前方後方墳と前方後円墳の質的変化が古墳の中で現象としてあらわれる部分を次節で紹介したい。

4　埋葬施設の問題

　調査例の少ない常陸の初期前方後円墳で埋葬施設の問題に言及することは時期尚早であろう。しかし本稿では検討しておきたいと思う。

筆者は資料を整理した際に、後円部の高さと、墳頂平坦部の直径を表示しておいた。それによると、後円部の直径や高さに関係なく、平坦部は10mを超えている。これは何を意味するのであろうか。それにはこの種の古墳を発掘調査する必要がある。

　常陸の資料では山木古墳、観音山古墳が発掘調査されているので、後円部の墳頂部の実態を整理してみよう。

　山木古墳では、墳頂下50cmの標高30.43mに約12mの平坦部が確認されていた。この平坦部の中心が後円部の中心点となっており、平面的には埋葬施設が中心点を基準として、前方部側に設けられている。しかも埋葬施設の底面は墳頂部から1.3mと報告されている。報告書には「粘土床は主軸線直下、後円部の中央に位置し、墳頂部より深さ約30～50cmの箇所から発見されている」と報告されている。

　埋葬の際の掘り方等については記載がない。後円部は少なくとも5mも盛土されていながら、埋葬が墳頂下30cm付近から確認されたとすると、墳丘は埋葬時には築造されていたことになるだろう。

　観音山古墳の場合には、資料でも紹介した通り、粘土を確認しながら遺構が発見されなかった。

　常陸の初期前方後円墳で発掘調査されているのはこの2基のみである。そこで上田が6対3対2型式とする山梨県大丸山古墳を参考に紹介してみよう。本墳は筆者が三木文雄・轟俊二郎と1969年と1971年の2度にわたり埋葬施設の発掘調査を実施した(1)（図21）ものである。

　大丸山古墳の規模は全長約110m、後円部直径54mで、後円部の高さは約11mである。墳頂平坦部は標高315.3mにあり、東西13m、南北10mを計る。

　埋葬施設は1929（昭和4）年に発見され、上田三平（上田三平 1942）や仁科義男（仁科 1931）によって報告されている。それは石棺の蓋石上に竪穴式石室を付設するという特異なものでよく知られていた。

　発掘調査は1971年12月から翌年1月にかけて墳頂部にトレンチを設けて埋葬施設の実測調査を実施した。その概略については調査者の一人である三木文雄

によって紹介されている(三木 1976)。

筆者はこの調査で石室の実測もさることながら、埋葬施設の掘り方を知ることも重要なテーマの一つと考えた。その結果、埋葬施設は掘り方上面を前方部側を除いて三方で捉えることができた。それによると墳頂部を0として、東側50cm、北側50cm、南側35cmから切り込まれていることを知った。墳頂部から50cm低いということは標高315.3mの墳頂平坦面である。掘り方の底面まで調査することはできなかったが、上面から2mの深さに床石上面が存するように埋葬施設が設けられていた。その掘り方の角度は南側が70度で東と北側は50度であった(図22)。

この調査の結果、標高315.3mの墳頂平坦部の存在意義と、墓壙堀鑿面の上に載る50cm足らずの盛土が覆土であることを理解した。

大丸山古墳は埴輪が樹立されておらず、墳丘の何ヵ所かで測量時に土師器片を採集した。埋葬施設の発掘の際も周辺から土師器片が数十片発見されている。

隣接する銚子塚古墳に先行すると思われる本墳の発掘調査によって、明らかに埋葬儀礼の行われる段階には、すでに墳丘が完成されていたことを知ることができた。しかもその墳丘は、墳頂平坦部までも含まれており、そこには完成

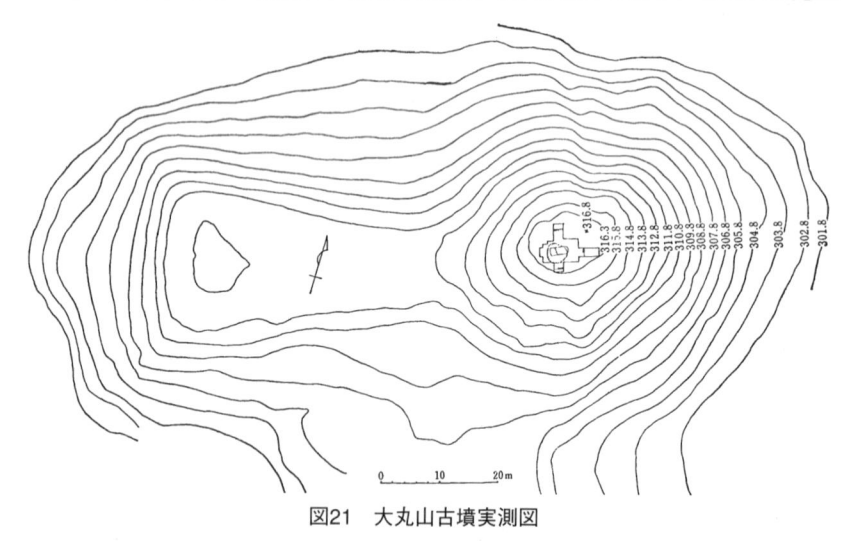

図21　大丸山古墳実測図

された前方後円形の墳丘が築造されていたことが判明する。

これに対して先に触れた兵庫県養久山1号墳では、全く異なった事実が次のように報告されている（近藤 1985）。

> 前方部には埋葬施設はみられなかったが、後円部には6つの埋葬施設がみられた。中心をなす第一主体は、後円部の中央よりやや南寄り、墳丘主軸から約34度傾いて、ほぼ東西に長く掘られた墓壙中に築かれた竪穴式石室である。地山に穿たれた掘り方の上縁は、長軸方向で約4.95m、幅は東端近くで2.1m、中央部で2m、西端近くで1.8m、石室の幅もそれに順じ、東で広く西に向ってやや狭くなる。墳丘盛土には掘り方が及んでいないので、盛土前に地山上面から掘削されたものである。

事実であれば大丸山古墳の解釈と正反対といわねばならず、墳丘は埋葬儀礼終了後に盛り上げられたことになる。とすると一つの矛盾が報告書中にある。第一主体を墳丘築造以前と報告しながら、他の5基をすべて墳丘築造後としている点である。果たしてこの時期の前方後円墳は大丸山古墳のように墳丘完成後に埋葬儀礼が実施されたのか、それとも養久山1号墳のように埋葬儀礼終了後に墳丘が築造されたかを考える必要があろう。

先の問題を検討するために先哲の研究を整理すると興味あるいくつかの論攷が存在するのである。1925（大正14）年梅原末治は次のように指摘している（梅原 1924）。

> 前方後円墳にあつては外形の宏大なるに較べて、内部の営造が概して簡単なことを特色の一つに数ふ可く、この事実に考察を加ふる事に拠つて墳塋

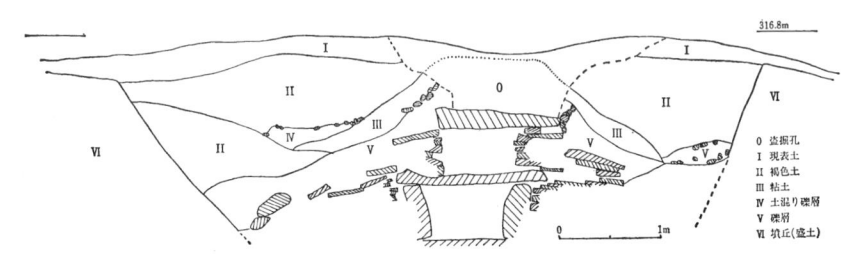

図22 大丸山古墳墳頂墓壙南北断面セクション図

の営造に関する一つの興味ある推測を導き出し得るのではないかを考える様になつた。ここに私の得た推定説を約言するならば、我が前方後円墳の大部分が被葬者の生前に造営せられたと見ることであつて……（後略）

以上の指摘はきわめて示唆に富んでいる。梅原は具体的に前方後円墳の築造時期を被葬者の生前と大胆に主張している。

喜田貞吉も1936（昭和11）年に前方後円墳問題に関して次のように指摘した（喜田 1936）。

斯く此の陵型がひとり我が国に於いてのみ発達した所以のものは、支那或は朝鮮に於ては霊柩の安置場所が常に低位置にあり、我が国に於いて特に墳丘の頂上に設けられるといふ点にのみ始めて其の起因が認められるべきである。起源説としては、どこまでも我が国特有の壙の位置の高く存在するといふ関係から、高き参道又は拝所が墳丘に接続して設けられたにあると解する。

これは中国や朝鮮半島の墳墓とは埋葬の位置が異なる点を重視している。この指摘は梅原の前方後円墳築造生前説をさらに前進させたものと受け取ることができる。

中国や朝鮮半島の古墳と日本の前方後円墳の根本的な相違は、墳丘を重視するか否かにあるのではないかと思われる。すなわちわが国のこの時代の研究は副葬品をも含めて埋葬施設を中心に研究が進められ、それがこの時代のすべてであるかのような感をいだくのであるが、視点を変えれば、この時代は墳丘に意味があったのであって、埋葬施設は中国や朝鮮半島のように大規模ではないのである。喜田はこの点を指摘している。

この問題については原田大六も筑紫の君磐井の墳墓を中心に次のように指摘している（原田 1963）。

筑後風土記は磐井が生前に墓を造ったということを記している。もしそれが事実ならば、彼が討たれた528年以前にできあがっていたことになる。（中略）すべての古墳が生前に造られたものとはいえないが、ある特定のものだけは、生前に造られたのではあるまいか。（中略）この生前に墳墓

を造るということは、普遍的に行われたのではなくて、権勢を特に誇る者だけがやった特別の工事であったといえよう。

と述べ、特に大山古墳、蘇我蝦夷・入鹿等の墳墓を考えている。

筆者は特定な墳墓ではなく、前方後円墳そのものが生前築造を原則として出現したと考えたいのである。

こうした問題を具体的に古墳の発掘調査で解き明かそうとしたのが堅田直である。堅田は1964年、池田市茶臼山古墳の報告に際して、後円部墓壙の詳細な記録を報告している（堅田 1964）。

……墳頂より掘り込まれた墓坑が明らかになった。墓坑の平面は、長方形で、長軸線をほぼ南北に向けて造られている。坑壁の傾斜は急で約85度の角度をもっている。坑の底面はだいたい平坦であるが、南方に向って約3度の傾斜で下っている。その規模は、残存部の上面の長辺7.80m、短辺3.48m、下面の長辺7.64m、短辺2.96m、残存の深さ1.50mである。すなわち石室の壁体の規模はこの墓坑の広さによって規定されている。

従来の調査報告で埋葬施設外側の墓壙についてこれほど詳しく記録したものはない。さらに注目したい点は考察編に「被葬者と古墳築造の時期」を設けて次のような卓見を披露していることである。

池田市茶臼山古墳では坑壁が約85度の傾斜を付けて掘られている。普通の山土を積み上げた時に出来る自然傾斜面は約45度であるので、墳丘を積み上げる時に、或る程度土が締まったとしても、築成後ただちに掘れば、少なくとも50度以上の傾斜をつけることは出来ないだろう。このことについて、大林組研究室の管田豊重氏の教示によると、「80度の傾斜で掘るためには、土を少し載せては、たたきしめて行く方法をくりかえして積み上げないかぎり不可能で、他の方法なら土を積み上げてから約2年間以上放置しなければ、たとえ掘ったとしてもすぐ崩れてしまうだろう」という。もし、少しずつ積み上げてたたきしめたとすれば、その状態が土層になって現われるだろう。石室の南側と東側を掘り下げて地層を検べた際、たたきしめて積まれたとするよりも、むしろ単に土を盛上げたとみるべきことが

判明した。このことから石室が構築されるよりも2、3年以前にすでに墳頂部は、ある程度形成されていたと思われる。

以上先哲の研究を総合すると、大丸古墳の埋葬施設に対する筆者の捉え方は特異なものではないことを理解していただけるものと思う。

6　寿墓としての古墳

最後に未調査古墳の多い常陸の初期前方後円墳を墳丘の測量図から検討して、今後の研究を待つことにしたい。大丸山古墳や池田茶臼山古墳等にみられる墳丘と墓壙と埋葬の関係はすでに触れた通り、普遍的な現象である（茂木1978）。

それは先にも触れたように、前方後円墳という墳墓が、墳丘の宏大さに対して、あまりにも埋葬の場が小規模といえるのである。それは中国や朝鮮半島の同種の墳丘墓を参照すれば一目瞭然である。要するにわが国の前方後円墳を中心とする墳墓は、明らかに埋葬儀礼もさることながら、墳丘の築造に重要な意義を持ち合せているのではないだろうか。そこに根本的な相異が認められる。先哲が指摘しているように生前に寿墓として前方後円墳が築造され、墳丘に意味をもたせたのである。そのことが大丸山古墳や池田茶臼山古墳あるいは山木古墳の例が示すように埋葬が墳頂部から浅い所に設けられていることを意味するのではないだろうか。それは墳丘の大小にかかわらず10m以上の平坦部を有することに表現されているのである。

こうした現象がわが国の古墳時代全体を通じて行われたかどうかは決し得ないのであるが、初期の古墳については大陸からの寿陵思想が伝えられ、以前からの地下埋葬と結びついて、全国に普及していったと解したい。

伊勢山古墳、浅間塚古墳、王塚古墳に常陸地方で最初の寿陵が築造されたと解したいが、3基いずれも未調査のため断言はできない。それぞれ認められる10mを超える直径の墳頂平坦部がそれを物語っているのではないだろうか。

このことは（4）以下の規模を小さくする前方後円墳でも同様である。山木

古墳のように全長50mに達する墳丘を有しながら、埋葬はきわめて貧弱な内容であったことに常陸の初期前方後円墳の特色がある。

墳丘に精神的モニュメントを求めたとすれば、それは墳丘の宏大化に結びつくはずである。中国で春秋期に出現するといわれる墳丘墓はやがて寿陵として大いに発展するが、わが国にもこの制度が伝えられたものと思われる。前方後円墳が墳頂平坦部に重要な意味を有するのは、寿墓のためである。そこで手元にある常陸の初期前方後円墳の墳頂部を観察すると3つのパターンが整理できることがわかる。

その①は、浅間塚古墳、山木古墳、観音山古墳等にみられ、上田方式の六連比では、後円部の中心点が、平坦部の中心となり、その規模が、後円部直径の3分の1に設計されている。幸い山木古墳が発掘調査されており、墓壙は未確認であったが、粘土床が中心より前方部側に整然と設けられていた。

このタイプで墓壙調査の例としては、大阪府玉手山9号墳をあげることができる（安村 1983）。本墳の報告によると墓壙は盛土を切って掘り込まれ、東西6m、南北9.3mとされ、平坦部下の中心部分に位置している。なお畿内の代表的な前方後円墳箸墓がこのタイプである。

その②は、伊勢山古墳にみられるタイプで、平坦部の中心が前方部寄りに位置するものである。伊勢山古墳は後円部の後方がかなり変形しており断言することはできないが、仮に図上で復原したとしても、墳頂部の平坦面は、後円部の直径に対して前方部寄りである。調査された例としては、大丸山古墳をあげることができよう。本墳の場合316.3mの平坦部ではやや前方部寄りであるが、墓壙は明らかに前方に片寄っている。しかし前方部側の詳しい内容は未調査のため不詳である。ただし前方部に平面が多くみられる傾向がある。

その③は、王塚古墳、天神山古墳等のタイプで、その②とは逆に、平坦部が中心点より後方にある。他の地域であまり例がないが、王塚古墳の場合、明らかに標高31mの墳頂平坦部が中心より後寄りにずれている。この事実が後世の変形によるものでないことは、墳丘全体を観察すれば理解できる。

以上のように墳頂部が必ずしも中心部からずれるその②、その③が何を意味

するかも今後検討したい。

　常陸の初期前方後円墳を墳丘測量図を主として整理したが、他地域の発掘調査を経た資料を加味してみると、後円部の墳頂平坦部は、埋葬時には墓壙によってかなり窮屈な状況が推察される。そして前方後円墳は、埋葬における重要性もさることながら、生前に自己の寿墓をもつことにそれ以上の意義を有したことを表現していると考えたい。その体制を前方後円墳体制と呼びたいし、それはかなり正確に霞ヶ浦沿岸にも築造された。

　最近話題とされる大韓民国の松鶴洞1号墳が6対3対2の比率を示すとすれば、わが国でも初期前方後円墳として築造された寿墓としての古墳が伽耶の地域にも築造されたことになり、興味は尽きないであろう。

　いずれにせよ常陸の古墳を再検討する機会であり、また前方後円墳の性格を墳丘重視の方向で考えてみたい。

　注
（1）本墳の調査は第1次を墳丘の測量にあて、第2次で埋葬施設の発掘調査を実施した。第3次として墳丘の調査を計画したが実現しなかった。調査担当者は三木文雄で、現場を茂木と轟俊二郎が担当した。

　補記
　脱稿後、姜仁求『舞妓山과長鼓山測量調査報告書』韓国精神文化研究院、1987が刊行されている。

　また浅間塚古墳からはその後、初期の円筒埴輪片が採集されている（茨城大学人文学部考古学研究室『常陸の円筒埴輪』2002参照）。

3　常陸における前方後円(方)墳の伝播

1　はじめに

　律令以前の常陸地域には『国造本紀』によれば、新治（ニヒハリ）・筑波・茨城（ムハラキ）・仲・久自（クジ）・高（タカ）・道口岐閇（ミチノクチキヘ）等の国造が設置されていたという。また『常陸国風土記』総記の冒頭部分に「常陸国司解申・古老相傳舊聞事。問国郡舊事、古老答曰、自相模国足柄岳坂以東諸縣、惣稱我姫国。是当時、不言常陸。唯稱新治筑波茨城那賀久慈多珂国、各遣造別令検校。其後、至難波長柄豊前大宮臨軒天皇之世、遣高向臣中臣幡織田連等、惣領自坂己東之国。于時、我姫之道、分為八国、常陸国、居其一矣。」とあることからも6～7国造の存在が認められ、さらに『常陸国風土記』香島郡の条や『続日本紀』等にみえる神郡設置の記事等から、この地域に国造支配領域とは異なる「やまと王権」の直轄的支配が想定される。こうした事実から、霞ヶ浦を中心にして拡大する肥沃なこの地方を当時の為政者が無視するとはとうてい考えられず、筆者は早くからこの地方が「やまと王権」にとって重要な地域であったと仮定していた。それを証明するためには、当時の政治構造上きわめて重視される前方後円墳や前方後方墳の存否が整理されなければならないのである。そこでこの地域を重点的に調査した結果、ある程度の結論を得ることができたので整理することにした。

2 従来の研究成果

　この地方の古墳の絶対年代を最初に整理したのは坪井正五郎と野中完一である（坪井・野中 1898）。両氏は八郷町兜塚古墳を整理・検討し、その年代を大化の喪葬令を参考にして孝徳天皇以前の築造と推定した。現時点でもこの地方の兜塚古墳のように、埴輪は樹立しない横穴式石室を埋葬施設とする古墳は、6世紀末から7世紀中葉に比定するのが常識とされている。

　この論文によって、常陸の地域における古墳築造の終焉が大化の喪葬令であることが定説化されたのである。それに対して古墳の起源に関しては、まだ定説がなく混沌とした状態である。この問題について最初に問題を提起したのは、大洗町鏡塚古墳と八郷町丸山1号墳の発掘調査である。

　前古墳を調査した大場磐雄は、報告書の結論で鏡塚古墳の築造時期を5世紀前半とし、「中央文化に浴し、この地方に勢威をもった豪族」と結んでいる。それに対して丸山古墳を調査した後藤守一は報告書の中で、「丸山1号墳は、性格からいうと前期古墳の一つであるが、その築造年代は5世紀時代のものとすべく、いずれかといえば、その西暦5世紀前半に比定すべきものである」とした。

　この年代観はやがて小林行雄に採用され、4世紀型の古墳は舶載三角縁神獣鏡と碧玉製腕飾類を副葬品として備えるのに対して、5世紀型は倣製三角縁神獣鏡と滑石製腕飾類に変化するという方程式が示された。この方程式に基づいて小林は鏡塚古墳に次のような評価を下したのである。(小林 1961)

「碧玉製腕飾類と総称するものは、鍬形石・車輪石・石釧の三者に大別しうる。…（中略）…碧玉製腕飾類のすべてにたいして、実際に腕飾りとして使用したことを主張するものではない。むしろ、それらを古墳に副葬している状態から推察しても、多分に宝器的な性格をそなえるにいたっていたものと考えることができる。…（中略）…茨城県大洗町鏡塚古墳出土の6個の石釧のように、碧玉製であるべきものを、滑石をもって代用した特殊な遺品をふくんでいること

に注目しなければならない。この事実は、鏡塚古墳出土の石釧の製作は、石釧の分布の中心地域においてではなく、その周辺地域でおこなったことを推察する資料となるからである」とし、具体的な絶対年代として、鏡塚古墳出土の石釧を重視して、次のように結んでいる。「あたらしい型式の石釧などが、茨城県または群馬県にまで分布をのばした時期は、早くとも400年ごろのことであったと推定される」。小林は後藤の漸次的絶対年代論を疑問に感じながらも否定することはなかったのである。

　これらの成果は、以後常陸の古墳築造の絶対年代の指標となり、茨城県史の編纂事業まで継続された。大塚初重は『茨城県資料　考古資料編—古墳時代』(茨城県　1974年)で次のように述べている。「茨城県の前期古墳の出現は、畿内地方の前期古墳よりも数十年ないし約100年ほどおくれたものとされている」茨城県史はこうした後藤からの視点が重視されており、本資料編では各氏が大塚の視点で常陸の出現期古墳の絶対年代を表2のように披露している。

　当時茨城県史の資料編で筆者はこの視点に賛同しなかった。そこで原1号墳の築造年代を3つの特徴（①墳丘構築法、②供献土器、③副葬品の組成をあげて次のように結んだ。「本墳の築造年代を4世紀後半に比定し、5世紀に入ることはないであろう」筆者は以前から後藤の意見には賛同できなかった。それは中央重視、地方軽視の視点と文化伝播論のいうなれば「津波型」ともいえる

表2　『茨城県史料』の年代

古墳名	所在地	築造年代	報告者
愛宕山古墳	水戸市	5世紀中葉	大塚初重
舟塚山古墳	石岡市	6世紀初頭	大塚初重
葦間山古墳	下館市	6世紀前半	大塚初重
梵天山古墳	常陸太田市	5世紀中葉	大塚初重
鏡塚古墳	大洗町	5世紀初頭	大場磐雄
狐塚古墳	岩瀬町	5世紀中葉	西宮一男
勅使塚古墳	玉造頂	古式古墳	大塚初重
原1号墳	桜川村	4世紀後半	茂木雅博
丸山1号墳	八郷町	4世紀末〜5世紀初頭	大塚初重
佐自塚古墳	八郷町	5世紀中葉	斎藤　忠
山木古墳	つくば市	古式古墳	井上義安

捉え方である。それが大塚の『茨城県史』の「数十年ないし100年遅れ」論である。しかし、この視点は戦前・戦後の日本史研究の総体であり、当然と言えたのである。筆者が『茨城県史料』に文化伝播論を飛び石的視点で、4世紀代にした背景には、轟俊二郎や川西宏幸らとの議論の影響が強かった。

筆者の意見は反映されて、10年後の1985年刊行の『茨城県史 原始古代編』で大塚は「茨城県内最古の古墳は、これまでの研究成果によれば、4世紀の中ごろから後半期には出現したと推測される。もちろん、近畿地方を中心とした全国の古墳出現年代と異なるものではない」と自説を撤回し、勅使塚古墳・原1号墳・狐塚古墳・丸山1号墳・伊勢山古墳・安戸星古墳・山木古墳・梵天山古墳等を、常陸の最古クラスの古墳としたのである。このことは、わずか10年間で常陸の古墳の出現が100年も早くなったことを意味するのである。これは大塚個人の意見ではあり得ないし、編纂委員会を中心とする茨城県の対応が変化したことを意味するのである。

それでは10年で何がそうさせたのか？ 筆者は東海村部原遺跡と水戸市安戸星古墳の調査成果ではないかと想像するのである。両遺跡共に茨城大学考古学研究室の調査研究による成果である。特に部原遺跡では、発掘調査中から高度な調査技術と時代区分の本質が問われる困難な調査であった。部原遺跡の調査成果には地元研究者から、快く受け入れられなかった（川崎編 1982）。筆者らはこの調査以来「事実は事実」として、冷静に記録し、整理し、報告書を刊行することを研究室のモットーにしてきた。部原遺跡では、報告書作成のため、全国各地の研究者仲間の意見を聞いて歩いた。その結果、従来の茨城県内の土器編年に対する解釈に疑問を投げかけることにより、以下のような解釈を引き出すことになったのである。

すなわち大塚初重は『茨城県史』の中で「茨城県内の弥生時代の終末期の土器は、地域性の濃い十王台式土器であったが、近年、県内各地で、この十王台式土器と、関東地方の最古の土師器である五領式土器とが、集落遺跡の竪穴住居などから共伴して発見される事例が増加している。こうした事実は、茨城県内の弥生人たちが、新しい時代の到来を告げつつある証であった土師器をも使

用しはじめていたということである」として、部原遺跡 2 号住居跡で弥生土器と土師器が共伴する写真を加えたが、こうした変化は部原遺跡の調査で筆者らが「事実は事実」を実践した結果であり、安戸星古墳の前方部の全面発掘調査によって得られた詳細な史料によるものである。

しかし今日的には、大和纒向陵園の成立と、常陸の古墳の起源では100年の誤差が存在するし、どのような経路で伝播したかも論じられていない。そこで本論では常陸における前方後円(方)墳の伝播経路と築造年代について整理しておきたい。

3 常陸の前期古墳

筆者はすでに、常陸の前期古墳を前方後円墳と前方後方墳に分けて整理している（本書17頁および44頁参照）。こ論文の中で前方後円墳は伊勢山古墳・浅間塚古墳・王塚古墳・天神山古墳・山木古墳・観音山古墳・桜塚古墳・赤塚古墳等 8 基を、前方後方墳は、大峰山 1 号墳・原 1 号墳・勅使塚古墳・舟塚山 2 号・桜塚古墳・丸山 1 号墳・長堀 2 号墳・西山古墳・狐塚古墳・宝塚古墳・安戸星古墳・富士山 4 号墳等12基を紹介して、寿墓論を展開した。

これ以後20年が経過して、新たに確認された資料もかなりの数に及んでいるので、最初にそれらを簡単に表示すると表 3 の通りである。表中の西暦は報告書および茂木による。

以上常陸の前期古墳として筆者らが確認した36基の前方後円墳と前方後方墳を列記した。これで完全と言えるかどうかは断言できないが、現時点ではこれらの史料を利用して常陸における古墳の伝播について整理しておきたい。特に表 3 で問題となる点は、原 1 号墳以下の 8 基の古墳である。この地域をどの国造の支配領域とするか。常陸域の国造墓園は大和の大王陵園と異なり、大古墳が中小古墳を従えて面的領域を構成することがなく、単体で構築されるのが常である。そのため、国造墓園からはずれた場所に国造を支えた者の古墳群が存在するという状況証拠が必要である。さらに先に紹介した通り、下総国香取郡

表3 常陸の前期古墳一覧表

古墳名	所在	国造	墳形	規模	墳丘土器	築造年代
狐 塚 古 墳	岩瀬町	新治	前方後方墳	40m	壺形土器	4世紀末
西 山 古 墳	関城町	新治	前方後方墳	20m		3世紀末?
桜 塚 古 墳	関城町	新治	前方後円墳	約50.25m	壺形土器	4世紀
灯火山古墳	明野町	新治	前方後円墳	68m		4世紀
葦間山古墳	下舘市	新治	前方後円墳	約141m	壺形土器	4世紀初頭
長辺寺山古墳	岩瀬町	新治	前方後円墳	約120m?	円筒埴輪	4世紀
桜 塚 古 墳	つくば市	筑波	前方後円墳	50m	碧玉製石釧	4世紀末
山 木 古 墳	つくば市	筑波	前方後円墳	50m	土師器(壺)	4世紀
后 塚 古 墳	土浦市	筑波?	前方後方墳	60m		3世紀末
王 塚 古 墳	土浦市	筑波?	前方後円墳	88m		4世紀
常名天神山古墳	土浦市	筑波?	前方後円墳	70m		4世紀
勅使塚古墳	玉造町	筑波?	前方後円墳	64m	土師器(壺・高坏)	4世紀
丸山1号墳	八郷町	茨城	前方後円墳	55m	土師器	4世紀
長堀2号墳	八郷町	茨城	前方後円墳	46m		4世紀
佐自塚古墳	八郷町	茨城	前方後円墳	58m	土師器(壺)	4世紀末
赤 塚 古 墳	霞ヶ浦町	茨城	前方後方墳?	約30m	不詳(湮滅)	?
田宿天神塚古墳	霞ヶ浦町	茨城	前方後円墳	63m	土師器(壺)	4世紀
熊 野 古 墳	千代田町	茨城	前方後円墳	68m	土師器(壺)	4世紀
舟塚山古墳	石岡市	茨城	前方後円墳	182m	埴輪(円筒・朝顔)	5世紀前半
安戸星古墳	水戸市	那賀	前方後方墳	28.3m	弥生土器・土師器(壺・土師器・特殊壺)	3世紀末
宝 塚 古 墳	茨城町	那賀	前方後円墳	39.3m		4世紀
大場天神山古墳	水戸市	那賀	前方後円墳	50-70m?	不詳	4世紀
鏡 塚 古 墳	大洗町	那賀	前方後円墳	10.5m	埴輪(円筒・朝顔)	4世紀末
愛宕山古墳	水戸市	那賀	前方後円墳	136.5m	埴輪(円筒)	5世紀中葉
富士山4号墳	常陸大宮市	久自	前方後円墳	38m		4世紀
真崎5号墳	東海村	久自	前方後円墳	54m		4世紀
梵天山古墳	常陸太田市	久自	前方後円墳	160m	弥生土器・土師器	3世紀末
星神社古墳	常陸太田市	久自	前方後円墳	100m	特殊器台・特殊壺	4世紀初頭
原 1 号 墳	桜川村	?	前方後円墳	38m	土師器(壺・甕・鉢)	4世紀
観音山古墳	美浦町	?	前方後円墳	70m		?
桜 山 古 墳	竜崎市	?	前方後円墳	71.2m		4世紀
浅間塚古墳	潮来市	?	前方後円墳	84m	埴輪(円筒)	5世紀初頭
大峰山1号墳	鹿嶋市	?	前方後円墳	31m		4世紀
伊勢山古墳	鹿嶋市	?	前方後円墳	95m		4世紀
大上1号墳	鉾田町	那賀?	前方後方墳	35m		4世紀
大上4号墳	鉾田町	那賀?	前方後方墳	37m	土師器(壺)	4世紀

3 常陸における前方後円(方)墳の伝播 67

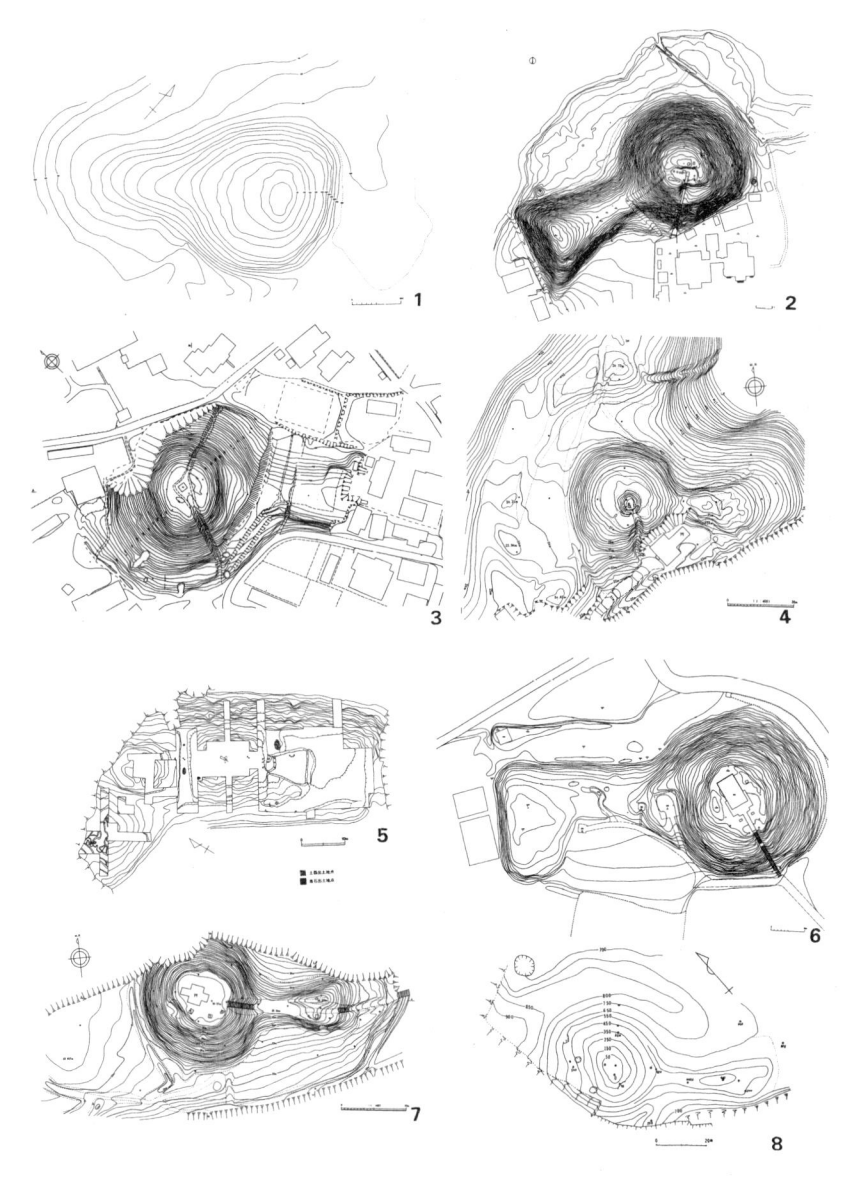

図23 常陸の主要前期古墳　　1) 后塚古墳　2) 梵天山古墳　3) 葦間山古墳
4) 田宿天神山古墳　5) 安戸星古墳　6) 星神社古墳　7) 熊野古墳　8) 伊勢山古墳

と常陸国鹿島郡は、律令体制初期から神郡として特別な支配領域である。それは現在の利根川下流域であり、鹿島、行方両郡設置の際に下総国海上国造・那賀国造・茨城国造の支配領域を割いて新郡を設けたと記録されていることである。

現利根川の流路は、藩政期の治水事業によって、東京湾から霞ヶ浦へ改修されたものであり、この時代に文化を分断するほどの規模の河川ではあり得ない。そのうえ、房総半島沖には黒潮が流れ、陸上の上総～下総～常陸のルートは文化の伝播として注目されている。最後の2基、大上1号墳と大上4号墳は那賀国造領域で整理することも可能である。またこれらの古墳の中で長辺寺山古墳、舟塚山古墳、鏡塚古墳、浅間塚古墳の3基は三角透かしをもつ常陸地域で最初の埴輪を樹立しているである。常陸域の36基の前期古墳の中で、埴輪を有する5基を除いた31基を整理することによって、この地域の前方後円墳および前方後方墳の伝播経路と時期が判明するだろう。

4 常陸の前方後円(方)墳の伝播

この地域の埴輪樹立以前の前期古墳は、現在知られているものが前方後円墳16基、前方後方墳15基等である。これを国造支配領域別に整理すると、表4の通りである。

新治国造の墓園では、発掘調査によって狐塚古墳と灯火山古墳の内容が判明している。しかし両古墳とも3世紀に築造年代をあげる根拠は乏しい。年代的には西山古墳が最初に築造され、やや遅れて狐塚古墳と桜塚古墳が想定されるが、問題は葦間山古墳の存在である。この大前方後円墳は、残念ながら前方部の大半が削り取られており、正確な平面プランは不詳であるが、筆者は久自国造墓の梵天山古墳と同形態の可能性がきわめて強いのではないかと想定する。要するに新治国造

表4 常陸の国造領域別古墳数

国造域	前方後円墳	前方後方墳
新治国造	3基	2基
筑波国造	4基	1基
茨城国造	3基	4基
那賀国造	2基	2(＋2)基
久自国造	2基	2基
香島直轄	2基	2基

では最初に葦間山古墳が築造され、前方後方墳は従的な存在として、纏向陵園のメクリ1号墳的存在と仮定したい。そこで起こる問題は、西山古墳の存在である。この小前方後方墳は葦間山古墳と同時期に築造されたか、やや先行して久自国造領域の須和間墓群と同様の性格を有することも想定される。

　筑波国造の支配領域は筑波山南側と土浦入り一体と想定したい。この領域の墓園はつくば市の桜塚古墳と山木古墳が発掘調査されている。ここで筆者が注目するのは土浦市后塚古墳である。この古墳は茨城大学考古学研究室によって、墳丘の測量が実施されたにすぎないが、その形態が纏向型前方後円墳というべき内容を備えていることである。平面的には前方後方墳であるが、周隍が前方部側で切れ、墳丘が前方部で平坦面を作らず、後方部クビレ部から緩い傾斜で構成されている。平面的な規模は、全長65m、後方部一辺40m、前方部先端幅20mであり、それは3：2：1の比率である（寺沢 1988）。この地区には隣接して王塚古墳という全長88mの前方後円墳が存在する。しかしこの領域には古墳時代を通して100mを越える前方後円墳は築造されなかった。

　茨城国造は筑波山の東北地帯を領域とし、律令期には国府の設置された常陸の中心的地区である。この地域では前方後方墳3基、前方後円墳4基が知られ、4世紀前半には常陸最大全長182mの大前方後円墳の舟塚山古墳を築造することになる。出現期としては熊野古墳、田宿天神塚古墳、赤塚古墳が注目される。しかし3世紀に築造された古墳は現時点では未確認であるが、平面プランからは田宿天神塚古墳が注意したい古墳である。

　那賀国造領域は現在の那珂川下流域が中心で、文化的には下総からの伝播地帯である。ここでは前方後円墳1基と前方後方墳2基が知られ、4世紀末から5世紀初頭には鏡塚古墳、愛宕山古墳という100mを越える大前方後円墳を築造している。この地域で注目されるのは安戸星古墳である。この古墳は全長28.3m、後方部18.7m、前方部先端幅8.1mであり、それは3：2：1の比率である。そのうえ、本墳からは安戸星古墳型壺と仮称すべき特異な鐔状突帯を有する壺型土器がクビレ部から検出されている。筆者はこの土器群を吉備系の流れの特殊壺・特殊器台と解釈し、天理市東殿塚古墳築造期の所産と捉えている。

前方後円墳としては大場天神山古墳が注目に値するが、墳丘の測量調査もされずに削平された。筆者らのもとに情報が入り現場へ急行したときには、土取りされた後であった。それは小さな独立丘上に西面して築造されていた前方後円墳である。詳細は不詳であるが、昭和13年ごろ三角縁神獣鏡ほか鉄器が発見されており、4世紀代の前方後円墳である。

　久自国造の領域は現在の久慈川中下流域で、この地域は早くから赤瑪瑙の産出地として中央から注目されていた可能性が強いと筆者は想定している。この地域では前方後円墳2基、前方後方墳2基が知られ、特に須和間遺跡が注目される（茂木編 1972）。筆者は須和間遺跡は6基の墓域がある程度の時間的経過を経て、造られたと解釈している。特に最後の方形墓である11号墓と梵天山古墳では、後者の方が早かった可能性も想定したい。

　この地域の前方後方墳は測量調査のみであり、詳細が判明しないが真崎5号墳については2005年8月調査を計画しているので、調査報告書の中で検討したい。梵天山古墳と星神社古墳については筆者らの手によって測量調査が実施され、最新の情報が得られたのは幸いである。

　星神社古墳は久慈川の平地に築造された全長100mの前方後円墳である。しかし、現在は墳丘周囲が圃場整備事業によって水平に削平され、築造当時の地形を読み取ることが不可能である。問題は墳丘北側に残るテラス状の遺構で、これが墳丘とどういう関係であるか、検討することができないからである。現在の墳丘は西面する全長100mの桜井茶臼山古墳型の柄鏡状の前方後円墳で（上田他 1961）、後円部に対して前方部が極端に低い形式である。特に北側のテラス状遺構が確実に墳丘に取りつくとすると、纒向箸墓古墳にみられる施設が連想される（寺沢他 2002）。さらに本墳では、後円部の墳頂平坦部東寄りから集中的に関東地方ではきわめて特異な特殊器台系と特殊壺系と想定される遺物が採集されている。特に特殊器台系の資料は天理市東殿塚古墳出土の資料と近似しており（松本他 2002）、それは長野県森将軍塚古墳―群馬県下郷遺跡―群馬県芝根7号墳―栃木県小曽根浅間塚古墳―茨城県佐自塚古墳―千葉県鶴塚古墳等から発見されるきわめて注目される遺物である。これらの資料をすべて調

査する機会を得たが、星神社古墳採集の遺物は大変よく東殿塚古墳に近似している。

　それに対して梵天山古墳は、前方部先端が撥形に開く纒向箸墓古墳型の平面形が看取される。この古墳からは弥生土器および土師器片以外は採集されず、常陸では特異な葺石が墳丘中段以下を取り巻いて葺かれている。墳丘測量の結果、周隍は確実に存在するが前方部前面には認められず、全長160m、後円部直径100m、前方部長60mは比率で3：2：1である。これに対して、星神社古墳は全長100m、後円部直径54m、前方部長46m、前方部先端幅39mで、全体的には前方部の長い柄鏡式の前方後円墳である。研究室内でも久自国造墓の最初の前方後円墳を星神社古墳とする意見も存在するが、筆者は上記のように梵天山古墳の平面プランを重視している。

　最後に香島直轄という大胆な仮説地域を設定した。この設定は安易に使用したものではなく、すでにその前提のとなる浮島祭祀の性格を論じているので参照されたい（茂木 1994）。この地域では原1号墳、観音山古墳、桜山古墳等が発掘調査されている。ここでは浮島に所在する原1号墳が全長29m、後方部長18m、前方部長11mで正確には3：1.86：1.13の平面プランを構成する。しかし後方部が正方形ではなく、幅が11.5mと矩形である。前方後円墳では伊勢山古墳を注目したい。本墳は測量調査のみであるから確定はできないが全長95m、後円部直径50m、前方部長45mであり、箸墓タイプではなく、平面的には茶臼山古墳タイプである。この地域に国造領域に匹敵する墓園が存在することは確実であるし、それを支えたと想定される中小前方後円墳については一部整理しておいたので参照されたい（本書75頁）。

5　おわりに

　本稿では、常陸の前方後円墳の起源を、平面形態と発掘調査の結果と研究史を踏まえて紹介した。最後にこれらを整理して結びとしたい。

　常陸の前期古墳を整理すると、大きく前方後円墳と前方後方墳に分けられる

ことはすでに明確にされている。これらをさらに追求すると第1に墳丘表面で①弥生土器片と土師器片が採集される古墳がある。②土師器が採集される古墳がある。③埴輪片が採集される古墳があるがこれは少し遅れて築造される。第2に墳丘に平面プランが寺沢説の3：2：1を有するものと、前方部が後円部と同規模の3：1.5：1.5とがある。第3の発掘調査された古墳には埋葬施設として竪穴式石室は導入されないが、原則的に土器を使用した祭祀が実施されている。これらを整理すると、常陸への古墳の伝播経路は、平野部から霞ヶ浦一体に前方後方墳として築造され、山岳部から全長100mを越える前方後円墳がいずれも3世紀後半に纒向箸墓型古墳として伝えられたと想定したい。

　大和の大王陵園の成立は、時を経ずして支配領域に墓園を築造させていったと仮定し、それが霞ヶ浦一帯であった根拠は王権の直轄祭祀の場所（浮島）であり、瑪瑙の産地（久自）であったのではないかと考えられる。

　注
（1）この古墳から三角縁神獣鏡が発見されていることを筆者に教示されたのは大塚初重先生である。この鏡は1991年11月3日に偶然、古墳の所有者の一言で発見当時建立（昭和13年9月14日）された小祠内に保管されていた。中には鏡2片の他に鉄片10があり、大刀片1、鉄剣片2、ヤリガンナ片1等が含まれていた。墳丘は前方部先端のみが残されており、削り取られた人家の裏山から想定すると全長は50〜70mの前方後円墳であったと考えられる。
（2）この古墳出土土器については2002年8月、泉武氏の厚意により詳細に観察する機会を得た。その結果、西殿塚古墳出土の特殊器台や特殊壺と東殿塚古墳のそれとは大きく異なることを理解した。

〔付記〕東海村真崎5号墳は2005年7月から8月にかけて東海村教育委員会の要請により筆者が発掘調査を実施した。その結果、纒向段階の前方後方墳で後方部墳頂に木蓋壙室墓という埋葬施設を発見した（茂木雅博他『常陸真崎古墳群』2006）。

4　北浦西岸の前方後円墳

　赤坂山古墳は常陸南西部の北浦に面する丘陵上に立地している。そこでこの周辺にはどのような古墳が存在するかを紹介しておきたい。2004年1月現在、行政的には鹿島郡鉾田町・行方郡北浦町・麻生町・潮来市等にまたがっている。この間に少なくとも49基の前方後円墳が残されている。それを表示したのが表5である。

　以上のようにこの地域には、現在2基の前方後方墳と47基の前方後円墳が現存している。しかし、北浦および旧潮来町では正確な悉皆調査が実施されておらず数の増減が想定されるが、大局的にはこの地域の総体を示しているものと筆者は考えている。これらの資料から築造された時期を整理すると、第1に鉾田町青柳のNo.1～No.3があげられる。大上古墳群では2基の前方後方墳と2基の方墳と1基の円墳が築造され、しかも発掘調査した4号墳では括れ部から五領期の壺片を採集している。さらに巴川の段丘に築造されている塚崎古墳には埴輪は樹立されず、後円部頂で和泉期の壺片を採集している。鉾田地区ではこの後、一時期古墳の築造はない。現在までに筆者が持ち合わせている資料からNo.4不二内古墳の築造時期までなく、それ以後も全長30m以下の小規模は前方後円墳と円墳が中心となる。

　第2は、北浦西岸の古墳の中心的な地域が麻生町矢幡から潮来市大生にかけてである。ここには全長50mを越える中規模程度の前方後円墳が7基集中して築造されている。No.29瓢箪塚古墳（75m）、No.42子子前塚古墳（71.5m）、No.45大生西4号墳（63m）、No.41稲荷塚古墳（61m）、No.46大生西5号墳(60m)、No.43鹿見塚古墳（58.1m）、No.26赤坂山1号墳（58m）、等である。これらを築造順に並べると、No.41→No.26→No.29→No.42・No.43→45・No.46等が想定される。幸

表5 北浦西岸の前方後円墳一覧

No.	古墳名	所在地	規模	外表遺物ほか	備考
1	塚崎古墳	鉾田町青柳	全長40m	土師器（和泉期）	『鉾田町の遺跡』
2	大上1号墳	鉾田町青柳	全長35m		（前方後方墳）註1
3	大上4号墳	鉾田町青柳	全長37m	土師器（五陵期）	（前方後方墳）註1
4	不二内古墳	鉾田町青柳	不詳(30m)註3	埴輪（人物4・円筒）	（註2）
5	石神東10号墳	鉾田町青柳	全長29m		『鉾田町の遺跡』
6	石神東12号墳	鉾田町青柳	全長15m		（帆立貝式前方後円墳）
7	野友1号墳	鉾田町野友	全長27m		箱式石棺
8	野友2号墳	鉾田町野友	全長36m	埴輪（円筒）	『鉾田町の遺跡』
9	鳥栖古墳	鉾田町鳥栖	不詳		『鉾田町の遺跡』
10	辰ノ峰2号墳	鉾田町当間	全長約30m	埴輪（人物2・馬1）	『鉾田町の遺跡』
11	西台古墳	鉾田町培ヶ崎	全長20m		箱式石棺
12	山王1号墳	鉾田町鉾田	全長30m		『鉾田町の遺跡』
13	殿山古墳	北浦町両宿	全長27m		『前方後円墳集成』
14	双子山古墳	北浦町小幡	全長37m		『前方後円墳集成』
15	堂目木1号墳	北浦町小幡	全長16m		箱式石棺
16	堂目木9号墳	北浦町小幡	全長20〜30m		『前方後円墳集成』
17	千両山古墳	北浦町山田	(全長25m)註3		『常陸大生古墳群』
18	ボック台古墳	北浦町内宿	(全長27m)註3		『常陸大生古墳群』
19	矢引の台古墳	北浦町北高岡	(全長40m)註3		『常陸大生古墳群』
20	御門山古墳	北浦町北高岡			『常陸大生古墳群』
21	小牧台1号墳	麻生町小牧	全長20m		『麻生町の遺跡』
22	小牧台3号墳	麻生町小牧	全長25m		『麻生町の遺跡』
23	不動山古墳	麻生町蔵川	全長28m		『麻生町の遺跡』
24	瓢箪塚1号墳	麻生町蔵川	全長27m		『麻生町の遺跡』
25	白浜台1号墳	麻生町白浜	全長30m	埴輪（円筒）	『麻生町の遺跡』
26	赤坂山1号墳	麻生町矢幡	全長58m	埴輪（人物・円筒）	『常陸赤坂山古墳』
27	赤坂山2号墳	麻生町矢幡	全長35m		『常陸赤坂山古墳』
28	瓢箪山古墳	麻生町矢幡	全長30m	丘陵下に伝出土板石3枚	『麻生町の遺跡』
29	瓢箪塚古墳	麻生町矢幡	全長75m	埴輪（円筒）	『常陸の前方後円墳（1）』
30	根小屋1号墳	麻生町根小屋	全長30m	箱式石棺	『麻生町の遺跡』
31	根小屋2号墳	麻生町根小屋	全長25m		『麻生町の遺跡』
32	根小屋6号墳	麻生町根小屋	全長17m		『麻生町の遺跡』
33	根小屋7号墳	麻生町根小屋	全長15m		『麻生町の遺跡』
34	根小屋8号墳	麻生町根小屋	全長15m		『麻生町の遺跡』
35	根小屋9号墳	麻生町根小屋	全長20m		『麻生町の遺跡』
36	根小屋10号墳	麻生町根小屋	全長20m		『麻生町の遺跡』

37	根小屋12号墳	麻生町根小屋	全長17m		『麻生町の遺跡』
38	根小屋20号墳	麻生町根小屋	削平		『麻生町の遺跡』
39	根小屋22号墳	麻生町根小屋	全長22.4m		箱式石棺
40	棒山1号墳	潮来市大賀	全長22m	埴輪（人物・円筒）	箱式石棺
41	稲荷塚古墳	潮来市大生	全長61m		『常陸大生古墳群』
42	子子前塚古墳	潮来市大生	全長71.5m	埴輪（人物・動物・円筒）	箱式石棺
43	鹿見塚古墳	潮来市大生	全長58.1m		『常陸大生古墳群』
44	大生西3号墳	潮来市大生	全長20m		『常陸大生古墳群』
45	大生西4号墳	潮来市大生	全長63m		『常陸の前方後円墳（1）』
46	大生西5号墳	潮来市大生	全長60m		『常陸の前方後円墳（1）』
47	稲荷山5号墳	潮来市潮来	全長34m		『潮来町史』
48	稲荷山6号墳	潮来市潮来	全長23m		『潮来町史』
49	稲荷山8号墳	潮来市潮来	全長25m		『潮来町史』

註
（1）茂木雅博・吉野健一編『大上古墳群第4号墳発掘調査報告』鉾田町史編さん委員会、1994。
（2）八木奘三郎「常武両国発見の埴輪に就いて」『東京人類学会雑誌』12—131・137、1897。
（3）この数値は佐藤政剛氏担当の『前方後円墳集成・東北関東編』山川出版社　1994による。
　　しかし、この『集成』はこの地域分については、基本的な誤認が多く参考にならないので、
　　茨城大学考古学研究室が実査したデータを原則的に使用した。

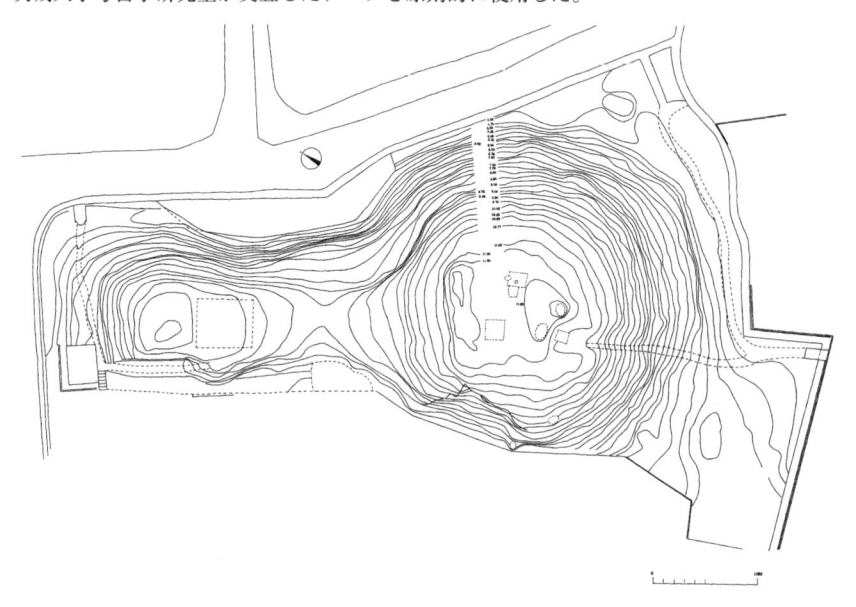

図24　瓢箪塚古墳実測図（茨城大学史学教室実測）

76　第Ⅰ部　常陸の前方後円(方)墳と円墳

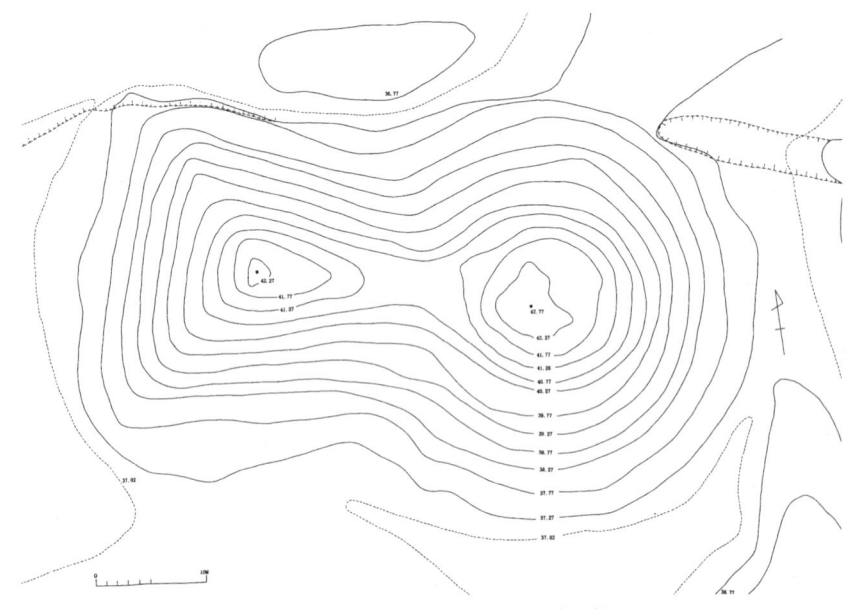

図25　大生西4号墳墳丘測量図（同前）

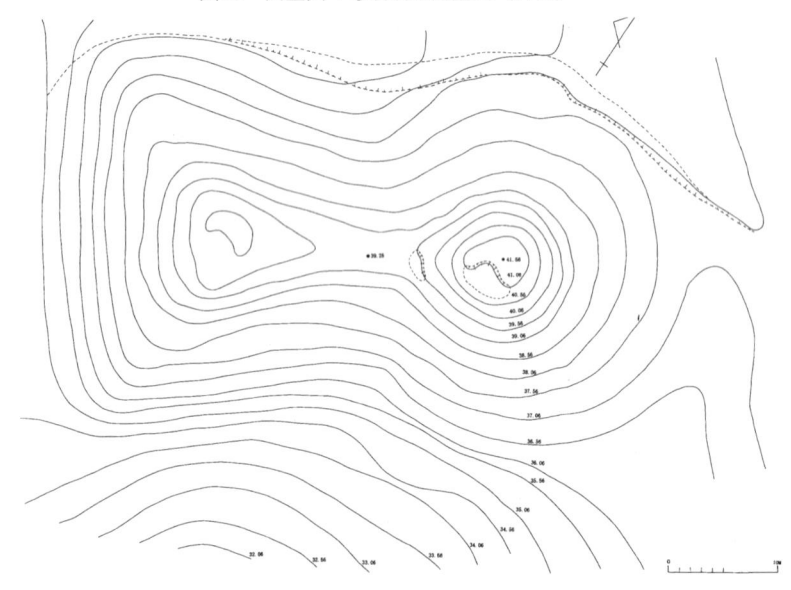

図26　大生西5号墳（同前）

4 北浦西岸の前方後円墳　77

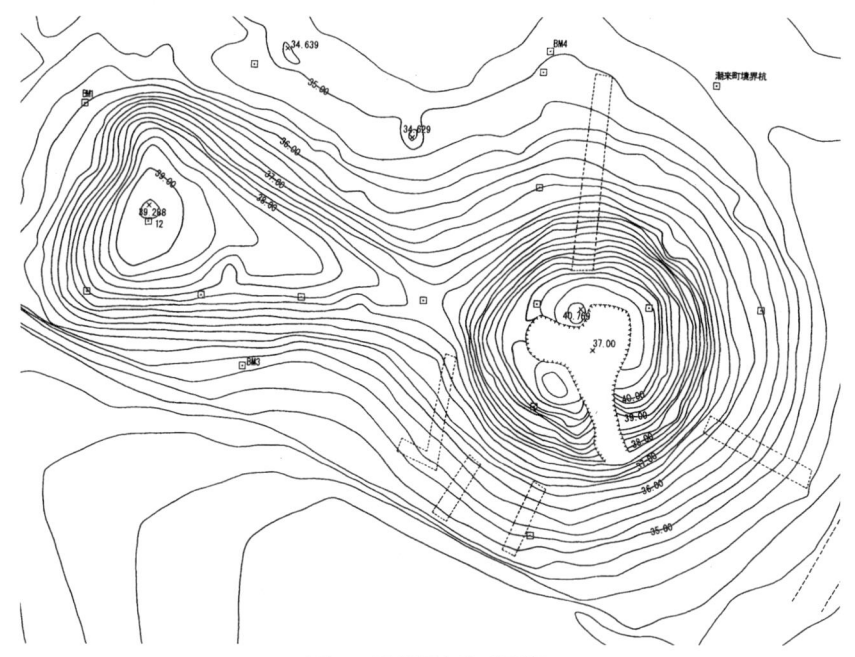

図27　稲荷塚古墳（同前）

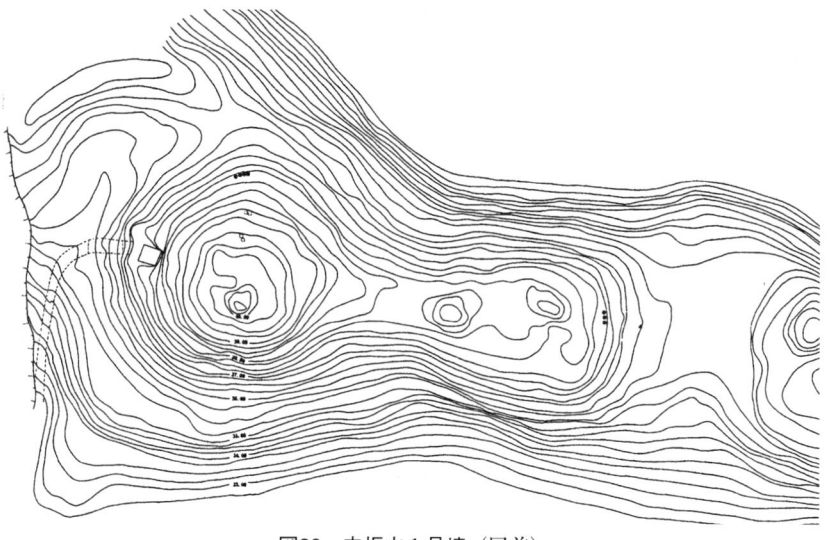

図28　赤坂山1号墳（同前）

いなことにこれらの古墳はすべて墳丘の測量調査が行われており、検討材料が現状では比較的整っている。

　古墳の立地を整理すると、尾根上にあるものNo.26、平地なるものNo.29、台地上にあるものNo.41、No.42、No.43、No.45、No.46である。墳丘の平面プランで整理すると前方部の未発達はNo.29、No.26、No.41と、くびれ部に作り出しをもつNo.42、No.43、さらに前方部の比較的発達したNo.45、No.46等になる。これに埴輪の存否を加えると、否がNo.41、No.43、No.46で、存がNo.29、No.42、No.26である。こうした資料を参考に検討するとNo.41には埴輪が確認できず、現状ではこの地域の最初の中規模前方後円墳に位置づけるべきである。本墳については本報告に使用する必要から墳丘の再測量を計画していたが、実施寸前にして実現できなかった。今後もその計画を準備しているので後日埴輪の存否については改めて紹介できるものと思う。

　次にNo.26を置いたのは埴輪の一部に盾持ち人の人物が含まれる点であり、その資料から精巧な作りである。No.42にも盾持ち人と思われる耳の大きな人物埴輪片が存在するが焼成等においてやや後出である。No.29との対比は、墳丘の立地以外にない。円筒埴輪で比較すると同時期であっても矛盾はないが、両者ともに窖窯焼成によるもので、須恵質の灰色の埴輪が採集される。No.42の円筒埴輪には凸帯が逆M型をしたものが含まれ、前2基より後出である。これら3基はいずれも円筒埴輪を上下2段に樹立しており、これらは製作技法に相違がみられる。大場磐雄はNo.42の築造年代を6世紀を下らない時期に想定している（大場 1971）これら7基の前方後円墳の築造された年代は5世紀末から7世紀前半と推定される。

　第3点は全長30m以下の前方後円墳である。常陸における終末期古墳の最も大きな特徴は、この小規模前方後円墳の築造問題である。表5には30m以下29基、20m〜15mという小規模前方後円墳が11基記録されている。これを単純に計算すると、この地域の前方後円墳の64%が30m以下で、24%は20m以下の小規模前方後円墳である。何故これほどまでに前方後円墳に拘るのだろうか。特にこの地域では麻生町根小屋古墳群が注目される。

この古墳群は前方後円墳10基、円墳9基、近世供養塚4基から構成され、埴輪を樹立するものは1基も存在しない。現在までに埋葬施設の判明しているものは3基がいずれも箱式石棺である。しかもこれらの箱式石棺は墳丘の裾部に設けられ、横穴式石室に代わる追葬用施設としての役割を与えられている。潮来市観音寺山1号墳と7号墳では、前方部中央部に箱式石棺を設置するための壙が穿たれていた。7号墳の計測値は全長15.7m、後円部径11.2m、前方部長4m、幅5m等である。そして前方部には東西2.5m、南北3.5mの壙が穿たれていた（茂木編 1980）。これを前方後円墳とするのであれば、この地方の前方後円墳の終焉は大化の喪葬令まで待たねばならない。

　第4の問題は赤坂山古墳を含む中規模程度の前方後円墳の集中する性格である。律令期の行方郡および鹿島郡が前代は国造の直接支配下ではない。それは『常陸國風土記』に見える両郡の建郡説話が証明している。それをどう理解するか検討しておきたい。

　『常陸國風土記』行方郡の条には次の一節が見られる。

「古老曰、難波長柄前大宮馭宇天皇之世、癸丑年、茨城國造小乙下壬生連麿、那珂國造大建壬生直夫子等、請惣領高向大夫中臣幡織田大夫等、割茨城地八里、合七百餘戸、別置郡家」

　この記事から大化以後に茨城国造の支配地を割いて新郡が設置されていることになる。次に香島郡の条の冒頭には「古老曰、難波長柄豊前大朝馭宇天皇之世、己酉年、大乙上中臣□子、大乙下中臣部兎子等、請惣領高向大夫、割下総國海上國造部内輕野以南一里、那珂國造部内寒田以北五里、別置神郡」とある。これによると香島郡は北は那珂国造の領域であり、南は下総下海上国造の支配領域であったことが理解できる。己酉年は孝徳天皇大化5年（AD649年）であり、癸丑年は孝徳天皇白雉4年（AD653年）である。

　ここで大変興味ある現象がみられる。それは大化前代の香島郡が那珂国造支配下であり、行方郡は茨城国造の支配下であったことである。そしてこの地域に香島では宮中野に国造陵園に匹敵する墓域が、行方では大生から矢幡にかけて同様な墓域が設定されていた。しかもこれらは那珂国造の墓葬とは全く異な

った葬送儀礼を採用しているのである。それは箱式石棺の採用である。

常陸において所謂板状節理によって得られた板石を使用した箱式石棺は、常陸太田市幡山14号墳を除いて、霞ヶ浦・北浦沿岸およびこの水系以北では採用されない埋葬施設である。要するに茨城国造の墓制では、石材を使用する埋葬施設の最初に玉造町三昧塚古墳の石棺が登場する。この時期から絹雲母片岩の切り出しが開始され、箱式石棺が爆発的に築造される。それに対して那珂国造の墓制には採用されていない。

『常陸國風土記』では香島郡の大半が那珂国造部内の寒田池の北5里とあるが、問題はその後の「置神郡」である。『続日本紀』元正天皇養老7年の条には「十一月丁丑。下総國香取郡。常陸國鹿嶋郡。紀伊國名草郡等聽連任三等已上親」とあり、さらにそれを補うように「令集解」選敍例令には「釋云、養老七年十一月十六日大政官處分、伊勢國渡相郡。竹郡。安房國安房郡。出雲國意宇郡。筑前國宗形郡。常陸國鹿嶋郡。下総國香取郡。紀伊國名草郡。合八神郡。聽連任三等以上親也」と律令体制下で全国8郡が神郡に設定されている。

ここで注目したいことは大化前代の鹿嶋の存在である。鹿嶋市には4世紀中葉から伊勢山古墳という国造墓を凌ぐ全長95mの前方後円墳が築造されており、宮中野地区には何世代かの墓域が設定されているのである。しかし墓域内だけでは神郡設置までの首長墓を充足しきれず、北浦を挟んだ大生地区との関係が検討される必要がある。

筆者は近年、会津盆地や出羽地域に限定的に築造された前方後円墳を調査する機会を得て、今日一般的に使用されている所謂国造制だけで、古墳時代をすべて解釈することは不可能であると考えるようになった。北浦西岸の国造設置が想定されないこれらの古墳を解釈する手段として県主制を検討する必要があるだろう。少なくとも北浦西岸のこれらの前方後円墳と宮中野古墳群および潮来市浅間塚古墳等を含めた中規模以上の古墳を国造支配下の墓葬とすることは不可能である。

5 常陸における前方後円墳の終焉

1964年に茨城県教育委員会が刊行した『茨城県遺跡地名表』によると、県下の前方後円墳は334基とある。それらを郡単位で集計すると以下の通りである。

東茨城郡　39　　西茨城郡　7　　那珂郡　16　　久慈郡　5
多賀郡　　10　　鹿島郡　　38　　行方郡　73　　稲敷郡　28
新治郡　　71　　筑波郡　　1　　真壁郡　7　　結城郡　21
猿島郡　　17　　北相馬郡　1　　（合計）334

　これらの数はあくまでも目安であって必ずしも正確といえない。しかし茨城県下の前方後円墳の数を知るデータはまだこれを除いて整理されていない。
　これらをみると霞ヶ浦・北浦を中心とする県南部に比較的多くの前方後円墳が集中する傾向がみられる。茨城県の場合出現期に前方後円墳が多く、県北部を除いて広く分散して築造され、4世紀初頭には確実に前方後円墳が出現してくる。300基を越える前方後円墳の大半は後期に属するもので、その終末が7世紀に入ることも大方の認めるところである。
　最近霞ヶ浦沿岸では、従来あまり知られなかった位置に箱式石棺を埋葬する前方後円墳が知られるようになった。すなわち牛堀町観音寺1号墳、同7号墳等がそれである（茂木編 1980）。
　前方後円墳のクビレ部に埋葬施設を有する例は北浦村堂目木1号墳や出島村稲荷山古墳および千葉県香取郡東庄町婆里古墳等で知られていた。しかしこれらは墳丘と埋葬施設の関係を把握するには至らず、クビレ部に箱式石棺を有する例として紹介されてきた。これらの共通していえることは、前方後円墳のプロポーションにおいて、前方部が大きく開く形態を示すことである。
　これに対して観音寺山1号墳、同7号墳および土浦市石倉山5号墳は（大森

他 1975)、前者同様にクビレ部に埋葬施設（箱式石棺）を有するが、プロポーションに大きな相違がみられる。これらを帆立貝式古墳とする諸家もあるが、筆者は時期的に賛成しない。茨城県というか霞ヶ浦沿岸の最終末の前方後円墳と理解すべきであると思う。そうした場合に鹿島町宮中野85号墳、同97号墳、同98号墳や潮来町大生西1号墳（子子前塚）（大場他 1971）等の埋葬施設のあり方とどのような相違があり、共通点を有するかが問題視されてくるだろう。

これらの前方後円墳は前方部に埋葬施設を設置するのではなく、後円部の東南隅に箱式石棺を設けている。しかも前方後円形は、整然と設計されている。観音寺山や石倉山古墳群の前方後円墳は前方部が極端に小規模である。

仮に全長を10として、その比率を換算すると前者は後円部と前方部が6対4ないし5対5であるのに対して、後者は7対3と極端に短かい。さらに前方部西側端とクビレ部を結ぶ2本の直線が、後円部を通過する主軸線と交叉するのが普通であるが、後者はその延長線でも交叉せず、両線とも主軸と平行である。こうした現象は前者には認められない。

従来前方後円墳の変遷を考えると、時代が降るに従って前方部先端が開くことがひとつの特徴とされている。前者の場合、先端幅を後円部径と比較すると、宮中野85号墳では、45対54、同87号墳および同98号墳は50対50となり、前方部の幅と後円部の径が、後期の特徴を示している。それに対して後者の場合、観音寺山1号墳では36対64、同7号墳では31対69と極端に前方部の幅が挾くなっている。

次に両者の共通点をあげてみよう。いずれも後円部墳丘の盛土をはずれて埋葬施設が存在する。一部研究者はこうした現象を変則的古墳という名称で整理しようとする（市毛 1973）。しかし筆者は最近、墳丘の裾部に埋葬施設を設ける必然性が何かを考えている。変則的古墳という理解の仕方では当地方の古墳文化を理解することは不可能である。

すなわち前方部に主体埋葬をする必然性は何かを考えたい。宮中野97号墳、同98号墳の如く後円部南側裾に埋葬施設を設けた必然性のひとつは追葬である。追葬可能な機能的要素に埋葬施設の低位性が存在しているのである。

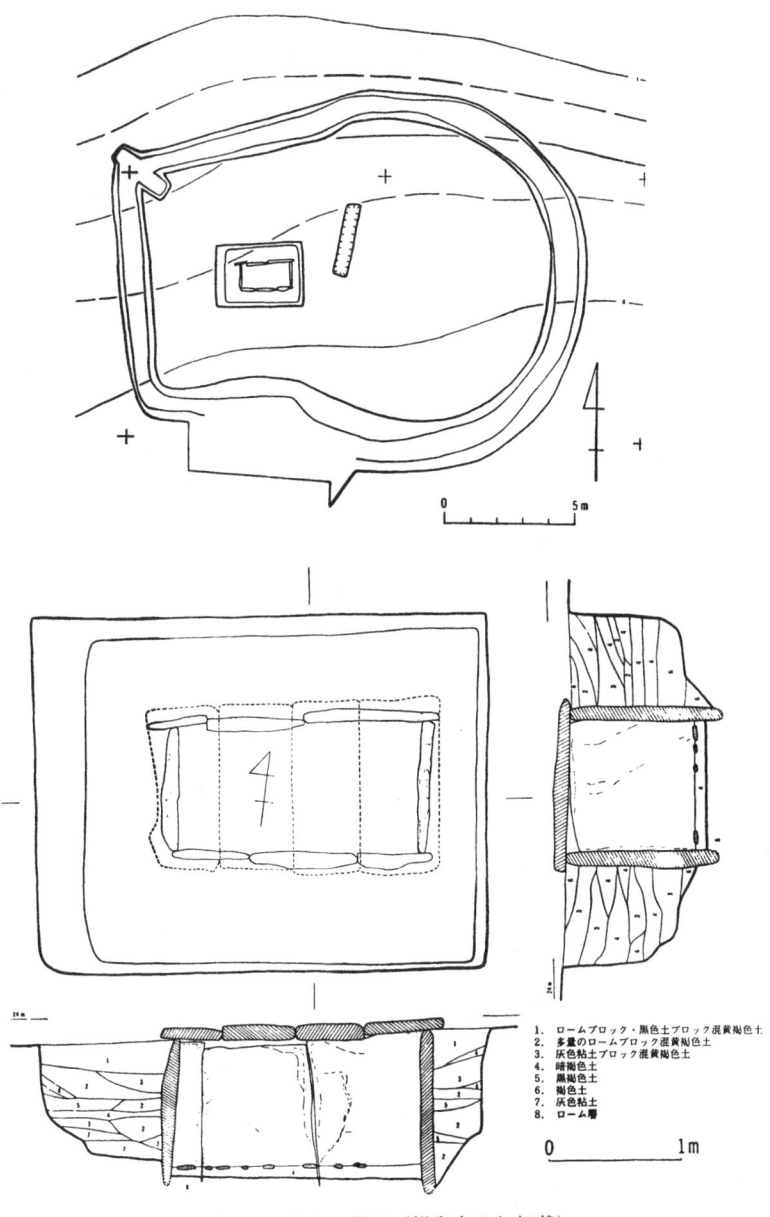

5 常陸における前方後円墳の終焉 83

1. ロームブロック・黒色土ブロック混黄褐色土
2. 多量のロームブロック混黄褐色土
3. 灰色粘土ブロック混黄褐色土
4. 暗褐色土
5. 黒褐色土
6. 褐色土
7. 灰色粘土
8. ローム層

図29 石倉山5号墳 (報告書より転載)

霞ヶ浦沿岸において横穴式石室は非常に少なく、箱式石棺がそれに代っている。このことを重視する必要がある。もちろん横穴式石室が全く存在しないというのではない。特に県北地方には箱式石棺はほとんど作られず横穴式石室が採用されていることを考慮すれば、常陸の古墳文化が県南と県北とでは大きな格差を有しているといえるのである。横穴式石室と箱式石棺の関連が常陸の終末期古墳を検討する場合に重視されるのである。そこでそれを解明する手がかりとして、土浦市石倉山古墳群と鹿島町宮中野古墳群の分析を試みることにしよう。

　土浦市石倉山古墳群では、方墳4基、円墳4基、前方後円墳1基の計9基の古墳が発掘調査されている。そのうち5基の埋葬施設が明らかにされた。この古墳群は常陸の終末期古墳を検討するうえで、きわめて注目されるものであり、調査を担当した大森信英氏は、この古墳群の特色を次のように整理している（大森他 1975）。

「まず方墳であるが、この方墳は住居址群の北東に1基、どんどん塚（3号墳）の西に1基と都合2基。古墳群の南西、台地端近く主軸をほぼ北に向けて2基と合計4基の方墳が存在した。この2群の方墳は……周溝から伴出した須恵器からみて、ほぼ近い時期に営造されたものと考えられる」。

　本古墳群では、9基中4基が方墳という特徴を有している。霞ヶ浦沿岸の群集墳の中には最終末に方墳が登場し、横穴式石室を採用するという現象は以前から指摘されていたが、具体例として4基も調査されたことは注目に値する。しかも筑波石と称する雲母片岩系の石材による横穴式石室を採用している。特に、1・2号墳が最後の古墳である。

　本古墳群の開始時期を決定づける資料がなく、詳らかでないことも多いが、3号墳が最初で5号墳（前方後円墳）を7世紀中葉以降と推察すると、この前方後円墳が土浦地区における最後の前方後円墳である。5号墳の次に8号墳および9号墳が築造され、その後、横穴式石室が採用されている。しかしその石室は羨道部や墓道を有するような従来知られた形式ではなく、新治村で調査された武者塚古墳と同形式の石室で、箱式石棺の構築同様、墓壙を穿ち、その中

に箱式石棺と同様に妻石に重点を置いた築造法で、副室構造とし、前室は全く形式的で、遺骸の埋納は天井すなわち蓋石を除去して行っている。そしてこの古墳群では、横穴式石室の採用から、埋葬施設の主軸が南北となる5号墳（前方後円墳）では箱式石棺の主軸は東西である。

次に宮中野古墳群を観察してみよう。この古墳群は常陸最大のもので、大小110基を越える群集墳である。しかし鹿島臨海工業地帯の造成によって50基以上が破壊され、その過程で円墳9基、前方後円墳3基、方墳2基は辛じて調査された。これらのうち85号墳、97号墳、98号墳（いずれも前方後円墳）、79号墳、83号墳、84号墳（いずれも円墳）等の6基が箱式石棺を埋葬施設とし、99号墳（方墳）が横穴式石室であった。

報告書によると、98号を7世紀中葉、99号墳を8世紀中葉に比定している。その当否は別として、この古墳群の最後に112号墳がある。この古墳は盛土がなく、矩形の溝と中央部に箱式石棺状の砂岩製石室が埋置され、その主軸を南

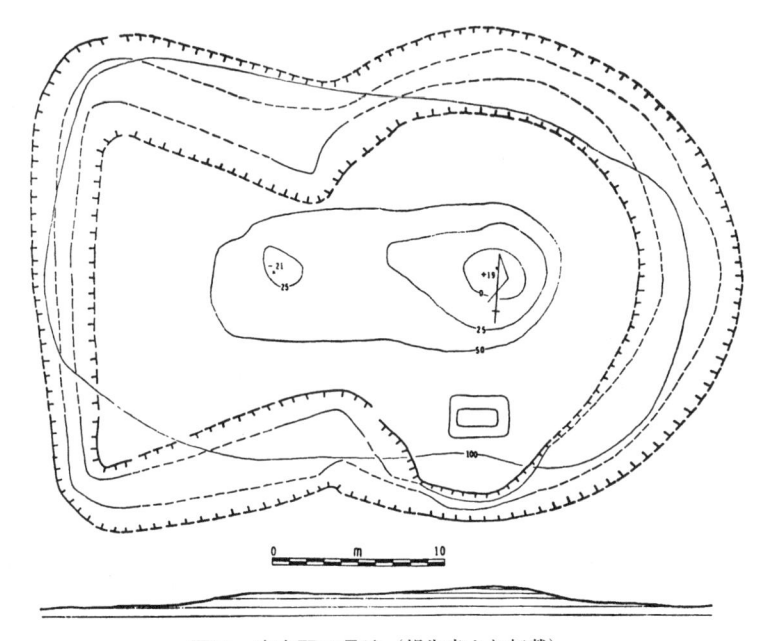

図30　宮中野97号墳（報告書より転載）

北とする。宮中野古墳群での前方後円墳の最終末は97号墳、98号墳に代表され埋葬施設は石倉山古墳群同様に箱式石棺であって横穴式石室は前方後円墳には採用されていない。

常陸において横穴式石室を埋葬施設とする地帯は筑波山周辺より北部であって、鹿島、行方、稲敷各地区に横穴式石室が採用されるのはかなり遅れ、最終末期にわずかの期間であって、それをもって高塚の築造は終了している。

土浦市と鹿島町の2つの古墳群を検討したが、最後に中間に存在する行方郡牛堀町観音寺山古墳群を検討しておこう。この古墳群では確認された埋葬施設はすべて箱式石棺である。特に1号墳および7号墳は前方後円墳であり、前方

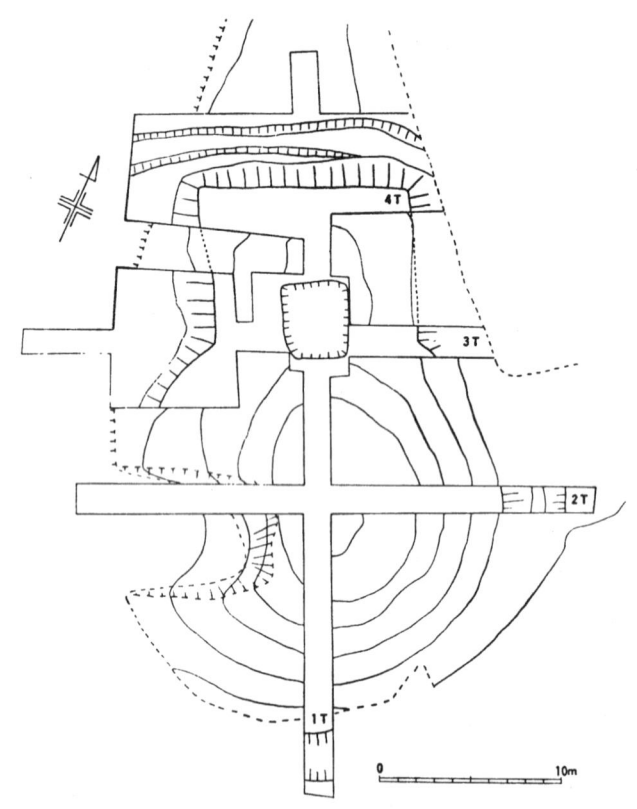

図31　観音寺山1号墳（報告書より転載）

部に大きな特色がある。本古墳では前方部が埋葬施設の場所であり、しかもこの部分が設計段階から埋葬施設の位置として墳丘の築造が行われている。1号墳の場合、前方部の盛土が水平積みであることを確認し、7号墳でも同様の状況であった。埋葬施設はこれらの水平面を切り込んで土壙を穿ち、箱式石棺が設置されている。しかもこの部分は最初から埋葬施設を設ける場所として設計されており、墳丘の主軸線上に南北方向を採用している。

　霞ヶ浦沿岸部においては、こうした前方後円墳を最後に前方後円墳の築造は終了し、その後に土浦市石倉山古墳の如き方墳と横穴式石室が部分的に採用されて、高塚古墳の築造は終了するように思われる。

6　常陸の円墳

1　はじめに

　常陸の古墳の数は定かでない。それは分布調査が不備であるため、1959年刊行の『茨城県古墳総覧』（茨城県教育委員会編）を基礎とすることが多い。
　本稿を草するに際して、改めて整理すると40m以上の大型円墳が20基を越えた。その規模を40mとしたのには理論的根拠は何もない。この規模の円墳は関東地方全体でも100基未満であろうとのきわめて非論理的根拠である。
　20基を越えた大型円墳の主要と思われるものを踏査した結果、美浦村同行塚、出島村車塚古墳、玉里村妙見山古墳等を円墳とするにはやや疑問が出てきた。
　同行塚古墳は大塚初重が『茨城県史料』の中で「美浦村では、木原台古墳群の東方約1.5kmの大塚字弁天地区に円墳群からなる古墳群がみられるが、弁天塚古墳と同地内の同行塚古墳は円墳で径70mと60mを算し、大型円墳として注目されている」と報告しているものである。たしかに弁天塚古墳の西側300mの地点に同行塚と呼ばれる独立丘が存在する。しかし、これは自然地形を後世に墓地部分を残して、削り取ったものと思われる。現在観察しても積極的に古墳とする証拠は見当たらない。
　出島村車塚古墳は、『茨城県古墳総覧』に径49m、高さ8mの円墳とある。地元の伝承では古墳とせず、加茂観音堂の背後にあることから奉納相撲をした土俵跡という。これは墳丘がきわめて変形しているため、現在の状況からは積極的に円墳とする証拠に欠ける。高さ8mほどあるが、いわゆる四隅突出形に変形しており、近世の信仰上の塚の可能性が強いと思われる。これだけの墳

表6 茨城県の主要大型円墳一覧

No.	古墳名	所在地	直径(m)	高(m)	備考
1	車塚	東茨城郡大洗町諏訪	95	13	葺石、埴輪、2段築成
2	稲荷塚	つくば市柴崎	65		湮滅
3	弁天塚	稲勇郡美浦村大塚	60?	7	滑石製品、鏡、冑、2段築成
4	大穴塚	那珂湊市磯崎町	60	10	横穴式石室、2段築成
5	磯崎4号	那珂湊市磯崎町	60	3	
6	雷神山	東茨城郡小川町小川	56	4.5	埴輪、2段築成
7	三ツ塚13号	那珂湊市平磯町	53.7	4.4	
8	別当山	那珂郡東海村石神外宿	52	8	2段築成
9	三ツ塚12号	那珂湊市平磯町	50.2	4.2	湮滅、滑石製品、剣
10	磯崎17号	那珂湊市磯崎町	50	10	
11	割山	日立市久慈町	50	5	2段築成
12	塚山	新治郡玉里村下玉皇	50	7	埴輪、2段築成
13	青柳	西茨城郡岩瀬町	50		湮滅、木棺直葬、滑石製品
14	大塚	東茨城郡小川町立延	43	4	
15	大塚1号	新治郡千代田村下志筑	42	3	
16	おはぐろ塚	那珂郡那珂町門部	42	7	
17	高森1号	筑波郡大和村高森	42	5	埴輪、2段築成
18	天神	新治郡玉里村大井戸	42	4.5	
19	磯崎3号	那珂湊市磯崎町	40	5	
20	宍塚15号	土浦市宍塚町	40	5	
21	稲荷神社	土浦市矢作町	40	4	
22	牛渡41号	新治郡出島村牛渡	40	5	
23	高山塚	常陸太田市島町	89	10	埴輪、2段築成、造り出し
24	大塚	鹿島郡鹿島町宮中野	80	7	横穴式石室、2段築成、造り出し
25	権現塚	常陸茨城郡小川町	55	8	埴輪、2段築成、造り出し

丘であったとすれば周隍が明確に存在するはずであるし、それが曖昧であるため除外しておく。

玉里村妙見山古墳は『玉里村史』(1975年)に直径50m、高さ7mの円墳とある。沖積地に築造されており、墳丘上に妙見社が鎮座している。南裾に参道が設けられており、前方部の可能性が強い。墳丘の測量が行われるまでは円墳説を否定しておきたい。

表6に示した大形円墳のうちNo.23～No.25の3基には裾に造り出しが設けられているため分けておいた。これらは従来帆立貝式と呼称されたものである。し

かし常陸の帆立貝式前方後円墳は玉里村愛宕山古墳、同雷電山古墳、玉造町大日山古墳等で代表されるものであり、後者の3基は円墳に造り出しが設けられたものとして取り扱いたい。要するにこれらは円墳の系譜を考えるべきで、前方後円墳とは考えられないのである。この問題については遊佐和敏の『帆立貝式古墳』に詳しいので参照されたい（遊佐 1988）。遊佐の「造り出し付円墳」がそれであり、菅谷文則によれば奈良県乙女山古墳もこれに属するという。

2　調査の行われた円墳

　最初に25基の大型円墳の中で発掘等の調査が行われて内容の明らかなものを紹介しておこう。常陸の大型円墳は、前方後円墳や前方後方墳と異なり墳丘測量や発掘調査されたものは少なく、その実態は不詳のものが多い。

（1）弁天塚古墳

　記録に残る最も早い発掘はこの古墳である。土浦の学者色川三中は『黒坂命墳墓考』の中で次のように報告している。

> 常陸國信太郡安中郷大塚村ト云ル処ニ一ツノ大ナル冢アリ。高サ二三丈、周囲百餘歩ナリ。昔ハ冢上又其メクリニ大樹多ク繁生シテ森ヲナセシカハ鵜鷺ナト来リ巣ヒ又霞湖中ヲ舟ニノルモノ此森ヲ目的トシテノコトアリシトソ。冢上ニ小キ祠アリ今宮八幡ナト云フモノモアレト。今ハ辨才天ナリトテ安置セリ。…（略）…塚上平面ノ處（弁天ノ小祠ノ傍）ヲ穿ツニ深サ七八寸許ヨリ下ハ地底一面ニ石アリテ掘犁ヲトホサス、怪ミテ弥ヨ掘ミルニ大石アリ。マスマス掘テ其蓋石ヲ取放ツニ石棺ナリ。其中ニ冑鎧太刀鏡種々ノ異物アリ。鉄器ノ朽チ楮色ニナリタルヲ朱ニテ埋メタルナリトテメデ騒ギ珍ラシキ物共ノアマタ出ルママニ大勢群集シテ我ガチニ争ヒ取リ彼方此方持アルキ、或ハ己力家ナトニ持行タル者ナトモアリテ此サワキニ鉄器ハ皆砕キ失ヒ其外ノ物トモモ多クハ失ヒタル由ナリ。コハ丁未年十二月三日ヨリ五日迄ノ事ナリ。

石棺　長サ八尺許。横三尺許。一石ヲ以テ内ノ隔トシテ甲冑ヲ納レタリ。

鉄冑　取出シタルトキハ損ヒタル処モナク鉄肌ウルハリカリシカ、今ハ二三ツニ破レテ高鏽出タレドモ其全形、制作オモヒヤルヘク最モ奇古ノ珍物ト云ベシ。頂上ハ突起シテ穴ナク、鉢ハ小ザネヲ以テ并ラヘ重子テ鋲ヲ以テ付タル物ト見エタリ。(桂林漫録ニ載タル日向國諸縣郡ヨリ出タリト云甲冑ノ図ナトトハ大ニ異ナルモノニテ其形容甚愛スヘク尚一等上古ノ物トミエタリ)

鉄鎧　細ニ砕テ其全形知ヘカラス。胴トオホシキ物残リテアリシモ雑人多クアツマリ取リ見ルトテ散々ニ砕タレハ今ハ其制作ノヤウ考ヘカラス。

太刀二　其一ハ　長五尺有余アリシト云。今ハ四ツ五ツニ折レテ形正シカラス。鞘ノ木石ニ化シテ金ト石トノサカヒタシカナラヌホトナリ。又一刀ハヤヤ短小ナリシト云リ。是モ其形チシレス、按ニ儀刀ニシテ真刀ニハアルヘカラス。

銅鏡一　径五寸(曲尺ナリ)。博古図ニ載タル漢鑑ニ近ケレドモ自ラ皇國古代ノ物ナルコト著シ。古鏡ヲ多ク見タル中ニ如此古質ナルハ未タナカリキ。(元禄五壬申年下野國那須ノ車塚ヨリ出タル鏡ノ図ヲミルニイササカ似タル物ナリ)是亦石棺ノ内ニアリテハ、カネ肌滑ナリシカ取出シテ一両日ヲ経ルママニ高鏽出タルナリト云フ。青色奇古言フヘカラス。厚サ一分許鏽ノ落タル処ヨリ其面ヲ見ルニ銅色至テ白シテ鮮明愛スヘシ。古書トモニ白銅鏡トカケルハ此故ナルベシ。(略)

石鏡三　青白色其質石ニ似テ石ニアラス。土ニテ焼造レルモノナリ。今存スルモノ三アレドモ失タルモ有ヘシ。

石剱又種々陶器四十三　何レモ色青白石鏡ト其質同シ。皆土ニテ製造シタル物トミエ此品々ノ外ニ失ヒタルハ殊ニ多シト云。今歳マテ見存シタル数四十三アリ。剱形ナル物ノ多キハ木偶人ニ此剱ヲ帯カセテ諸器物ヲ持セナトシテ棺内ニ納レタルカ。偶人ハ早ク朽チテ土器ノミ残リシナルベシト或人ノ言シハ實ニサモアルヘク覚エタリ。

以上ハ此物掘出タル翌戊申ノ秋予其地ニ至テ親ク見タリシトキ見存シタル

物トモナリ。無量院ト云无住寺アリテソコニ鏡ヲハ置キ冢上ノ小祠ノ中ニ甲胄太刀等ハ納オキタリキ。……（略）

戊申ノ秋は嘉永元（1848）年であるから、この発掘が弘化4（1847）年12月3日から5日までのことであったことがわかる。

　天理大学図書館には色川三中蔵書が保管されており、本書もその一部である。これには第一種本から四種本まであり、第二種本から第四種本が弁天塚古墳に関する記録である。第三種本はいわゆる下書きで、第二種本が清書されたものである。第二種本には挿図はみられないが、第三種本と第四種本には出土品の一部が図化されている。第三種本には方格規矩鏡の拓本が示され、第四種本には墳丘、塚上平面図、石棺之図、眉庇付胄等が図示されている。

　この報告によると弁天塚古墳の墳頂部より石棺（箱式石棺）が発見され、鏡、甲胄、石製品が副葬されていたことがわかる。現在の弁天塚古墳は墳頂部に稲荷・厳島の小石祠が置かれ、近年墳丘が整備され、コンクリートの参道が設けられた。墳丘の測量は行われていないが、直径約60m、高さ7m弱の2段築成の円墳であることが観察される。埴輪や葺石等の外護施設は全く認められず、沖積地に築造されているため周隍は存在しない。盛土は表面で観察すると砂が主体となっている。

（2）三ツ塚12号墳

　1949年平磯中学校建設のために破壊されたもので、当時7基の円墳が消滅したと伝えられ、1957年にも運動場拡張のため3基が消滅した。

　本墳は直径50.9m、高さ4.2mの円墳で周隍が認められ葺石が存在したというが、埴輪は認められなかったようである。埋葬施設は不明で、封土中から石製刀子1、鉄剣および土師器が若干出ていたと伝えている。

（3）青柳古墳

　1984年3月土砂採取に先がけて発掘調査が行われた。詳細は未報告のため不詳である。調査期間中担当者の了解を得て見学を許されたのでそのときのメモ

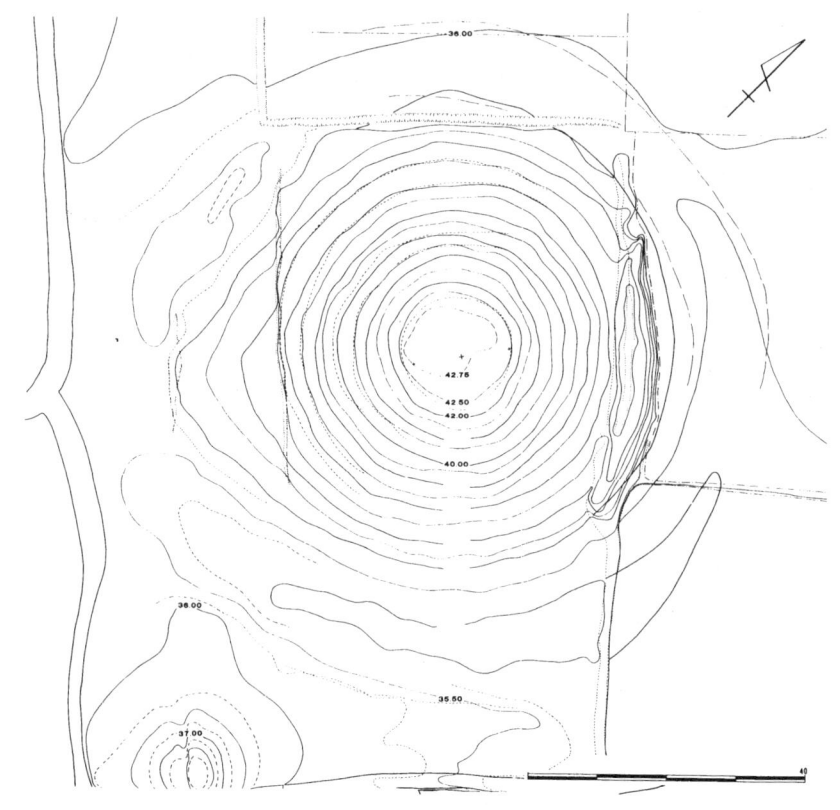

図32　大塚古墳墳丘実測図

を紹介しておきたい。

　現在は全く痕跡もとどめていないが、本墳の北側山頂には長辺寺山古墳が、北西約500mには狐塚古墳が存在するという地理的環境にある。3基中現存するものは長辺寺山古墳だけとなったが、3基共にこの地域の首長墓として注目しなければならない。

　長辺寺山の南麓丘上に築造された直径50mの円墳で高さの記録がない。墳丘中央の墳頂下1m以上の深さに並列した2基の埋葬施設（木棺直葬）が検出された。公民館に保管されていた副葬品は、剣3、鉾1、滑石製品（有孔円板6、臼玉296、剣形品6）等である。埴輪や葺石等は認められず、北東側に周隍が

残り、南裾に4基の箱式石棺が埋置されていた。出土品の中に須恵器片が何片か含まれており、TK208かTK23が考えられる。

(4) 大塚（勅使塚）古墳

宮中野古墳群の中心部に築造された大型円墳で南西裾に造り出しを有する。直径80m、高さ7mの円墳で南西裾に10m程度突出する造り出しがある。埴輪や葺石は認められず、墳丘は3段で周隍が確認できる。埋葬施設は南西裾の造り出し部に設けられた横穴式石室であるが、徹底的に破壊され、旧状を知り得ない。報告書では横口式石槨と呼んでいる。形態的には新治村武者塚古墳と同様なもので、箱式石棺の系譜による蓋石をはずしてから遺体を入れる石室であることが考えられる。注目されることはこの石室の前室から直角に周隍までの間に墓道が検出されたことである。

副葬品は盗掘のため原位置をとどめず、散乱した状態で破片を含めて300点近く検出された。その内容は、装身具類（耳環3）、武器類（鉄製弓弭金具2、鉄製銀被弓飾り金具2、鉄製刀子柄頭2、鉄製円頭柄頭1）馬具類（鉸具、鞍金具、鞍飾り鋲、引手、その他）、その他（刀子、鉄釘、円環状鉄器等）である。報告書は7世紀中葉としている。

(5) 車塚古墳

本古墳の発掘調査は行われていないが、墳丘の測量調査が1970年に実施され、報告書が刊行されている。報告によると直径95m、高さ13mの2段築成の円墳で、墳丘には葺石が認められ、その状況から古くは石山と呼ばれたことがあるという。墳頂平坦部は一段高く盛り上げられ、諏訪社の子祠が祭られている。周辺部に人家が立ち並んでいて全体を検討することは不可能である。墳丘からは小片となった円筒埴輪片を採集することはできる。

古くは江戸時代に書かれた『新編常陸国誌』にその記録がみえ「車塚……鹿島郡大洗磯前社ノ神宮大塚氏ノ第後ニアリ、甚大造ナリ、大塚ヲ以テ氏トセルモノ、蓋コノ塚アルヲ以テナリ、其體天子ノ山陵ノ如ク宮車ニ類ス、故ニ俗車

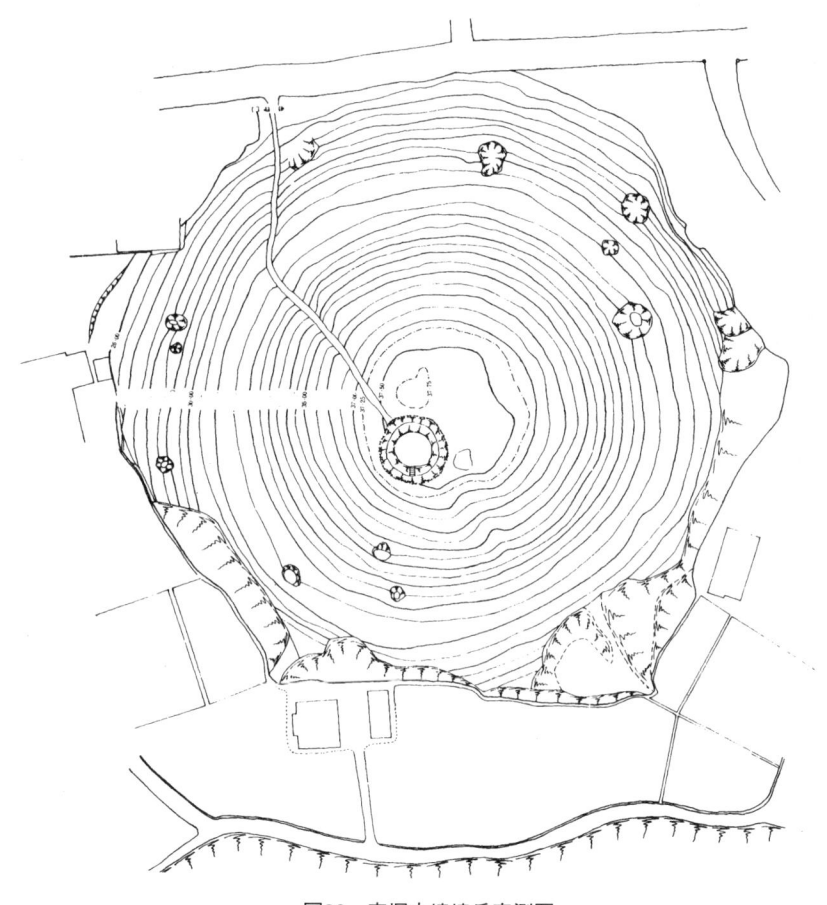

図33 車塚古墳墳丘実測図

冢トヨベリ、又一名ヲ徳利冢ト云、徳利ハ瓶子ノ俗称ナリ。コノ冢ノメグリニ、土甕ヲメグラシ埋ム。コレ陵墓ヲ造ルノ古法ナリ。」とある。「山陵ノ如ク宮車ニ類ス」とあるが、現状ではそれを証明することはできず、円墳として知られている。「冢ノメグリニ土甕ヲメグラシ埋ム」は埴輪の存在を指摘している。最近はあまり採集することはできないが、全体的に薄手のものが多く、ハケメは細く、焼成は良好である。

(6) 別当山古墳

　本墳も発掘調査は行われていないが、1985年3月墳丘の測量を行った。その結果直径52m、高さ8mの2段築成の円墳であることが判明した。ただし西裾を残して大きく削り取られているので正確な規模はもう少し大きくなるかも知れない。丘陵端に占地するため北西側には隍が残るが、谷に面する南側には築造当初から存在しなかったものと考えられる。葺石を確認することはできないが、円筒埴輪を採集する。

　墳頂部は第二次大戦末期に高射砲陣地が築かれたといわれる窪みがみられ、所有者広原氏が祠る氏神2社が鎮座する。

　以上が現在までに何等かの調査が行われた常陸の大型円墳である。しかし筆

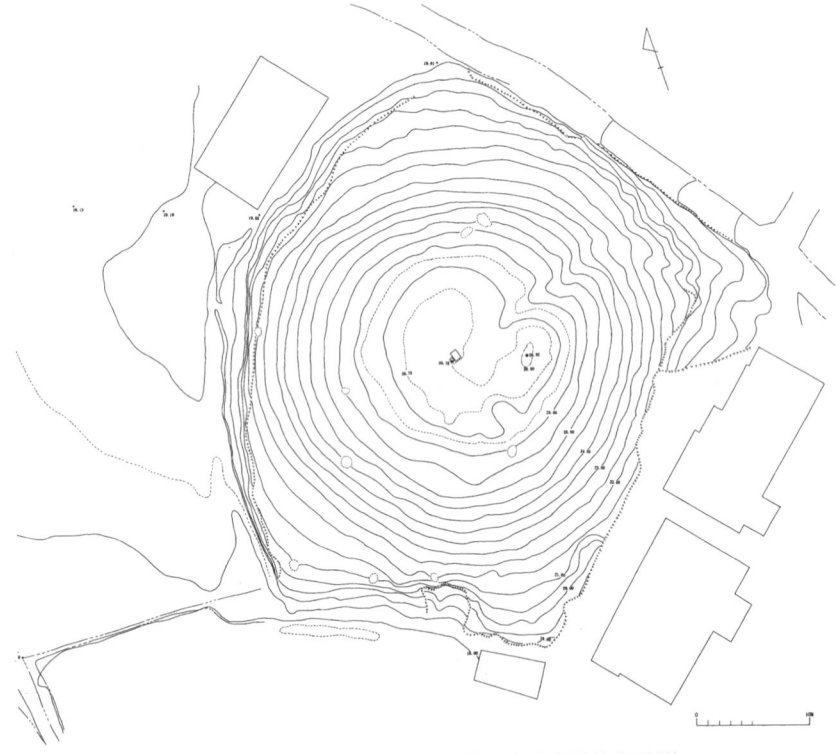

図34　別当山古墳墳丘実測図（茨城大学史学教室測量）

者が情報をキャッチできない資料も存在するものとみられる。特に4）雷神山古墳、14）高森1号墳　21）権現塚古墳等は測量されているときく。詳細は不詳である。4）以外は埴輪片を採集することができる。特に斉藤新の教示によると、高森1号墳からは常陸で最近確認されつつある2次調整にヨコハケを使用した破片が採集されているという。

3　築造時期の検討

　常陸の大形円墳を筆者の管見した5基を紹介しておいた。ここではこれらの古墳がいつ築造されたかを整理してみたいと思う。

　常陸最大の車塚古墳から検討することにしよう。本文中5世紀中葉としたのは、墳丘の形態と採集される埴輪片を中心に考えたからである。筆者は最近三昧塚古墳出土の埴輪を詳しく観察した。この埴輪は明らかに窖窯特有の変色がみられ、黒斑ではないことが判明した。これによって少なくとも5世紀末には窖窯製埴輪が登場していることが知られた。車塚古墳出土の円筒埴輪には窖窯特有の変色はみられず、川西宏幸の説く有黒斑に属するもので、少なくとも窖窯導入以前の製法で作られた埴輪である。しかし同類の鏡塚古墳や愛宕塚古墳出土の埴輪よりは焼きがよく、それよりは下降するものと判断する。

　弁天塚古墳は滑石製品、眉庇付冑、仿製方格規矩鏡等の副葬品と箱式石棺を埋葬施設としていることである。墳丘上で埴輪片を採集することはできない。埋葬施設について色川三中が蓋石2枚の箱式石棺を図示している。

　この地方の箱式石棺は三昧塚古墳のものが最古と考えられていた。しかし三昧塚古墳の石棺は蓋石に突起を有する一枚石である。三中の図示したものには突起はなく、当地方にみられる典型的に箱式石棺である。両古墳の前後関係は副葬品の組合せで検討する以外にない。鏡と甲冑では遜色はない。問題は滑石製模造品の存在である。弁天塚古墳の滑石製品は、色川の報告によると石鏡と石剣とある。これは図示されていないが、有孔円板や剣形品を指すものとは思われない。おそらく石製鏡と刀子を指すのではないのかと考える。近くの安中

小学校に残されている出土地不詳の石製品がどこから発見されたものか気になるところである。もしこうした種類の石製品であったとすると5世紀前半期と考えることもできる。しかし眉庇付冑を考えると常陸の場合にどんなに遡っても5世紀中葉が妥当であろう。

雷神山古墳は2段築成で、墳頂平坦部を有する立派な円墳であるが（小川町1985）、現在は藪となり年代を推定する埴輪片を採集することはできない。

別当山古墳も同様で年代を推定する材料は何もない。ただ2段築成で広い平坦部を有する。形態的には6世紀に下るものではないというのが測量時における筆者らの結論であった。

三ッ塚12号墳は埋葬施設が曖昧であるが、封土中から石製刀子1と鉄剣1が出土している。すでに湮滅して検討できないが、5世紀中葉としておきたい。

割山古墳は3分の1ほどが削り取られ、墳丘の断面を観察することができるが、墳丘上に立入ることは困難である。カットされた断面や川の周辺部で埴輪片を採集することはできない。常陸の大形円墳の形状から判断すると、5世紀中葉が考えられる。

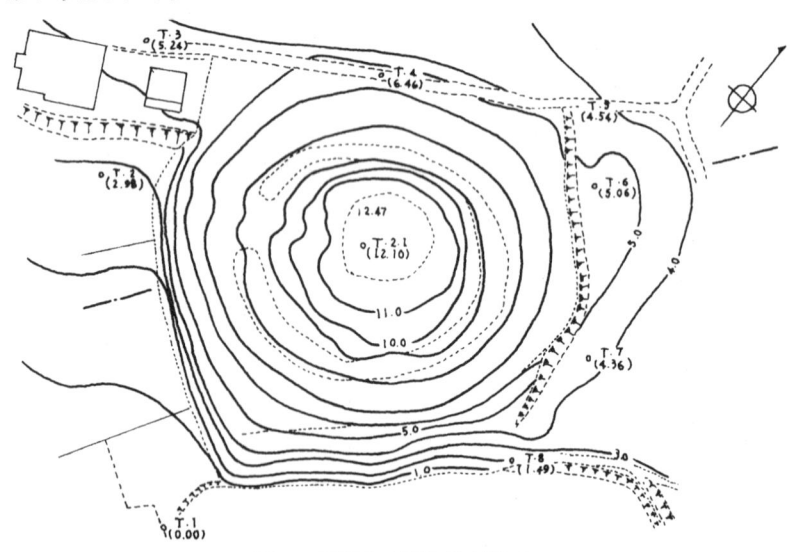

図35　雷神山古墳墳丘実測図

青柳古墳は発掘調査され、埴輪は認められないが、埋葬施設や副葬品が明らかである。副葬品の中に有孔円板、剣形品、臼玉等と共に須恵器片が何点か含まれている。それは5世紀後半に含まれるものであろう。

高森1号墳は斉藤新が保管している円筒埴輪片が窖窯で作られ、しかも外面の2次調整にヨコハケが認められる。それを重視すれば5世紀末のものである。

最後に造り出しのある

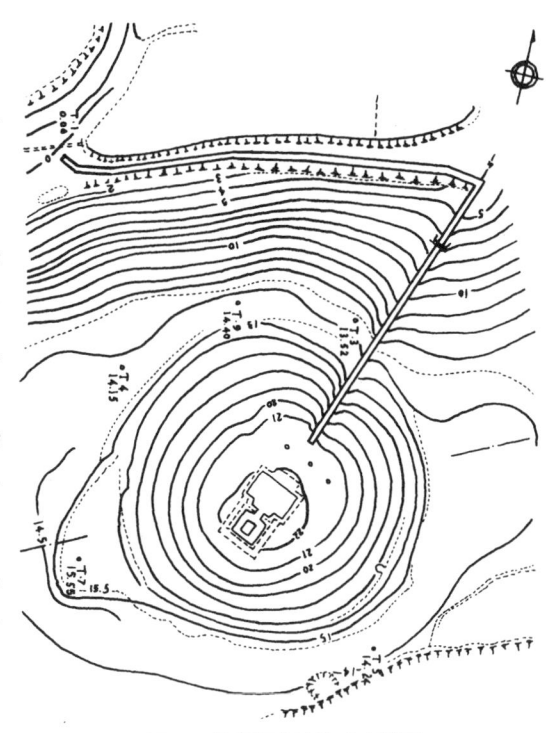

図36　権現塚古墳墳丘実測図

3基についてみておこう。高山塚古墳では墳丘全体で小片であるが埴輪片を採集することができる。これらは焼きが良く窖窯で作られたことを物語っている。塩谷修の教示によると2次調整ヨコハケが施されているという。5世紀末が考えられる。

大塚（勅使塚）古墳は造り出し部に横穴式石室が確認されている。しかしこの埋葬施設は徹底的に破壊され、その詳細は不明である。

先に触れたように小林三郎は7世紀中葉まで下げている。

権現塚古墳も造り出しを有し、墳頂部には富士神社が鎮座している。2段築成で、墳頂部と南側中段で埴輪片を採集した。円筒埴輪と朝顔で、明らかに窖窯で焼かれたものである。6世紀でもそれほど下らない時期のものと考えられる（小川町 1985）。

常陸の大型円墳の築造年代を検討してみたが、5世紀中葉頃から築造され始めて、5世紀代に盛行し、6世紀になると激減していることが明らかとなった。

4　埴輪樹立の意味

　常陸の大型円墳にみられる埴輪樹立の風習を考えると非常に注目される現象が整理できる。
　久慈川流域では4基の大型円墳があり、高山塚古墳を除いて埴輪は樹立されていない。
　那珂川流域および太平洋に面する丘陵上には7基の大形円墳があり、車塚古墳を除いてみられない。
　桜川上流の新治地区で2基を紹介したが、高森1号墳には樹立されているが、青柳古墳にはみられなかった。桜川下流の土浦地区では2基共に埴輪が樹立されていない。
　大塚（勅使塚）古墳に埴輪が樹立されないのはわかるが、他の円墳には当然樹立されているはずである。前方後円墳にはこのような変化は認められない。一旦埴輪樹立の風習が伝わると、すべての前方後円墳に存在しているのに対して、円墳には規制がみられる。
　麻生町公事塚1号墳は40mに満たない30mほどの円墳で1988年発掘調査を実施した。この円墳は5世紀の第Ⅲ四半期の円墳であった。しかしやはり埴輪の樹立はみられなかった。何等かの規制が存したのではないだろうか。
　発掘調査が行われた青柳古墳のある岩瀬地区では、4世紀末か5世紀初頭の長辺寺山古墳に円筒埴輪の樹立が確認されている。直径50mという青柳古墳は当然首長系列の墳墓と考えられるにもかかわらず、埴輪を樹立していない。また円墳に埴輪樹立の風が存しなかったというのであれば高森1号墳にも存しないはずである。しかし高森1号墳にはかなり大形の円筒埴輪が存在している。同じようなことは久慈川流域の高山塚古墳と別当山古墳、割山古墳でもいえる。この地域では梵天山古墳には埴輪は認められないが、星神社古墳、権現山古墳

では明らかに樹立されている。さらに時代の下降した前方後円墳の石神小学校古墳（現茅山古墳）、舟塚1号墳、同2号墳、二軒茶屋1号墳等ほとんどのものに埴輪は樹立されている。

桜川下流域の土浦地区の古墳でも同じである。

本来であれば当然前方後円墳として築造されるべき首長墓が円墳として築造され、しかも埴輪が樹立されない点が注目される。

また青柳古墳や公事塚1号墳の場合には、墳丘内で埋葬施設のための掘り方を検出することが不可能であった。埋葬施設における墓壙の未確認を筆者は重視したいと考えている。

常陸の古墳にとって、5世紀中葉以降の大型円墳の出現は、ひとつの転期を意味するものである。埴輪樹立の風からみれば、5世紀後半になると円墳にも埴輪樹立の風は認められるようになっている。

5　おわりに

最後に常陸における大型円墳の系譜を整理しておきたい。ただ紙幅の関係から常陸全体を触れることは避け、先の3地域に限定しておくことにする。

久慈川流域の首長墓に匹敵する大型古墳としては梵天山古墳、高山塚古墳、星神社古墳[1]、権現山古墳、別当山古墳、石神小学校古墳、船塚1号墳、割山古墳等があげられる。これらを編年的に並べると梵天山→星神社→別当山→割山→高山塚[2]→石神小古墳→権現山→船塚1号墳という流れが考えられる。

那珂川流域では坊主山古墳（または安戸星古墳、愛宕山古墳）、鏡塚古墳、車塚古墳、川子塚古墳、大穴塚古墳、磯崎3号墳、磯崎4号墳、磯崎17号墳、三ツ塚12号墳、三ツ塚13号墳、舟塚古墳（内原）、虎塚古墳などがあげられる。特に注目される点は円墳が6基もあることであり、中には横穴式石室を埋葬施設とする大穴塚古墳のようなものもある。

坊主山→鏡塚→愛宕山→車塚→三ツ塚→川子塚→舟塚→虎塚等の流れが考えられるが、この地域の場合には40m以上の円墳が6基もあり前方後方墳→大型

円墳→前方後円墳とばかりはいえず、もう少し複雑であると思われる。

桜川上流の新治地区には狐塚古墳、長辺寺山古墳、青柳古墳、高森1号墳、葦間山古墳、灯火山古墳、宮山観音山古墳、茶焙山古墳、桜塚古墳および船玉古墳などがあげられる。未調査の古墳から流れを把握することはむずかしいが狐塚→葦間山→桜塚→長辺寺山→宮山観音山→青柳→高森1号→茶焙山等が考えられ、最後に船玉古墳が築造される。

こうしてみると大形円墳がどのような系譜の中で出現しているかが明らかにされる。いずれも5世紀中葉に大形円墳が築造され、大塚古墳と大穴塚古墳以外は6世紀後半に入るとほとんどみられなくなってしまう傾向にある。

問題は直径80mという大塚古墳が何故7世紀に入って築造されたかである。この古墳を論ずる場合、造り出し部から発見された埋葬施設を主体埋葬施設であるという前提で論ずるべきである。この前提が崩れれば、すなわち造り出し部の埋葬は主体埋葬施設ではなく2次的埋葬であるというならば、全く結論は異なる。筆者はその可能性を否定するものではないが、現在ではこれを主体埋葬施設として7世紀代の築造とされていることを尊重しなければならない。

この地域は国造支配領域からはずれている。先の3地域とは異なる最後の首長墓に大円墳を採用していることと、出現期前方後円墳が鹿行地域に2基も存在するという特異な地域でもある。前方後方墳が出現せずに前方後円墳が築造された地域である。常陸の初期前方後円墳は現在3基確認している。しかしその地域はいずれも大形古墳は継続していない。特に鹿島・行方南部は散発的に大形古墳が築造されるという特異な地域である。それは対岸の千葉県側の古墳と一連であったことを示すのかも知れない。大塚古墳を理解するためには、下総の特に下海上国造支配との関係を検討する必要があろう。

注
（1）最近車崎正彦によって、石岡舟塚山古墳とほぼ同時期の円筒埴輪が出土することを教示された。筆者は実見していない。
（2）塩谷修によると本墳からもB種ヨコハケの2次調整をした埴輪が出土したという。

第Ⅱ部　常陸の古墳をめぐる諸問題

1 常陸南部の古墳群

　1959年9月に茨城県教育委員会が刊行した『茨城県古墳総覧』によると、県下の高塚および横穴の数は、3,464基と報告されている。これらの古墳の中で、常陸南部の大型古墳群は、鹿島郡鹿島町宮中野古墳群、行方郡潮来町大生原古墳群、稲敷郡東村福田古墳群で代表されている。

　常陸南部の古墳群は、霞ヶ浦および北浦沿岸を中心に集中している。これらを全体的に観察すると、宮中野古墳群のように100基を越える大群集墳から、麻生町田町所在の2基から構成されているものまで種々であって、非常に興味ある様相をうかがい知ることができる。

　これらの古墳を紹介したものとしては比較的古く江戸時代の『水府史料』『利根川図誌』があり、多くの古墳が記載されている。麻生町富田所在の古墳群の中には、文化8年3月銘の古墳発掘の古碑が残されている。[1]明治時代になると『新編常陸国誌』が刊行され、また鹿島宮中野古墳群が『鹿島名所図会』に紹介されている。これらの資料の中で特に『水府志料』は文化年間の水戸領の地理志で、数多くの古墳が記載されている。さらに『利根川図志』や『新編常陸国誌』も常陸南部の古墳を知る貴重な文献である。草野甚太郎『常陸南部の遺跡』[2]も霞ヶ浦沿岸の古墳を知る上では重要であり、近年では大森信英の「常陸風土記行方郡に見える古代豪族の消長について」がある。大森は、『常陸風土記』行方郡の条を詳細に検討し、行方郡の条に記載された神社の分布と古墳群の関係を整理して、霞ヶ浦沿岸に古墳の分布が少なく、北浦側に多いことを、神と佐伯との関係から指摘した。また竹石健二は「出島村の古墳概観」の中で、新治郡出島村の古墳分布の概要を発表した（竹石 1970）。霞ヶ浦沿岸の行方、新治両郡の古墳の分布のあらましが両氏の努力によって明らかにされた。

これに対して霞ヶ浦沿岸西側の分布の実態については、未だ明らかにされておらず、筆者らが1973年からこの地域に焦点をしぼって検討をはじめている（茂木 1969、茂木他 1970）。

本邦最大クラスの湖沼である霞ヶ浦、北浦を中心として常総地帯に約2,000

図37 宮中野古墳群（コンターは標高30m）
19二十三夜塚古墳、22伊勢山古墳、69夫婦塚古墳、93小町塚古墳、95大塚古墳、
×須恵器窯跡、开坂戸神社（点線古墳は湮滅古墳）

基以上の大小古墳が散在しており、その中に鹿島神宮・香取神宮という比較的古い神社が存在し、古墳時代前後から関東平野における独特の一文化圏を形成している。その中心をなす鹿島地方は、最近、臨海工業地帯の造成によって、自然環境は破壊され、それに伴って古墳群の破壊も急を告げている。

　造成の進展に伴って破壊されるおそれのある古墳群は、神栖村の全遺跡と古墳37基、鹿島町の宮中野古墳群、かぶと塚、塚原古墳群、竜蔵荒句古墳群、木滝地区を中心とする遺跡および古墳等が全壊あるいは半壊するおそれを有している。これらの中で現在県教委の保存対策は宮中野古墳群が古墳公園計画案に選ばれているのみで、一日も早くその対策が望まれよう。

　筆者は、1962年以来この地の踏査を実施しているが、宮中野古墳群の分布を把握したにすぎず、塚原、竜蔵荒句、かぶと塚各古墳群については、いまだ十分な分布図を提出することはできない。これらは円墳中心に構成されており、宮中野古墳群の比ではなく、その規模は3古墳群を合わせた数が宮中野古墳群とほぼ同数である。

　塚原古墳群は、鹿島町沼尾の北浦に面する台地上に存在するものである。1959年の調査では27基の円墳が記されているが、1962年、64年の踏査では25基存在した。

　かぶと塚古墳群は、鹿島町平井から鉢形および高天原に点在する砂丘内の古墳状遺構で、古墳か自然の砂山か判定困難なものであるが鬼塚と呼ばれるものは、長楕円形でその直径85mもあり、高さ12mときわめて大規模である。

　竜蔵荒句古墳群は、鹿島町清水字竜蔵荒句の鹿島灘に面する微高地上に存在する。1959年の調査で円墳26基が報告されているが、1964年の踏査では、正確な数を把握できなかった。

　宮中野古墳群は鹿島町宮中字宮中野から天神林にまたがる広大な面積に存在する。台地は鹿島神宮の御手洗池と爪木のフタザク池および旧沼尾池を最奥とする谷によって、二つの舌状台地が形成され、その北浦に面する丘陵上に構築されている。

　本古墳群の総数は、現在では臨海工業地帯の工業用水の貯水池になっていて、

85基残存するのみであるが、1962年から10数回にわたる分布調査および地元農民からの話を綜合すると110基まで確かめることができる。古くは君和田要之介の昭和初年の原畑所在墳で、凝灰岩の石室の中より2体の人骨を発掘したに始まり、最近では市毛勲を中心とした宮中野古墳群第三次調査および昭和45年7月の中央電気株式会社社宅建設に伴って円墳2基が未調査で破壊され、昭和に入ってから把握できた破壊の数は25基である（前方後円墳5基、円墳19基、方墳1基）。これを加えた宮中野古墳の構成を複原すると、前方後円墳17基、帆立貝式古墳2基、円墳89基、方墳2基から成り立っていた。110基から構成された本古墳群は関東地方において、大型の古墳群に入るものであり、その分布は前掲の図37の通りである。

　本古墳群において、その盟主的存在をなす古墳をあげると少なくても6基ある。その一つは、宮中野3600番地に存在する前方後円墳の伊勢山古墳である。次に宮中野3598番地に存在する前方後円墳の二十三夜塚古墳、さらに宮中野3694番地に存在する帆立貝式前方後円墳の大塚古墳（別名勅使塚）そして宮中野3755番地にある大前方後円墳の夫婦塚古墳、最後に2基の方墳が、それぞれ重要な意義を有して構築されたものといえるだろう。そこでこれらの古墳の外形を論じながら、本古墳群の様相を整理したい。

　伊勢山古墳は、北浦に面する台地上にあって、後円部墳頂に38.02mの三角点を有している。主軸をほぼ東西にして、西に前方部が後円部に対してきわめて低く付設し、南は垂直の断崖で、北側に周溝が盾状にめぐっている。本古墳群においては数少ない前期形式の古墳である（全長は約60m）。

　二十三夜塚古墳は、伊勢山古墳に近接して一線上に列び、全長約50m。後円部に墳頂平坦部を有し、前方部の比較的未発達な前方後円墳で、周隍の存在は現状では確認できない。伊勢山古墳同様南側は断崖をなしている。しかし、構築位置が伊勢山古墳よりも北側にあるため、墳丘は比較的しっかり保存されている。

　大塚古墳（勅使塚古墳）は、伊勢山、二十三夜塚両古墳の存在する台地と、フタザク池までの間に谷が入り、この谷を挟んだ東側の台地上に構築されてい

る。その規模は全長約70mの帆立貝式の前方後円墳で、周隍によって取り囲まれ、前方部は全く削平されて存在せず、一見円墳状を呈するが、南側に耕作中明らかに造り出し部が存在していた。墳頂部は直径約15〜20m程度の平坦部があり、主軸を南北に取って、前方部が北浦側に面している。

夫婦塚は、本古墳群中最大規模で、全長は100mを越え、主軸を東西に取り、前方部先端部が近年耕作地と化したが、前方部先端を除いて盾状の周隍が囲っている。非常に興味ある墳形の前方後円墳で、前方部がカマボコ状を呈し、後円部が円錘状である。後円部に墳頂平坦部は存在せず、極端な尖頭状をなし、前方部と後円部の接合がきわめて不格好である。

方墳2基は1基が伊勢山古墳に近い神宮寄りにあり、一辺30mの方形墳で、3段程度の段築が見られ、墳頂平坦部を有する。1基は大塚古墳に近く存在し、1968年、市毛勲によって調査された長径34m、短径22m、高さ2.18mの矩形墳で、南面して2基の横穴式石室が構築されていた。石室は全く破壊されており、石材はすべて除去され、わずかに構築のための掘り込みが確認された。

この古墳群は、常陸南部を代表する最大の古墳群である。面積100万㎡の中に110基以上の大小古墳が散在し、鹿島神宮に近接するにしたがって、古墳の数は減り、北浦に面する丘陵上に大半が構築されている。

現在の国鉄鹿島神宮駅のある低地から、坂戸神社を結ぶ線上には1基も構築されておらず、この範囲内では須恵器窯および住居跡状遺構[3]が発見されている。須恵器窯は未調査で県道下に埋没しているが、かなり規模の大きな登り窯である。住居跡状遺構は、神宮境内で発見され、カマドを有し、他の住居跡となんら変化はないが、柱穴の位置に問題があり、場合によっては鹿島神宮創建当時の建築物であったとも考えられる。

神宮を中心として宮中野、塚原、竜蔵荒句、かぶと塚、木滝地区等の各古墳群があたかもこれを取り囲む如く分布しているといえるだろう。宮中野古墳群は丘陵の状態から大きく二つに分類され、さらに古墳の集中度から四つに別けることができるだろう。最初に二つの分類はフタザク池の谷で区切られた二つの丘陵で、伊勢山、二十三夜塚両古墳を中心としたグループ、さらに大塚、夫

1 常陸南部の古墳群　109

婦塚両古墳を中心としたグループである。これら二つの特徴は明らかに時代を異にしていることである。さらに前者の場合、前方後円墳の主軸の方向が全く一致していないのに対して、後者の場合は大塚古墳を除いて前方後円墳の主軸方向がすべて一致している。この主軸方位の一致は常陸南部の古墳を追求するうえで重要である。

　次に分布密度から本古墳群を便宜的に四つに分類できる。その1は夫婦塚、大塚古墳を含むグループ、その2は伊勢山、二十三や塚古墳を含むグループ、その3は6号、13号を中心としたグループ、その4は2号墳等神宮に近接しながら散在状態を示すものである。これらの分類はあくまで平面的にすぎないが、これを主要古墳ごとに時間的に整理すると、第1に伊勢山古墳をあげねばならない。本墳は先に紹介した如く、後方部と前方部の比高がかなりあり、平面的に畿内的なものであり、常陸南部の特徴を示す古墳の範疇に入れるべき古墳ではない。いうならば関東地方における発生期の大型古墳の一例である。

　第2にこれに近接する二十三夜塚古墳があげられる。これは明らかに前方後円墳であるが、筆者はかつて「古式古墳の性格」なる一文を発表し（茂木 1969）、前方後方墳を奥津城とする諸豪族が前方後円墳を奥津城とする勢力に淘汰されて、前方後円墳の全国的分布が進展することを述べたが、この古墳群には前方後方墳は確認できる。

　第3は、大塚古墳（勅使塚古墳）という大型の帆立貝式古墳の存在である。2、3グループから第1グループに移行した最初の大型古墳である。70mを越える帆立貝式の前方後円墳はこの種古墳としては全国的にも規模の大きな部類に属し、第1グループの中では特異な存在である。

　第4は夫婦塚古墳である。本墳は規模のうえからは、中期的性格の古墳といえるが宮中野古墳群の中では、比較的新しい時期の構築であって、常陸南部特有の形態を有する古墳である。この古墳は鹿島神宮と密接な関係にあるものと思われる。

　第5に方墳2基の構築がある。1基は発掘調査を経ている。その内容は凝灰岩を使用して羨門を作り、側壁に筑波山系の雲母片岩を使用した石室2基が並

列されていた。石材はすべて除去され、遺物も残っていないので明確に時期を決定することはむずかしいが、関東地方においては、凝灰岩を使用した横穴式石室は終末期に多く、本古墳群においてもこの方墳以外に横穴式石室の例がない。そうしたことを考慮すると本墳も宮中野古墳群における最終的な高塚古墳といえる。常陸南部の古墳文化を追究するうえで、ここに横穴式石室が採用されていることは注目したい。

　次に本古墳群の8割以上を占めている円墳についてはどうであろうか。それらの円墳についても外形から興味あることがいえる。具体的には小町塚古墳にその一例がある。本墳は径30mほどの円墳で高さは約3mである。本墳の特徴は夫婦塚古墳から前方部を除去した形態を有している。すなわち墳頂平坦部を全くもたず、円錘状に墳頂部が尖っている。この種の円墳は第1グループに集中して構築され、墳丘裾に埋葬施設を埋納するという特徴をもっている。さらに42号、43号で代表される円墳は小町塚古墳とは異なり、墳頂平坦部を有するものである。

　これらは第2、第3グループに集中し、第1グループの円墳とは墳丘形態を異にしている。これら2種の円墳の中で、現在その内容を明らかにしたものは前者のみで、後者の円墳を宮中野古墳群の中では1基も調査されていないので、性格を明らかにすることは不可能かも知れないが、大型古墳の墳形に対比して考えた場合、伊勢山、二十三夜塚、大塚等の古墳に墳頂平坦部があることを指摘し、夫婦塚には本古墳群特有のプランであることを述べた。当然80％を占める円墳もこのいずれかの時期に構築されたものである。円墳の平面プランからここにいえることは、後者の円墳が伊勢山、二十三夜塚、大塚のグループに属する古墳であることで、その大半は大塚古墳に関連して構築されたものであろう。霞ヶ浦沿岸においては、大塚古墳の時期から箱式石棺が登場してくるから、これらの円墳も大半は箱式石棺を埋葬施設としているのであろうと思われるが、この種円墳が宮中野古墳群では1基も調査されておらず推論の域を出ることはできない。

　次に小町塚的形式の古墳は、第1グループ内で9基ほど調査されている。す

1 常陸南部の古墳群 111

べての円墳が墳丘を標式的性格として構築している。墳丘はいわゆる従来の寿墓的高塚ではなく、神奈備山型の標式として構築している。80号墳においては裾部に埋葬施設を有していながら、墳頂部に直刀1振を埋置していた。81号墳では墳丘構築の最終段階で、草木科性植物を焚いた痕が検出されている。81号墳の墳丘の構築は最初から円錐型になる設計があったように思われる。9基のすべてがこのような性格を有し、その上埋葬施設を裾部に構築し、さらにその前面の周溝をブリッジ状に石材を使用して埋めている。すなわち埋葬施設が円錐形の山（神奈備山）を背負った形を表現している。

　第1グループにおいて調査終了の古墳は99号墳（方墳）を除いたすべてが、このような形態をしたものであった。

　現在までに調査された古墳が、すべて墳頂部に平坦面を有しないものばかりである。そのために本古墳群のすべてを内容的に把握することは不可能である。しかし、第1グループにおける内容はある程度理解できるだろう。それは夫婦塚古墳構築期には明らかに常陸南部的な色彩を有するということである。常陸南部（霞ヶ浦沿岸）の古墳群の特徴は横穴式石室を採用しないことで、そのかわりに複数埋葬可能な箱式石棺が採用されていることである。これらの古墳は墳丘を築造するが、それは単なる外形であって、必ずしも埋葬施設を墳丘内に構築するためのものではない。それは墳丘封土の中に、埋葬施設を厚く葬ることとは異なる。84号墳は直径18mであるが、墳丘を切断すると、盛土の範囲は8～9mであって、周隍と盛土の間にテラス状の平坦面が明らかとなり、テラス状の平坦面に埋葬施設としての箱式石棺が構築されている。さらに箱式石棺の前面の周隍が箱式石棺を構築すると同質の石硝で、ブリッジ状に埋められている。

　宮中野古墳群は1グループの調査において、これらの一群の大半がブリッジ状遺構が明らかとなり、これらの遺構が墳丘構築のどの段階で行われたかを考えると、少なくとも第1期工事に平面プランの設定があり、周隍の掘開と墳丘構築が行われ、埋葬施設の構築が必ずしもこれらと同時であったとはいいきれない。このことがいわゆる寿陵的意義であったか否かは今後当地方の研究問題

として残されるといえるだろう。

　最後に、宮中野古墳群と鹿島神宮の関係はいかがであるだろうか。ここで関連性を論攷する場合、分類した第1グループの夫婦塚古墳および小町塚古墳で代表される墳頂部尖頭古墳を問題視せねばならない。

　鹿島における祭祀形態は、大場磐雄の指摘の如く（大場1970）、沼尾池を中心とする沼尾神と坂戸神社を中心とする酒人神と、鹿島を中心とする天之大神の三神の集合であるといわれている。こうした三神の集合が、『常陸風土記』に記載された建借間命の段階であって、神宮の成立もこの時期であろうと考えられている。

　古代史文献の中で鹿島に関係するものを拾ってみると、『続日本紀』和銅6年の記事がまずあげられる「畿内七道諸国郡郷名著好字。其郡内所生銀銅彩色草木禽獣魚虫等物、具禄色目、及土地沃塉山川原野名号所由、又古老相伝旧聞異事、載于史籍言上」の元明天皇の詔勅があって、それによって完成した『常陸国風土記』が最初である。香島郡の条の冒頭には「古老曰、難波長柄豊前大朝馭宇天皇之世、己酉年、大乙上中臣□子、大乙下中臣部兎子等、請惣領高向大夫、割下総国海上国造部内軽野以南一里、那珂国造部内寒田以北五里、別置神郡。其処所有、天之大神社、坂戸社、沼尾社、合三処、惣称香島天之大神。因名郡焉」とあって、久松潜一によれば、その成立は和銅6年にそう遠い時期ではないとされる（久松1959）。さらに久松によれば倉野憲司は具体的に霊亀元年（715）以前、遅くとも養老2年（718）以前であるとしているという。養老2年の段階で少なくとも、鹿島が神郡であったことになり、さらに『続日本紀』養老7年の記事をみると「下総国香取郡、常陸国鹿嶋郡、紀伊国名草郡等少領己上、聴連任三等己上親」として、723年には鹿島郡が神郡として、特別扱いをされていることがわかる。この記事は『令集解』選叙令同司主典條にも記載されており信憑性もある。『常陸国風土記』では大化5（649）年を神郡設置の時期としているが、それとてもそんなに信憑性の薄いものではないだろう。何故なら養老7（723）年には、鹿島郡が全国8神郡の一つに選ばれており、少なくとも7世紀末には、それなりの基礎が置かれていたことになるだろう。

しかしそれよりどこまで時代を遡って考えうるかは疑問といわねばならない。具体例があれば5世紀までも可能であろうが、現時点では7世紀までは明らかである。そこでこれと宮中野古墳群との関連の問題に戻すことにしよう。

文献史料を絶対的に信頼できるものとすると、宮中野古墳群と鹿島神宮はきわめて重要な関係があることになる。そこで考古学上から両者の関係になる資料をあげると、宮中野古墳群97号墳から検出された須恵器がまずあげられる。口径10.2cm、高さ5.5cmの高台付の坏である。古墳時代の遺物としては最末期のものであり、報告者市毛勲は、7世紀から8世紀初の時期に比定されている。宮中野古墳群第1グループの大半がこの時期に前後して構築されていることは明らかである。

これに対して神宮側の考古学資料を検討すると、1969年、偶然の機会に境内から大量の土師器が検出されている。その出土状況は不明であるが、この土師器を観察すると、いわゆる鬼高式の新しい時期から、奈良時代までのものである。その場所は神宮本殿に近い境内で、1辺3m程度の住居跡状遺構の中から検出された。1970年8月第2次調査が実施され、筆者も数日間この調査に参加したが、1号に接して2号住居跡状遺構が検出され、1辺約4～5mの遺構の中から須恵器がかなりの数検出された。これらの遺構は住居跡状であるが、柱穴の位置が壁に密着し、その間に小さな柱穴が数本規則正しく配置され、一般住居跡とは様相を異にしている。須恵器の時期も形式的に宮中野97号と同じで、神宮創建当時かあるいは、宮中野第1グループと同時代の建造物の跡の可能性が考えられる。時代的には両者同時代に構築されていたことになる。

注
(1) 行方郡麻生町富田、一乗寺裏山に古墳発掘の古碑があり、風雪にさらされ、完全に解読することはできない。
(2) 草野甚太郎「常陸行方郡南部の遺跡」『人類学雑誌』16—47、明治33年に大生原の古墳が紹介され、さらに明治35、大野雲外によって、行方郡牛堀町上戸所在の古墳が紹介されている。
(3) 昭和44年発見、昭和45年にわたり2回調査された。正式報告は刊行されていない。

2　常陸伊勢山古墳の墳形について

1　はじめに

　本墳を筆者が知ったのは1962年10月、飯田平左衛門氏を通じてであるが、そのとき興味を感じたのは後円部の方形化であり、前方部の低さであったことを記憶している。もちろん略測したわけでもなくこのときのメモには前期形式の前方後円墳と記されている。
　1970年3月刊の『宮中野古墳群調査報告』（茨城県教育委員会）には、「全長75m以上、また高さも6m（標高38.02m）を数える。墳丘は前方後円形を呈し、前方部の著しく低いものとなっている。後円部北側の周溝は外形観察で方形を呈するかに見え、前方後方墳という疑いの存在するものである」と慎重な立場を示した。
　さらに1971年に再び筆者は「常陸南部の古墳群」として宮中野古墳を分析し、その中で宮中野古墳群最古の古墳として報告した（本書104頁）。すなわち「北浦に面する台地上にあって、後円部墳頂に38.02mの三角点を有している。主軸をほぼ東面にして、西に前方部が後円部に対してきわめて低く付設し、南は垂直の断崖で、北側に周溝が盾状にめぐっている。……（全長約60m）」
　1972年3月には『鹿島町史』第1巻が刊行され「全長40数mもあり、周湟は幅14m、深さ1.45mもあるから、東方よりみると実に雄大な古墳である。しかし西側はすぐ急斜面になっているので、墳形は整理されていない。……」と三者三様の報告がなされている（海老原　1972）。筆者は1974年、著書『前方後方墳』の中では調査を経ずに本墳を使用することに責任を感じながらも規模に

ついてはなるべく意見を述べず状況を紹介することにつとめた。霞ヶ浦沿岸の古墳文化を研究する上での責任を考えるとき、本墳を測量して正確なデータを公表することは今後の研究上きわめて重大なことといわねばならず、1974年12月に実測調査を実施した結果、従来のどれをも訂正することが必要となったため、筆者が最初に公表した誤ったデータを、ここに訂正させていただくことにした。

なお本墳の測量については国学院大学学生荻沼勇市、東京電機大学高校柴田誠司、木村淳の諸君に協力していただいた。また鹿島神宮矢作幸雄、鹿島町教育委員会森下松寿、地主浜田耕太郎・坂本新衛門の各氏および宿舎を提供していただいた飯田平左衛門氏には大変なお世話になったことを銘記して謝意を表したい。

2 伊勢山古墳の現況

現況から述べることにしよう。北浦に面する台地上に構築された東南面する前方後円墳。

墳丘表面は前方部は赤松が背丈5～6mほどに植林され成長しているが、最近山林の下刈りが行われていないために藤蔓がこれらに覆い立枯れとなったり、あるいは背丈以上もある篠とつつじ等の雑木さらにアケビ、バラが繁茂して前進することも不可能である。また後円部は墳頂に赤松の大木が数本あり、椎・楠等の常緑樹が北西墳麓に存在する。全体的には墳頂部椎等の下部に榊の群落があり前方部面から後円部北側にかけて、つつじ・多羅樹・朴の木・篠・ススキ・野バラ・アケビ蔓等が群落をなし、落葉はしているものの直立前進することはほとんど不可能な状態であった。

後円部から前方部を見通すことは全くできず、また墳丘北東の周溝外に周堤帯が確認できるのであるが、これを図示することはできなかった。一方北浦に面する南西側は約30mほどの断崖絶壁をなしており、一部北浦湖岸堤防築堤の際の採土によって崩れ落ちた部分も確認できた。眼下には北浦が横たわり、遠

図38　伊勢山古墳遠景（西方より）

く下総の丘陵を望むことができる。測量に当り海抜37.2mの三角点を求めたが、これがすでに除去され、わずかに松樹に三角点の存在を示した白ペンキ塗りの標杭が打ちつけられているのみであったので、任意に0点を設定せざるをえなかった（この点は白ペンキ標杭上70cmである）。さらにトランシットの見通せる地点を後円部から幅1.5mで直線上に雑木を刈り進んでこの線上に十字に基準杭を打ち込んで作業を開始したが、前方部ではくびれ部より90°西に偏って前方部へ延長し、ここでさらに十字状および放射状に雑木を刈り進んでポイントを落としていくことにした。

　墳丘については北側に依然として方形を想定せる直線が認められたのであるが、これは矢作幸雄の教示によって、明治初年まで、この地に伊勢神社が存在したことを知り、現在は鹿島町大町地区の稲荷神社に合祠され、今も墳頂部が稲荷神社の社地となっていることを知るに及び、神社の創祀の際、人為的に墳丘が整地されたことが十分に考えられた。さらにこの稲荷神社総代飯田平左衛門によれば戦時中にここに塹壕が掘られたといい、北側の変形が伊勢神社かあるいは塹壕のために変形して直線をなす部分が生じたものと想定された。

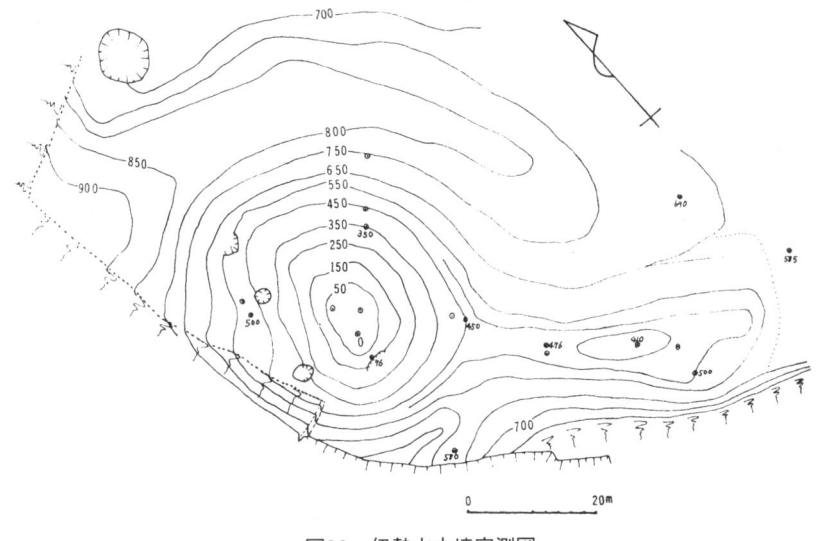

図39 伊勢山古墳実測図

3 墳形の測量

　以上のことも考慮に入れながら前方後方墳であるならば、前方部側にその旧状が残るはずであり、測量ではくびれ部に注意をしながら実施することにした。墳丘の規模から検討してコンターラインは１ｍを基本として下げ、適宜50cmで補っていくこととした。
　墳頂部は、墳丘の北西部が人為的に加工されていることと、椎の大木のため水平部分はほとんど認められず０点を任意に最高所に設定し、50cmラインから開始した。その結果東西約10ｍ、南北８ｍの楕円形をなし、主軸に対して長辺が直交することがこのラインで確認された。150cmラインでは南北15ｍ、東西11ｍの矩形を呈するが、南側に今は使用されない小径痕があって約１ｍほどほぼ垂直に落ちていることが判明した。前方部に面する１点は突出するので、図上では矩形であるが本来はこの１点を生かして考えれば円形であった可能性が強い。250cm以下はすべて円形となる。250cmでは東西部が削り取られて半

円形となるが、コンターの生きている部分は全く弧を呈し、複原径20mとなる。350cmでも同様で径27m、このラインの西側には樹根を除去するために掘られたと思われる径2～2.5mの孔が存在する。450cmになると、西側で地形の制約を大きく受けている。これ以下のコンターは墳丘全体でかなり制約を受け、構築時から円形とならなかったものと思われる。

　東北部が整然としているのに対して全く不整形である。因みに450cmでは後円部径32～35mである。450cmは後円部の円周の最低であり、前方部では410cmが最高点で、後円部の450cmラインより前方部側へ26.5mの地点でその点をおさえることができる。その結果、450cmラインは図39のように示すことができる。500cmで前方部が図の如く約42～43mほど延びる。先端では南側が変形するが、平面的にはわずかに開くことが理解される。550cmが最も整然とした前方後円形を呈する。ここでの全長は82～83mで、後円部の北側の乱れもかなり少なくなりつつあるが、西側では傾斜面に入ってしまい、くびれ部側では円形となって前方部へと延びてくる。前方部墳端はこのラインより35mほど下って終わっている。点線で図示したのがそのラインである。650cmのラインは前方部先端にはなく、北東部では後円部を廻りながら前方部へ延び、さらに周溝内にカーブして東方へ逃げていく。一方南西側（北浦側）は、後円部崖線上で弧を描くが、同様にＵターンし、さらに5mほどの間隔を置いて再び生まれて前方部下部を通過してそのまま南東へと延びてしまい自然地形上面を構成している。くびれ部には崖線部に580cmという半島状の突出部が残されている。

　これはいわゆる造り出しとは思われず、何故この地区にこうした地区を残したかは測量時の段階では推論の手掛りもない。この部分では700cmラインを引くことができる。この線は北東部にも存在し、周堤帯の上面をなしている。周堤帯は725cmが正確なレベルで、その幅については全く器材を搬入し得ず調査不能であった。次に750cmを図示すると北東部では650cm同様に北側に分かれる。800cmにおいても同じで、片面にのみ存在した周隍が前方部から後円部北側に低くなっているためである。さらに850cm、900cmというラインは図の如く北側にのみ存在している。この図の結果、後円部墳端を800cmとして、その

規模を測定すると全長95.0m、後円部径約50m、前方部長約45m、前方部幅約20m、後円部高さ8〜8.5m、前方部高さ1.75m、比高4.5mの前方後円墳という結論を得た。なお周隍等を考えれば全長100mを越える。さらに埴輪および葺石等の外護施設については測量の時点では全く発見されていない。後円部がかなり盛土部分を露呈させているにもかかわらずこうした遺物を検出しないことは、全く存在しないと解してよいだろう。

4 構築法の推定

　次に本墳の測量によって得た構築法を述べると、墳丘の構築に先だちかなり大がかりな整地作業を想定することができる。すなわち北側に示した点線部を重視しなければならない。地形そのものは平坦な台地であるが、北側の点線角より西側には一段低く突出する地形が存在しており、その上面にかなりの客土が行われている。この点線部分を変換線としてかなり急激に傾斜しており、その傾斜面は後円部西側にまで延びている。この傾斜面は南側くびれ部面で一部円形に突出し、前方部では再び直線をなしている。その結果構築時から西南部は整然とした前方後円形のプロポーションを示さず、北東部のみに整然としていることを理解する。大規模な整地にもかかわらず不整形なプロポーションであることは地形の制約とばかりはいえず立体的視覚が重視されたことに意義があったものと思考される。この種の前方後円墳は行方郡牛堀町上戸所在の浅間塚古墳[1]でも確認されており、この地方の前方後円墳の最古の部類に属するものとして今後に残す問題は大きい。

　墳丘とその周囲の状況を整理すると、後円部東側の周堤帯は周隍に面する部位では150〜175cmとかなり傾斜面を有するが、外側では50〜70ｃｍほどで平坦面になることを部分的に把握することができる。こうして観察すると700〜750cmの間に当時の表土面が東側では確認できる。前方部側では、先端部で585cmのレベルを読んでいる。それ以外にここではほとんど高低をみず、東側に円墳1基が存在しているが、その基盤までレベルを読むことができなかった。

この円墳は700〜750cmのレベル上に構築されているものと思われるが正確ではない。こうして墳丘東側の旧地表面を検討すると周堤帯東側では後円部墳頂700〜750cmのレベルが残り、地形的に南西部が全体的に傾斜していたものと思われる。その傾斜面をある程度水平に整形して、現在の点線部まで作り墳丘の構築が実施されたものと思われる。そのことは後円部北側および前方部南西の基盤傾斜が同一勾配であることで端的に表現されている。ただ前方部南側のくびれ部の半島状の突出と円形に続く線は何であろうか。等高線が確実にこの部分では突出している。私たちは測量の段階で本墳の景観から南西側は構築当初からかなり不整形であったものと結論を下すに至った。最後に周隍は前方部から後円部北側に向って傾斜して流れるように設計されていることは実測図より明確である。

　全体的に段築は認められず墳丘の大半は盛土であろう。

5　おわりに

　以上が常陸伊勢山古墳の墳丘の概要である。本墳は従来伊勢山古墳と筆者らが呼んだものであるが、大町稲荷神社総代飯田氏によれば地元ではお伊勢台と呼んでいると教示された。しかしここに伊勢神社が祀られていたことを知る人は少なく、すでに地元でもほとんど忘れられている。本墳の名称をそれに従ってお伊勢台古墳と改称する必要もあろうかと思うが、混乱を避けるため従来どおり伊勢山古墳と呼ぶことにする。

　最後に本墳の性格を考えねばならないのであるが、形態的には鹿島地方最古の大型古墳であることは訂正する必要はない。関東地方の中でも霞ヶ浦沿岸に前方後円墳が構築され始める最古形式がこの種形態のものと解している。その中でも比較的隣接する牛堀町浅間塚古墳と形態的にも時期的にも類似しており、今後検討を要する問題である。従来筆者は鹿島最古の本墳を前方後方墳として考え、推論したのであるが、ここで前方後円墳とすることによっていかなる問題が整理されるだろうか。

筆者はこのことにより律令体制下における鹿島神郡設置の原点をより密接に考えることが可能になったと推論する。関東地方において墓域全体が100mを越える古墳はそれほど多くない。本墳が周隍までを計算すれば120mを超えることは、やはり霞ヶ浦海岸では最大クラスの古墳といえる。しかも宮中野古墳群には大塚古墳（勅使塚）、夫婦塚古墳と100mを越える墓域を有する大古墳が3基も存在している。こうした中で最古の伊勢山古墳が前方後円墳であったことは畿内政権の東国浸透の拠点的役割を早くから鹿島の地が果たしていたことを物語るものと思われる。

　注
（1）牛堀町上戸に存在する前方後円墳で昭和48年3月牛堀町教育委員会の協力を得て轟俊二郎と共に測量した。図面は『茨城県史料考古資料編古墳時代』に紹介しておいた。伊勢山古墳と同様の形態を有する行方郡最大の前方後円墳で前方部が低長であるのに対して後円部が非常に大きい。

3 霞ヶ浦沿岸の発生期古墳

1 はじめに

　日本における高塚古墳の発生が、いつの時代に、どこでかを答えることは困難である。従来は『魏志』の「卑弥呼以死、大作冢、径百余歩、徇葬者奴婢百余人」という記事から、3世紀後半に突如として全長150mを越える大古墳が作られたとされ、笠井新也はその墓が奈良県桜井市の箸墓であると想定した（笠井 1942）。

　しかし最近では、こうした考えに対して、弥生時代の稲作農耕が発展する過程で社会が変化し、それに伴って高塚古墳も発生、発展するとの見解が日本考古学界をリードし、その発展を大和朝廷の勢力圏拡大に求めようとする。その背景として墳形の画一的現象があげられ、前方後円墳の分布が重要視される。

　本稿ではそうした本邦全体を問題にするのではなく、霞ヶ浦沿岸に限定して、この地域にどのような内容の古墳が伝播し、どう定着したかを考えていくことにしたい。

2 研究抄史

　霞ヶ浦沿岸を中心とする古墳文化の発生あるいは導入の実態を究明しようとする研究は、現在皆無に等しい。このことは地域を拡大して常陸そのもの、さらに関東地方全体においても同様である。こうした傾向は関東地方だけの問題ではなく、日本全体の古墳発生の研究が停滞していることに由来するといえる。

最近各地域で発生期古墳が問題視され、徐々にではあるが解明されつつある。それに対して霞ヶ浦沿岸の場合は、全体的な研究はなく、各研究者が調査報告の中でわずかに考察しているにすぎない。

　本論に入る前にこうした諸先学の報告の中から研究の成果を披露し、それを基礎にして当地方の古墳発生の問題を整理していくことにしたい。

　霞ヶ浦沿岸の最古の古墳として、最初に紹介されたのは、1952年、明治大学の後藤守一によって調査された柿岡の丸山古墳である。

　常陸全体から観察すれば、1949年に大場磐雄によって調査された大洗町鏡塚古墳がある。後藤は、丸山古墳の報告書の中で、丸山1号墳の築造年代を5世紀前半とし、柿岡古墳群を作った最初の集合体の支配者の墳墓とし、これが鏡塚古墳よりも早く構築された茨城最古の古墳であると論じた。その背景に、立地、墳形、埋葬施設をあげて詳細な分析がなされている。

　1961年には同じく明治大学によって玉造町勅使塚古墳の調査が実施され、大塚初重、小林三郎により報告が行われた（大塚他 1964）。この中で注目されることは、墳丘内から破砕した土師器を発見したことである。丸山古墳の報告では公表されなかった外表の土師器群が詳細に報告された。さらに関東全体の古式古墳と対比され、勅使塚古墳の構築年代が5世紀初頭と把握された。

　1966年には大塚初重によって、丸山古墳、勅使塚古墳を中心に「常陸の前方後方墳について」（『茨城県史研究』6）が公表された。この中で、丸山1号墳、および勅使塚古墳が分析され、これら両者が、大和政権の東国支配の結果として構築されたと結論づけられた。

　1968年に筆者は「古式古墳墳丘構築論」（『古代学研究』52）を公表し、墳丘封土の構築法から、勅使塚古墳、狐塚古墳、須和間遺跡等を紹介した。

　1969年には西宮一男によって『常陸狐塚』が公表され、その中で構築年代を5世紀中葉とし、さらに狐塚古墳の存在する岩瀬地域に、畿内、出雲に関連する事項が多い点をあげ、それが何んらかの関係を意味するものと推考された。同年、筆者は前方後方墳を中心とした「古式古墳の性格」（『古代学研究』56）を発表。霞ヶ浦沿岸の発生期古墳に前方後方墳の多い点を披露して、全国的視野

から、こうした前方後方墳を構築した政治的集団を前方後円墳を中心とする大和政権と別性格と推考し、霞ヶ浦沿岸がその傘下であった可能性を主張した。

1972年には、この地方最古の前方後円墳である『山木古墳』が公表された。報告者上川名昭はこの古墳を発生期古墳の一例とし、「中央から派遣された伴造系の釆女臣一族のものと考えたい」と結んでいる。

以上が霞ヶ浦沿岸の発生期古墳に関する従来の成果である。これらを整理すると、この地方の高塚古墳の発生期は5世紀初頭と考えられていることで一致している。第2に前方後方形が圧倒的に多いこと等がわずかに整理される。

3　発生期古墳各説

本節では、霞ヶ浦沿岸の比較的古手の資料を紹介して、論考の材料としたいが、必ずしも発掘調査を経ていないもので筆者が踏査したものも紹介しておきたい。さらに東海村須和間遺跡は弥生時代から古墳時代の関係を検討する意味で是非加えておかねばならない。

(1) 原1号墳（浮島古墳群）

浮島は現在ほとんど陸地化しているが、昭和20年代前半までは霞ヶ浦の孤島として浮んでいた。その中央やや東寄りに海抜26.3mの三角点を有する浮島最高の独立丘陵が存在する。この丘陵は崇船寺を中心に南麓に原集落を構成し、東西約500mの独立丘陵となる。古墳は丘陵の尾根上に構築され10基存在している。本墳はその東端に西面して構築された前方後方墳である。現在は山林で常緑樹が繁り、桜川に面する南側には椎の大木があり、霞ヶ浦に面する北側には榊が密生する。墳丘そのものはきわめて良好に保存されている。測量の結果、後方部の最高点は墳頂平坦部中央にあって海抜25.37mである。墳頂部には東西約6.4m、南北5mの平坦部が確認された。表土を測定すると、クビレ部で23.05m、前方部で24.05m、前方部端23.09mを記録し、後方部東側墳端で21.8mから21.37mまでのコンター内にフラットな面が東に突出して存在する。

発掘調査の結果、墳丘は地山を整形して封土を削り残し、覆土を埋葬施設上に盛り上げるという方法が採用され、盛土は後方部だけであることを確認した。封土は地山を整形し、テラス状に残され、前方部で2号墳に接する部分には大溝が掘られており、溝の中には底部穿孔の土師器1個体が埋置されていた。

　後方部には埋葬施設の掘り方が旧表土上面から確認され、地形的制約からその方位は必ずしも主軸に並行せず、かなり北寄りで、ほぼ磁北に従い主軸を東西にしている。その規模は4m×2mでその内部に長さ3.7m幅約80mの木棺が安置されていた。

　副葬品は東側に槍先1、ノミ2、鉈1、針1が、その西にガラス小玉6、両腕と思われる部分の北側に管玉1、小玉4、南側に管玉3、小玉1、中央胸の部分に剣形をした長さ10cmほどの鉄器が存在し、西端に短冊型鉄斧1、鎌1、不明鉄器1が埋納されていた。さらに木棺安置後約1.2m程度の盛土をし、その上面に壺型土器、器台等が破砕されて存在した。

（2）原2号墳（浮島古墳群）

　1号墳の西にほぼ接して構築された東西16m、南北8mの矩形墳である。1号墳前方部先端との間には、上面幅約3mのV字状の溝で区切られ、さらに西側では3号墳との間に約5mもある深い幅の広い溝で区切られている。特に西側の溝は区切るというよりも丘尾を切断したことを意味するかも知れない。

　溝は東西両側で、南北は尾根幅をうまく利用して双方ともテラス状をなす。墳丘のトップレベルは海抜24.23mで、1号墳の前方部最高レベルよりわずかに23cm高いのみである。墳丘は西側からはかなり高く観察することが可能であるが、東側では自然丘と見間違う程度で23.37mのコンターが東西9m、南北4mの矩形を示すが、それ以下は1号墳のためにコンターは1号墳丘に続いてしまう。西側では21.87mまで引くが、このラインでは人為的な盛土であるか否か判定することが困難である。

　自然地形は北側が急傾斜であるのに対して南側ではかなりゆるやかである。こうした地形的制約から墳丘地山の削り残しが、南側よりも北側に多く存在し

たものと思われる。要するに木棺の中心から南は3m、北は5mでそれぞれ地山の落込みが存在する。墳丘の大半は地山の削り残しによって構成されているが、西側と北側に墳丘封土の盛土が存在した。

本墳の特徴はこの封土の盛土である。この盛土は東側には全く存在せず墳丘の西側、すなわち埋葬施設の中央よりやや西寄りに存在し、東側地山と土壙面を水平にさせる意味で南にも置かれ、東側を除いてU字型に盛土を置いている。特に北西側の封土の盛土は粘土を使用し、調査の段階で最初は地山と見違えるほどであった。こうして完成した矩形の墳丘に主軸を東西に置く長さ3.5m幅約80cmの初源的な粘土槨が構築された。副葬品は玉類（管玉13個、ガラス玉4個）と小型の不明鉄器1点（幅1cm、長さ6.5cm）が発見された。

墳丘は埋葬施設上に約70cmの覆土が存在したが、その中に土師器群や祭祀に関連する遺物等は存在しなかった。しかし墳丘西側の大溝底には完形品の器台1個が埋置されていた。

（3）勝木4号墳（浮島古墳群）

浮島の北岸に位置し、霞ヶ浦に突出する和田岬の最奥に構築された特殊な祭壇？　を有する円墳である。墳丘は海抜約5mの砂丘上に存在して、現在の湖面より3m程度高く、完全に陸化している。

測量の結果直径21mの円墳で、北側半分は宅地造成のために除去されている。高さは最も高い南側で2.35mである。墳丘は砂層からなり、中央部に東西約8.5m、南北は北側が除去され不明、高さ1mの土壇があり、その上面に埋葬施設が作られている。この土壇の土砂は砂質ではなく、山砂である。

墳丘はこの土壇を中心に構築されているが、これを囲む状態で破砕された土師器が大量に埋置されていた。埋葬施設は頭部に粘土塊を置くだけで鉄鏃5本が副葬されていた。さらに墳丘の南側には、方形の墳丘が隣接して存在する。

調査の結果これら両墳丘は、周溝によって分離されてはいるものの、構築された時期は同一で、この墳丘下に発見された周溝は方形である。墳丘を測量するとその高さは約1mで不整円形であり、4号墳との関連を調べるトレンチで

は、墳丘構築の段階で、明らかに方形の溝が埋められていて、4号墳と接する部分（4号周溝）の土砂の推積状況から、この方形の墳丘の土砂と4号墳丘の土砂が同時に流れ込んでいる。さらに方形の盛土内から器台、高坏、小型丸底坩、盌形土器がセットで約5組、土製玉30数個、有孔円板2枚、土師器片約3000片が発見され、埋葬施設は全く認められず焚火跡3ヶ所を確認した。焚火跡は墳丘構築前と完成時にあり、他の1ヶ所は周溝外に確認された。

（4）伊勢山古墳（宮中野古墳群）

北浦を眼下に望む、海抜35ｍの丘陵端に東南に面して構築された前方後円墳[1]である。

墳丘は丘陵端に寄り南西部では不整形となっているが、東北側には周湟と周提帯が存在する。現在墳丘は荒れ放題であって見透しはきわめて悪く、後円部に松と椎の群落があり、前方部は松が密生し、表面には、ツツジ、サカキ、多羅樹、バラ、アケビ、藤等によって密林を形成している。

墳丘は典形的な前期タイプをなし、墳丘全長95ｍ、後円部径50ｍ、前方部長45ｍ、前方部先端幅20ｍ、高さ後円部8〜8.5ｍ、前方部高1.75ｍ、比高4.5ｍという大前方後円墳で、北東部の周湟は南側から北側へと傾斜し、後円部北側と前方部端の差は3ｍもある。後円部北側は戦時中に塹壕跡があり、前方部は細長く、かなり低いものである。鹿島地方最古の前方後円墳である。

（5）浅間塚古墳

霞ヶ浦と北浦に挾まれて半島状に突出する行方台地の最南端部に北西面して構築されている前方後円墳[2]である。北東側に周湟を有し、後円部南側に底面が傾斜する。墳丘の規模は全長約85ｍ、後円部径約45ｍ、前方部長40ｍ、墳丘の西側が国道により削り取られている。高さは後円部約7ｍ、前方部3ｍ、比高3.5ｍである。墳丘は前方部の幅が挾く長い前期形式の前方後円墳である。墳丘は後円部頂に浅間山を祭る石祠がある関係上よく清掃されており、西側眼下に常陸利根川さらに十六島を経て利根本流を望む景勝地である。

(6) 勅使塚古墳

 霞ヶ浦の北岸に位置し、行方郡と新治郡の境界をなす園部川によって形成された水田地帯に面する小独立丘陵の尾根上に東面して構築された前方後方墳である。尾根上を合理的に利用して構築され、自然地形そのものが狭長の上、墳丘が西側寄りに作られたものと観察される。

 調査の結果全長64m、後方部一辺30m、前方部幅18m、高さ後方部8m、前方部3m、比高5mの前期型の前方後方墳である。

 1961年、明治大学によって発掘調査が行われ、後方部現表土下1.8m地山粘土上に埋葬施設が発見され、副葬品として玉類（管玉10個、ガラス小玉40個）、鏡1面（重圏文鏡）、鉄剣片1が存在した。埋葬施設の規模については不明の点が多く明確にし得ない。報告によると長さ9.1m、幅1mの埋葬施設とされている。さらにそれより1m以上上面で破砕された土師器群が検出された。その数は全部で10数個体分といわれ、器種も底部穿孔坩、高坏、器台、小形丸底坩等で、大半が復原することは不可能という。

 土師器は墳丘各所からも出土し、後方部裾から完形品に近い複合口縁の底部穿孔の壺型土器も発見されている。

(7) 山木古墳

 筑波山の南麓に沿って桜川が蛇行しながら土浦市で霞ヶ浦に注いでいる。本墳は桜川によって筑波山塊から切られた標高30m前後の筑波台地北端に位置している。山木集落の西端松林内に東西して構築された前方後円墳で、昭和44年筑波学園都市の主要幹線道路、東大通り敷設のため発掘調査が行われた。

 本墳は台地端に舌状に突出する尾根上に構築され、水田に面する丘陵端に後円部を置き、長さ48m、後円部径25.5m、前方部幅15.5m、前方部長さ22.5m、後円部高さ3.45m、前方部高さ2mの整然とした前方後円墳である。

 調査の結果その構築は墳端でわずかに地山を加工した以外は、ほぼ自然のままで、その上面に後円部で2m、前方部で1.5mの盛土封土が構築されている。その上面に埋葬施設としての粘土槨が作られている。

埋葬施設は、後円部に主軸に並行して設けられ、主軸長3.2m、幅70cmでその周囲の粘土は長さ5.5m、幅約1mであった。副葬品は短剣1、鉄片1、玉類（管玉9、ガラス小玉4、勾玉1）が発見された。玉類のうち管玉2個（鉄石英、碧玉）は腕飾り用と思われる位置より出土した。

外表土師器群は、埋葬施設上には全く存在せず、クビレ部付近から壺および底部穿孔の壺が発見されている。

（8）丸山1号墳

柿岡の街を一望に見渡す高友丘陵上に南面して構築された前方後方墳である。墳丘はよく保存され、椎の大木の間から北方に佐自塚古墳を臨む。

1952年、後藤守一によって発掘調査が行われ、その内容についてはすでに公表されている。墳丘は測量の結果、主軸長55m、後方部幅34m、長さ30m、前方部幅18m、高さ後方部6m、前方部4mの整然とした前方後方墳である。後方部には五輪塔が置かれ、現在でも地域住民の民間信仰の場とされている。そのため参道が前方部西側墳麓から、クビレ部を経て後方部に取り付けられ、一部墳丘が変形している。さらに墳丘東麓から前方部にかけて深い溝が後世に掘られ、地形がやや変形している。調査の結果、埋葬施設は墳丘主軸に並行して構築された木棺直葬で、後藤により粘土床と呼ばれた。要するに木棺の両端を粘土でおさえた形式であり、その規模は、北端に幅73cm、南端61cmの粘土を置きその間に3.56mの空間があって、これが棺の長軸ということになる。

副葬品は遺骸の胸の部分に鏡1（内行花文鏡）、と玉類が多量に発見された。玉類は胸部から腰部にかけて勾玉9、管玉95、棗玉1、ガラス玉（丸玉、小玉）138で、そのうち胸の部分には勾玉6、管玉37、棗玉1、ガラス玉72があり、他は腕の部分から発見された。その左右には刀剣類が副葬され、東側に直刀1、剣3、西側に直刀2、剣3、刀子1、銅鏃4、さらに腰の部分に剣が存在した。7口の剣の中には刃渡り10cm前後の小刀程度の両刃のものがあり、注目される。

外表土師器群については存在したことは事実であるが、その詳細については不明である。

（9）佐自塚古墳

　丸山1号墳の北方の丘陵下に水田が恋瀬川の支流によって形成され、北上する佐久の低丘陵が存在する。その丘陵先端に自然地形を合理的に利用した南面する前方後円墳が本墳である。

　1953年、斎藤忠、大塚初重によって発堀調査が行われた。調査の結果全長58m、後円部径35m、前方部幅27m、高さ後円部6m、前方部4.3m、比高2mの整然とした前方後円墳である。

　埋葬施設は後円部現表土下1.6mの位置に主軸に並行して発見された粘土槨である。その規模は全長8.4m、最大幅4.2mで、中央に長さ6.2m、幅約1m、深さ70cmの木棺の痕が測定された。

　副葬品は棺内より玉類（勾玉2、管玉20、小玉8）、竹櫛1、刀子1、壺2が存在し、玉類中に腕玉と思われるものが確認された。さらに棺外埋葬品として管玉1、丸玉1が検出された。

　外表土師器群は、埋蔵施設上覆土中より器台、小型壺、高坏が数個体分発見され、前方部の裾からも完形の底部に穿孔せる壺型土器が発見された。

（10）長堀2号墳

　恋瀬川が丸山1号墳の南麓で分岐し、足尾山の分水を集める小川となっている。分岐点より約2キロ上流の右岸台地上に、長堀古墳群が存在する。

　本墳は水田面から約500mほど北に入った台地上に南面して構築された前方後方墳である。墳丘からの眺望はきわめて悪く、わずかに丸山1号墳の構築されている高友の丘陵を東方に仰ぎみる。自然地形がゆるやかな尾根上で、墳丘下の地山は後方部より前方部へとわずかに傾斜している。

　その規模は全長46m、後方部幅28m、前方部幅24m、後方部高4.8m、前方部高2.4mを算定し、周溝が前方部端を除き完全に残されている。墳丘構築前の自然地形が北から南に傾斜している関係上比高はかなり大きく、後方部に対して前方部の規模が小規模である。後方部墳頂に凹凸が求められるが、外表土師器群や埴輪等は認められない。クビレ部に小さな五輪塔1基が存在する。

（11）狐塚古墳

　JR水戸線岩瀬駅の北方約1キロの地点には、長辺寺山の台地とみごとな神奈備山が存在する。その南麓に今宮神社が鎮座し、その裏手に本墳が存在した。現在は湮滅してしまったが、その旧態は、長辺寺山の西麓にわずかな舌状台地が、南から北に延び、そこから西方はるか富谷観音の塔を望む位置に存在した。この小舌状丘陵上に後方部を水田側に南面して構築された前方後方墳が本墳であった。

　測量の結果、墳丘は後方部0点から2.75mまで前方後方形にコンターが走るが、それ以下になると前方部は自然丘となり、後方部は地形的な関係もあって、かなり低くまで方形に突出した。墳丘全体を観察すると、西側より東側の方が傾斜がゆるく、特に前方部側では、西からの強風によって墳丘がかなり東側に吹き上げられている様子である。

　さらにクビレ部が極端に低く、前方部先端に移行するに従ってやや高くなっているが、それでも高さは1m前後であった。発堀調査の結果、墳丘はローム面を基盤として前方後方形に整形され、その上面に盛土が存在した。基盤ローム面の規模は全長41m、後方部幅25m、クビレ部幅7.5m、前方部先端幅16.5mという数値を得た。後方部には約1.5mのロームブロックおよび鹿沼土による埋葬施設が、主軸に並行して設けられていた。その規模は槨全体が長さ7m、幅2mあり、その中央に主軸長5m、幅約95cmの落ち込みが検出された。槨は中央よりやや南側に攪乱杭がある以外は完全で、その中から土師器（高坏、器台）を検出した。

　副葬遺物は、北側に短冊状の鉄板を縦刻にした短甲1、その南に1m程度赤色顔料が存在し、棺中央から刀子1、短剣1、ガラス小玉14、その西に直刀1、その北に銅鏃4、鉇2、が発見された。

　外表の土師器群については、墳頂攪乱杭内の器台、高坏各1個体分が棺内に副葬されたものであるか、あるいは埋葬施設上に埋置されたものであるか問題となろう（報告書中の第12図8.10がそれである）。筆者はこれが棺内に副葬されたものと理解している。さらに土師器は墳丘裾部において多量に発見された。

（12）大日山古墳

JR成田線の滑川駅と下総神崎駅の中間南側の標高30mの丘陵先端に南西面して構築されていた前方後円墳である。後円部よりは眼下に現利根川を、北方に常陸の台地を望む位置である。その規模は全長54m、後円部径33m、高さ後円部5.5m、前方部3.8mである。墳丘は尾根を利用している関係上、地山の加工が行われ、実際の盛土は後円部で4m、前方部で1.8mであった。

埋葬施設は、後円部に主軸とやや並行して設けられた木炭槨である。墳頂部より1.5m程度の深さに存在し、その規模は北側で撹乱があり不完全であるが全長5.5～6m前後とされ、幅は上面で1.1m、棺床面で60cmである。

副葬品は、玉類（管玉2、ガラス小玉8）、鉄剣1、短冊型鉄斧1、刀子2等が発見された。

（13）須和間遺跡

那珂湊市磯崎から日立市久慈浜にかけて約13キロの海岸線には、南寄りに米軍水戸射爆場が、北寄りには原子力研究所が存在している。立入禁止の関係上海岸線がよく残されている。その中央やや北寄りに村松虚空蔵尊附近で砂丘が切られる新川があり、それを西遡すると水田が拓け真崎浦となる。この水田地帯が旧真崎浦と呼ばれた地域で、現在三条の谷が発達し、その南部の最も大きな谷は、無数の小舌状台地を形成しつつ約10キロも西進して国道6号線まで達している。

真崎十文字から勝田市佐和に通ずる県道があり、須和間台地から旧真崎浦に下る右側丘陵上に本遺跡は存在する。この丘陵は小舌状台地で、その先端は阿夫利神社という小祠が建立されていた。現在は県道拡幅に伴い先端部は破壊されてしまったが6、8、9、10、11号の5基が残されている。

この遺跡で特に注目されることは、丘陵先端の2、5、6号の墳丘と、8、9、10、11号の墳丘の性格が異なることで、前者は墳丘を覆土として構築しているのに対して、後者は封土に重点がおかれていることである。さらに後者で11号を除く3基では周溝内に土師器が埋置されているのに、前者には認められ

なかった。また11号には埋葬施設上に破砕した土師器が約150片散乱して発見された。これらの概要は次の通りである。

　2号墓、東西6m、南北11mの矩形墳、墳丘は60cm程度で、旧表上から切り込まれた土壙を覆うために墳丘が構築されていた。

　5号墓、東西7m、南北10.15mの矩形墳。台状部に旧表土から切り込まれた土壙覆うために、1.2mの墳丘が構築されていた。

　6号墓、東西7.6m、南北11.3mの矩形墳。台状部に5基の土壙が旧表土から切り込まれ、それを覆うために約80cmの墳丘が構築されていた。

　8号墓、東西7m、南北8mの矩形墳、台状部に約50cmの墳丘が構築され、埋葬施設は発見されず、地形的に傾斜の強い地点であったので流出してしまい、墳丘封土のみが残ったものと思われる。周溝内より土師器1個体（甕で頸部より上部を欠損）を検出した。

　9号墓、東西7m、南北7.5mの円形台状部に約50cmの墳丘が構築されていた。埋葬施設は発見されず、周溝内より坏1個を検出した。

　10号墓、東西約10m、南北15mの矩形墳。台状部に1.1mの墳丘が構築され、主体埋葬施設は発見されなかったが、西溝内より土壙1基を検出する。その規模は、全長2.55m、幅約1mでこの部分のみ西溝の立ち上りが西側に突出していた。土壙直上に小型坩1個を発見し、さらに周溝北西コーナーより壺型土器1個検出した。

　11号墓、東西13m、南北16mの矩形墳。台状部に1.4mの墳丘を構築し、その上面に割竹形の木棺を安置し、覆土が20cm程存在した。

　木棺の規模は全長3.1m、幅約70cmで中央東壁附近から勾玉1個が発見された。埋葬施設上面には小さく破砕された土師器片150片が棺の西側に散乱状態で検出された。

(14) 幡16号墳
　久慈川を西上すると常陸太田市の南端落合集落で里川が合流している。この里川を北上すること約4キロ、東側に南北に延びる海抜50m前後の尾根が連な

り始める。この先端を幡山と称し、古墳群及び横穴群が存在している。古墳群は3地点に分散して、16基ほど構築され、16号墳はその東端の海抜45mの小舌状台地北から14、15、16号と3基存在するうちの1基である。規模その他詳細は不明であるが、高根信和の教示によると16号墳は傾斜地に位地し、埋葬施設として、箱式石棺が2基存在した。そのうち1基は県立太田一高に移築復原されている。出土遺物も細形管玉4が保管されている。

4　発生期古墳の様相

前節において霞ヶ浦沿岸の発生期古墳を紹介した。これらを中心として当地域の発生期古墳の内容を検討しておきたい。

霞ヶ浦沿岸の最古の高塚古墳は原1号墳である。しかしこれ以前の墓制の実態については従来全く不明であり、わずかに弥生時代の再葬墓が殿内遺跡から発見されているにすぎない（杉原他 1969）。すなわち霞ヶ浦沿岸における弥生時代墓制については現在調査研究がなく、原1号墳以前の墓制を論ずることは不可能である。そこで本稿では筆者らが調査した常陸北部の埋葬遺跡である東海村須和間遺跡の分析から開始することが最も理解しやすいと思う。現時点では霞ヶ浦沿岸を問わず常陸最古の高塚墳墓は須和間遺跡だからである。この遺跡は矩形の周溝と墓域区画が主であり、盛土を有する方形周溝墓として著名である。埋葬施設は台状部に複数の土壙を設けた2、5、6号墓と、盛土上に埋葬施設を構築した8、9、10、11号墓とに大きく分けられる。後者の例は、常陸においては日立市金井戸遺跡（佐藤 1974）、勝田市天神山遺跡（伊東 1966）、同下高場遺跡（伊東 1969）、水戸市赤塚遺跡（伊東 1974）、同向原遺跡（伊東 1974）、桜村花室遺跡（大川 1971）等でも確認されている。これらの遺跡は赤塚遺跡を除いて盛土は確認できない。

須和間方形周溝墓群は、常陸における最古の盛土墳墓である。特に2、5、6号の3基は弥生時代後期に位置づけられるもので、注目されることは5、6号の台状部から複数の土壙が発見され、6号墳では5基の土壙が検出された。

さらに6号墓には実用の大形壺が土壙間に供献され、墳丘として覆土がこれらの土壙を覆っていた。このことは須和間遺跡において、弥生時代後期から埋葬施設として墳丘を構築し、土器の供献が実施されていたことを物語っている。その供献された土器は、特に供献用として制作されたものではなく、実用品として使用されたものを底部を穿孔することによって仮器として埋置している。

　常陸における弥生時代埋葬遺構として公表されているものは、那珂湊市柳沢遺跡（佐藤 1972）と桜川村殿内遺跡、下館市女方遺跡（田中 1944）のみであるが、これらは一種の共同墓的性格が強く、殿内遺跡では再葬墓として把握され、小ピット内に土器が埋没していた。柳沢遺跡も同様の現象が確認されているので、須和間遺跡以前から土壙墓の存在は明確となっている。須和間においても8号墓下に6号墓から発見された弥生式土器より古手の甕が検出されており、墓域区画を有する以前に土壙墓的性格を有するピットが作られ、それらが弥生後期中葉以降に墓域を溝によって区画し、それによって形成された方形の台状部に土壙を集中的に設ける2、5、6号墓がほぼ同時に作られている。これらは明らかにマウンドを有するが、その性格はあくまで埋葬施設の覆土である。

　8、10号のそれになると墳丘の盛土にかなりの変化が認められる。10号の場合は明らかに埋葬施設を上位に構築するための封土であり、5、6号の如く地山に土壙を設け、その上に覆土を構築した墳丘とは異質である。

　6号に認められたV字の溝も、10号ではU字状に変化している。こうした大きな変化の中間を示すものが8号で、ここでは旧表土面に5、6号に先行すると思われる弥生後期初頭の土壙が存在し、その上面に盛土されていた。しかしここでは墳丘が低く、その実態を必ずしも正確に把握することは不可能であったが、旧表土上約20cmの部位でロームブロックを意識的に置き、6号のような覆土としての墳丘と区別され、封土が人為的に構築されたものと推定される。いずれにしても低墳丘であったことと、傾斜変換線上に立地されたために墳丘の流出が多く、その実態を完全に把握することはできなかった。ただ前者で確認されなかった周溝内の埋設土器は、やはり発生期古墳との関連を考察するうえで重要視されると思う。常陸北部において古墳時代に入る高塚墳墓の導入は

この時期である。

　8号には埋葬施設が確認されていないので曖昧な点も多いが、墳丘の封土と覆土の分離は明確となり、周溝内に実用土師器を破砕して埋置している事実も確認された。

　次に10号の実態を検討してみよう。10号の場合、封土は全く盛土であり、しかも旧表土上約1.1mもの高さを有していた。残念なことに墳丘中央部で埋葬施設を発見することはできなかった。ここでも埋葬施設が流出したものと思われる。調査では中央台状部の中心部と、西側の封土を除去したが、それでも検出されず、旧表土面においてもそれらしき遺構は存在しなかった。

　しかし西溝内中央部で台状部に接して1個の埋葬施設を発見した。これは主体埋葬施設とは思われず、あくまでも主体埋葬施設は墳頂部にあったものと思われる。この土壙は最初から計画的に作られたものである。そのことは周溝の立ち上りで実証することが可能である。この土壙上には小型丸底坩が埋置されていた。その出土状況は各地で間々検出される土器供献とよく一致している。(1)
こうした点を考慮しても、この土壙が2次埋葬としてではなく、最初からここに埋葬の場を求めたといえよう。そしてその上面に埋葬後供献のための専用土器を埋納したことは、8号の如く実用品の儀器化という現象から、理論的にも発展している。さらに本墳で興味深いことは、北西コーナーから発見された単純口縁の壺型土器で、明らかに実用品である。このことは一方では供献用の土器が最初から製作され、他方では未だ実用品をも供献するということになる。

　方形周溝墓の周溝内埋置壺型土器は、通常仮器の表現として底部を穿孔している場合が圧倒的に多いが、10号のそれは実用品のまま埋置されていた。こうして観察すると、外見的には古墳時代の古墳そのものであるが、内面的には多くの問題点が含まれているといえるだろう。

　最後に11号がある。埋葬施設は、現表土下約10cmという浅い部分に検出された。これは外部に粘土等を使用した槨ではなく所謂木棺直葬である。その形態は、床面の状況から割竹形木棺が想定される。

　墳丘は矩形の台状部に高さ約1.6mの封土が盛られ、その上面に埋葬施設が

設けられ、埋葬後に土師器片が撒かれて、覆土がわずか10～15cm存在する。周溝は東西両面が耕作および道路敷設によって削り取られていて完全ではないが、南北は溝で区切られている。そのため東西両側に土師器が存在したか否か不明である。埋葬施設上の土師器片は、150片もあるにもかかわらず復原して、器形を知ることは全く不可能であった。破片全体を詳細に検討すると、小形で3～4個体分と思われる。これらの中には精選された粘土を使用し、朱彩するものも認められる。問題は完形に復原できないことであり、供献する際にこれらの土器は他所で破砕し、それを埋葬の場に一部持参して埋置したものと思われる（小室 1972）。

埋葬施設からは勾玉1個が発見されたのみであるが、これも高塚古墳として性格を強くする一つの材料となろう。

こうして須和間遺跡を検討すると、次のような問題点が整理される。

第1は墳丘の状況に大きな変化が認められることである。要するに埋葬施設の構築された位置が盛土封土をもたない自然地山面に作られ、それを覆うための墳丘から、封土を盛土によって構築し、その上面に安置し、覆土を盛るという内容に変化する。

第2に埋葬施設が複数から単一に変化する。

第3に埋葬施設上に供献用土器が埋置されるようになる。

第4に供献用土器が実用品から専用品の製作になる。

第5に埋葬施設内に副葬品が認められるようになる。

最後に須和間遺跡の中で首長墓の変遷を推考する場合、弥生時代後期に方形で発生あるいは導入された墓域の区画は、そのまま古墳時代に受け継がれ、最終的に9号円形周溝墓によって消滅している。このことは興味ある現象であり、弥生後期からこの地に墓域を設定して勢力を貯えてきた須和間首長集団にとって大きな政治的変革が起り、そのことが大型高塚古墳を構築し得るまでに成長せず消えることになったのである。

常陸北部では現在のところ須和間11号墓と並行あるいは、これに継続する古墳は発見されていない。前節に紹介した幡16号墳とは性格的にかなりの較差が

認められる。しかし無視できない資料であり今後の研究を待たねばならない。

これに対して霞ヶ浦沿岸では、須和間遺跡のような方形周溝墓はわずかに新治郡桜村で1例発見されているのみで、弥生時代からの墓制を追求することは困難である。しかし北部に対して前節でも紹介した如くかなり良好な古墳が調査されている。

霞ヶ浦沿岸の発生期古墳として、現段階で最も古いと思われるものは、原1号墳である。

それは墳丘構築法の地山ロームの整形である。従来この地域では玉造町勅使塚古墳、八郷町丸山1号墳等の構築法を最古とする見解が強かった。その理由は須和間遺跡でも確認された墳丘封土の盛土による構築であると思われる。その場合、勅使塚古墳も丸山1号墳も人為的な盛土によって封土が形成されていた。このことは本邦の大型古墳の墳丘構築法であり、須和間遺跡の如く、人為的封土の発生がやがて平地に大型古墳を生成していくことになる。筆者は先に人為的（盛土）封土が発生する以前に、地山を整形することによって封土を完成させる方法が初歩であり、やがて人為的な盛土による封土が発生するという変遷を推考したことがある。その考えは今も変えていない。原1号墳はそれを立証した好資料であり、最初は関東地方にはこのような構築法の古墳は存在しないと考えていた。しかし原1号墳を調査してみると埋葬施設を安置するまでの作業段階に人為的な盛土は全く存在せず、30m前後の前方後方墳が自然の地形を加工して構築されていることを知った。

須和間遺跡が北常陸における在地首長の埋葬遺跡であるのに対して、原1号墳の墳丘の構築法は、先進地域からそのまま伝えられた古墳築造法である。さらにこの墳丘には、後方部に旧表土を残したというか、あるいは意識的に地山ローム上に炭化した黒色土を置いたか知る由もないが、その黒色土上面から、木棺を安置する土壙を穿ち、木棺安置後に覆土として土盛りが実施されている。この覆土構築の過程で約1mほど盛り上げ土師器の供献がなされている。これらの土師器は壺型と高坏が主で、特に有段口縁の底部穿孔の壺型土器がかなり破砕されて供献されているのに対して、単純口縁の底部穿孔の坩型土器は、完

成品のままで供献されていた。高坏も壺型土器同様に破砕されていた。こうして破砕して供献したものは完形に復原することは不可能で、須和間11号墓埋葬施設直上の土師器の如く他所で破砕されたものを供献したといえる。

覆土はこれらの土器群の上面に20〜40cm存在し、墳丘が構成されている。

前方部と2号墳を区画する溝の中にも完形の底部穿孔の壺型土器が発見されたことは、溝の性格を考えるうえで重要な意味をもつものと思われる。すなわち方形周溝墓の溝に供献された土器の性格と同様の現象である。

原1号墳の状況を観察すると平面的には、前方後方形という複雑な様相を呈しているが、本質的には、須和間に認められた方形周溝墓と時間的な問題は別としてそれほど変わりはない。墳丘構築法は須和間10、11号墓より原1号墳の方が先行するかも知れない。原1号墳に後出するものとして原2号墳、勅使塚古墳がある。原2号墳は1号墳に接して構築されており、好都合である。ここでは埋葬施設上の土師器の供献は全く認められず、西方3号墳に接する溝底から器台1個を検出したにすぎない。勅使塚古墳では、埋葬施設上と墳丘裾部の双方から土師器を検出しているが、この両者で注目されることは、墳丘構築法にある。自然地形の傾斜に対して、勅使塚古墳では、尾根幅を盛土によって拡幅し、原2号墳では、矩形台状部の3号墳寄りを盛土によって構築している。

霞ヶ浦沿岸の発生期古墳で、この種方法によって墳丘が構築されているのは、現在この2基のみである。特に須和間遺跡の如く、狭長な尾根上に墓域を選定している遺跡もこの地域では原支群と勅使塚古墳のみといえる。原1号墳では2号墳や勅使塚古墳のような墳丘構築法は採用しておらず、当地方で人為的盛土による封土を採用した高塚古墳は、この2基が最初といえる。その盛土の量は比較的少量で、眺望の良い地形を選び、全体を見渡せるような丘陵先端を好んで占地している。

このことは、原1号墳の墳丘構築法による封土と覆土の関係と勅使塚古墳、原2号墳で観察される状況では質的変化が認められ、霞ヶ浦沿岸の高塚化を理解するうえで注目される。

これら2基の古墳は封土の状況から明らかに高塚化したものであり、続く丸

山1号墳、山木古墳、勝木4号墳等になると、墳丘構築法および選地は全く異なり、狭長な尾根を選ぶことはなくなり、台地縁辺に移行する。

丸山1号墳、山木古墳の選地は墳丘封土の構築法でも地山の封土化は形式化し、封土は盛土であり、しかも十分に盛土用土砂取得可能な地点の台地縁辺に移行する。これを山木古墳で観察すると地山の墳丘化は僅少となることが理解できる。これに対して勝木4号墳の場合は全く特異である。この古墳は下総水神山古墳（東京大学考古学研究室 1969）の構築法を採用している。

さらに佐自塚古墳および狐塚古墳の墳丘構築法および選地は、構築法の上からは山木古墳に近似するが、選地からは大きく変化する。

これらの古墳を観察すると、原1号墳を特殊として、共通点と相違点がかなり存在している。これを選地、構築法、外表土器群、埋葬施設、副葬品等から検討していくことにしたい。

選地

選地だけからこれらの古墳を観察すると、原1号、2号墳、勅使塚古墳等のように狭長な尾根上に構築された例がある。これらの須和間遺跡2、5、6号墓と同一形態であり、常陸において弥生時代後期からの選地法である。概して高さ30m前後の尾根上が多い。下総の場合も同様で大日山古墳があげられる。

丸山1号墳、山木古墳、浅間塚古墳、伊勢山古墳等の如く台地縁辺に構築された一群。下総水神山古墳も含まれよう。山木古墳の場合は、一見すると尾根上に見えるが、東側に台地が拡がり、台地端といえる。丸山1号墳は浅間塚古墳や伊勢山古墳の如く広大な台地端とはやや趣を異にするが、前者を尾根上にするには問題があり、あるいは過渡的傾向を有するのかも知れない。

狐塚古墳、佐自塚古墳等のような低舌状台地上に構築された一群もある。あるいは勝木4号墳や長堀2号墳の如く平地に位置するものがある。

選地だけで霞ヶ浦沿岸の発生期古墳を観察すると以上4類型に分類することが可能となり、特に大きな特徴は示さないが、概して尾根上に選地するものが古く構築されたものといえる。調査されたものの中には勝木4号墳のように平

地に作られたものもあるが、一般的には尾根上から台地端に移行するといえる。

構築法

墳丘を構成する盛土がどのような土層であるかを検討することも無意味ではないだろう。ここではプロポーションを問題視するのではなく、縦に切ってその盛り方を観察する、そこで便宜上墳丘の土層中埋葬施設を構築する以前に形成されたものを封土、埋葬施設を覆うために埋葬施設上に置かれた土砂を覆土としてそれぞれ分離して検討することにしている。

原1号墳のように封土は地山を整形して前方後方形に削り残しているもの。このような構築法は、関東地方にはほとんど類例がなく、畿内以西に認められる方法である。原1号墳の埋葬施設下の平面プランは前方後方形を呈するが、この中に盛土による墳丘は全く認められず、現表土面から地山である。しかし埋葬施設上には明らかに盛土がなされている。

関東地方では最古に入ると思われる上総手古塚古墳においてもこのような構築法は採用していないし、上野天神山古墳（尾崎他 1971）においても封土にかなりの盛土がなされている。手古塚古墳の立地は山頂尾根上という共通点を有しながらも、埋葬施設下地山整形面までの間には明らかに1m程度の盛土が確認された。盛土をしないで埋葬施設を設けていることは興味深い。

勅使塚古墳、原2号墳では、地山を最大限に生かして一部封土とし、埋葬施設下に盛土を行っている。勅使塚古墳の報告によれば、後方部では埋葬施設下に盛土は全く認められなかったようであるが、前方部ではかなり多量の封土が盛られて平面プランが形成されている。この場合に前方部の盛土は覆土ではなく封土であるから、ここではすでに封土の盛土が存在したといえるだろう。これによく似た現象が原2号墳にも認められた。この古墳は尾根上の矩形であるが、1号墳同様に自然地形を矩形に削り残すための余裕がなく、地形が東から西に傾斜しているために、西側にかなりの補強が盛土によってなされていた。そして東側の自然地形面とのバランスを整えて、その面に埋葬施設が存在した。すなわち両古墳には明らかに埋葬施設下に盛土が存在したことを実証してい

る。しかし覆土を観察すると勅使塚古墳では原1号墳同様に多量であるのに対して、原2号墳では非常に少量であるという相違点がある。

狐塚古墳、山木古墳、下総大日山古墳等では、地山の封土化という現象がかなり少なくなって、大量の盛土によって封土が構築される。狐塚古墳の場合には、約1mが地山を削り残して封土とし、その上部には1m以上の盛土がされて埋葬施設が構築されていた。山木古墳では、墳丘の谷に面する側で地山整形が確認されたが、盛土が圧倒的に多く、地山の封土化は少ないといってもよい。大日山古墳では盛土が圧倒的に多かった。

勝木4号墳、水神山古墳等では、封土は盛土となり、埋葬施設下に特殊な基壇が存在する。しかしそれとても盛土であって墳丘はすべて盛土によって構築されている。

以上霞ヶ浦沿岸を中心としてその構築法を観察すると、埋葬施設下の状況から4つの類型に分類できる。さらに覆土の状況を観察しなければならないが、原1号墳や勅使塚古墳の如く地山面に埋葬施設を構築したものは覆土が多量であるのに対して、封土を盛土で構築したものはきわめて少量の盛土であることが実証されている。このことは墳頂部の土器群の存否と関係するものと思われるが、須和間11号墓のような場合もあり、必ずしも断言することはできない。

外表土器群

外表の土器群は、埋葬施設直上に供献すたものと、墳丘外の周溝内や外周に埋置されたものがある。これらを先述した資料から分類すると、原1号墳、勅使塚古墳、丸山1号墳等が前者で、原2号墳、勝木4号墳、山木古墳等が後者となる。さらに佐自塚古墳や狐塚古墳等の如く、埋葬施設内に埋葬品として埋納したものもある。

しかしこれらの中で原1号墳、勅使塚古墳、佐自塚古墳、狐塚古墳等は、墳丘外周からも発見されている。

特に原1号墳では、前方部の溝内に完形品に近い底部穿孔の壺型土器が1個体分があり、勅使塚古墳には後方部墳麓に同じく底部穿孔の壺型土器が発見さ

れた。佐自塚古墳では前方部墳麓から底部穿孔の壺型土器が検出された。さらに狐塚古墳では、クビレ部に数個体分の壺型土器が埴輪状に埋置されていたし、勝木4号墳では、中央基壇を中心に破砕された土器群が多量に検出された。

　これらの土器群は、巨視的に観察すれば、墳丘内から土師器が発見される古墳として処理されてしまうかも知れないが、これらを詳細に観察していかねばならないだろう。

　岩崎卓也は、こうした土師器出土の古墳を全国的に集成し、その出土状況から「Ⅰa型」、「Ⅰb型」、「Ⅱa型」、「Ⅱb型」、「Ⅱc型」の5類型に分類した (岩崎 1973)。それによると「Ⅰ」は埋葬施設内に置かれたもの。「Ⅱ」は埋葬施設外に置かれたものとされ、「Ⅰa型」は埋葬施設内に通有の大きさの土器を副葬した形式とされるが、この形式は霞ヶ浦沿岸に認められない。しかし「Ⅰb型」となると佐自塚古墳、狐塚古墳等にその類例を求めることができる。「Ⅱa型」は墳頂あるいは埋葬施設上に配されるもので当地方の例として勅使塚古墳および狐塚古墳が挙げられている。「Ⅱb型」はなく、「Ⅱc型」として水神山古墳が紹介されている。

　さらに岩崎は「土師器群の機能について」という章を設けて興味ある見解を示している。すなわち「Ⅱa型」とされた埋葬施設外に置かれた土師器中、特に墳頂部あるいは、埋葬施設上に配されているもののうち、「神人共食」の具から「供献」という儀礼に変遷していると説き、後者を立証するものとして高坏の存在をあげている。

　また小林三郎はこの種の土器群を全国的に集成して、土師器のあり方を「墳丘における葬礼によって埋置された土器群」と「副葬品として埋葬されたもの」とに分類し、「主体部直上に埋置される土器群には和泉式土器らしいものがきわめて少ないのに反して、副葬品としての土師式土器には、明らかに和泉式土器、あるいはそれと併行関係を認めざるを得ない土器群が増加している」と整理している (小林 1972)。

　さらに地域的には岡山県下を中心に今井堯らの研究もあるが (今井 1969)、関東地方を中心とした小室勉の見解は注目される (小室 1972)。

小室は、関東地方11基の古墳を中心に、墳丘内から発見される過程を「墳丘の完成→モガリの終了＝土器の破砕→遺骸の運搬＝土器片の運搬→遺骸の埋葬→土器片の散布」と推論した。

以上の先学諸氏の研究成果から、霞ヶ浦沿岸の土師器を出土する古墳を検討すると、岩崎、小林の指摘の如く、大きく二分されることは明確である。

岩崎の整理したⅠ類型a型式は、霞ヶ浦沿岸の古墳には認められず、b型式に狐塚古墳と佐自塚古墳があてはまる。狐塚古墳では、主体部の一部攪乱された部分より高坏と器台が検出されており、筆者はこれを副葬された土師器を考えたいが、問題が確実ではない。佐自塚古墳からは明らかに坩型土器3個が副葬されていた。これらの古墳の時期は土師器からも小林の指摘の如く当地方最古の古墳にすることはできない。

次にⅡ類型a型式は比較的多い。原1号墳、勅使塚古墳、丸山1号墳、須和間10号、11号墓等がそれである。原1号墳のように完形坩型土器と、破砕された壺型土器、高坏、大形砥石の存在はその代表的な例である。勅使塚古墳でも坩、高坏、器台等が破砕されて発見されているし、丸山1号墳でも埋葬施設上に破砕された土師器が発見されている。

さらに勝木4号墳でも器台片1個が発見されている。

最後にⅡ類型c型式としては、山木古墳、原2号墳がある。山木古墳では、クビレ部より底部穿孔壺が発見されており、原2号墳では墳端溝底より器台1個が発見された。こうして観察すると、霞ヶ浦沿岸の発生期古墳の墳丘外表には、土師器が埋置されていることを知り得る。しかしそのあり方は一様ではなく、選地および構築法が類型的に分類されるのと同様に少なくとも岩崎の方法に従えば3類型に分類することが可能である。

埋葬施設

霞ヶ浦沿岸の発生期古墳の外観を中心に検討してきたので、ここでは埋葬施設の実態を観察し、検討しておきたい。推論する材料として、前節の資料から埋葬施設を整理すると表7の通りである。

表7　霞ヶ浦沿岸発生期古墳の埋葬施設

古　　　墳	埋　葬　施　設	棺 の 種 類	規模（m）	位　　　置
須和間11号墳	直　　　　葬	割竹形木棺	3.1×0.7	盛土封土内
原 1 号 墳	土　　　　壙	割竹形木棺？	3.7×0.8	地山封土内
原 2 号 墳	粘　土　槨	割竹形木棺	3.5×0.8	盛土封土内
勝木4号墳	直葬（粘土塊）	割竹形木棺？	3.0?×0.7	盛土封土内
勅使塚古墳	粘　土　床	木　棺　？	9.1×1.0	盛土封土内
丸山1号墳	粘　土　床	木　棺　？	3.56×0.7	盛土封土内
山木古墳	粘　土　槨	木　棺　？	3.2×0.7	盛土封土内
大日山古墳	木　炭　槨	木　棺　？	5.5～6×0.6	盛土封土内
佐自塚古墳	粘　土　槨	割竹形木棺？	6.2×0.42	盛土封土内
狐塚古墳	粘土槨（鹿沼土）	割竹形木棺	5.0×0.95	盛土封土内

　以上のデーターから霞ヶ浦沿岸の発生期古墳の埋葬施設は、木棺とそれを取り囲む施設が石材を使用していないことである。木棺そのものは、外槨の状況から割竹形と想定されるものが圧倒的に多い。さらにその規模は、勅使塚古墳、大日山古墳、佐自塚古墳、狐塚古墳等を除いて、すべて長軸は3m以上、4m以下であり、その幅は70～80cmの数値を得ている。ただし勅使塚古墳の場合は、長軸が9.1mと長大であり、本墳の埋葬施設のみが、霞ヶ浦沿岸の発生期古墳としては異質である。

　大日山古墳、佐自塚古墳、狐塚古墳等3基の規模を観察すると、長軸を5.0m～6.0mと他の古墳の約2倍の長さとなっている。しかも外槨はしっかりとした粘土槨を採用している。

　佐自塚古墳の粘土槨にしても狐塚古墳の鹿沼土使用の槨も、さらに大日山古墳の木炭槨等は、霞ヶ浦沿岸の中では、他にくらべてあまりにも完成されすぎている。このことは古墳文化がある程度定着した時期に構築されたことを意味し、北常陸の主要古墳である鏡塚古墳と相前後する時期の構築によると考える。発生期古墳として、最も古いタイプは原1号墳の埋葬施設である。この古墳の埋葬施設は、旧表土上面から地山ロームを土壙として掘り込み、その中に木棺を安置している。この土壙内に木棺は完全に埋没したと推定される。

　木棺の外槨を粘土を使用して囲い込む方法はほとんど認められず、わずかに

土壙内埋め土の西側妻の部分に少量の粘土が確認された程度である。土壙の床面の状態と玉類の出土状況から割竹形木棺を想定したが、その直径は土壙内の状況から1mを越えるものと思われる。地山内に埋葬施設が発見された弥生時代後期の須和間6号墓の土壙とはかなりの較差がみられる。

1mもの大木で作られた木棺も、土壙の規模から、ほとんど地表面に頭を出さず埋納されてしまったといえる。このような埋葬方法は霞ヶ浦沿岸においては本例のみで、関東全体でもほとんど類例がない。原2号墳でさえもこの方法を採用していない。本墳の場合、墳丘構築前の自然地形が東から西に傾斜しているため、3号に接する西側に封土を構築し、東側に地山面と封土を水平にしてその上面に木棺を安置していた。このことは地山面に木棺そのものを置き、覆土で棺覆うという埋納方法を採用している。この埋葬施設の場合、西側は墳丘盛土上面に粘土を⊂状にして、東妻の部分にはそうした土砂を置かず、粘土槨と呼ぶにはあまりにも不自然な形で木棺を取り囲む槨が設けられている。

これに対して勅使塚古墳にはこの施設は報告されておらず、封土としての盛土内かあるいは地山上に木棺が安置されていた形跡が想定される。また勝木4号墳では、埋葬施設の東妻の部分にのみ幅70cm程度の粘土を置き、基壇上に木棺を安置し、その周囲は砂で覆われていた。丸山1号墳では、棺の両端に粘土を置いた状態であったといわれるので、勝木4号の例に近似しているといえるだろう。山木古墳では、狐塚古墳や佐自塚古墳のような完成された粘土槨とはいえないが、それでも木棺の外槨は粘土で囲まれて槨状をなしていた。しかし、その規模は古式の伝統を残している。

以上の如く霞ヶ浦沿岸の発生期古墳の埋葬施設を観察していくと、これらは3類型に分類することが可能となる。Ⅰ類は原1号墳のような地山土壙内に棺そのものが埋められたもの。Ⅱ類は地山直上の墳丘内に埋置され、棺の周囲に粘土等を置いたもの（原2号墳、勝木4号墳、勅使塚古墳、丸山1号墳等）。Ⅲ類は、狐塚古墳、佐自塚古墳等の如く、完成した大型の槨を有するもの。これらを総合すると、霞ヶ浦沿岸の発生期古墳の埋葬施設は、その構築された位置が、地山内から次第に墳丘内の高所に移行する傾向が認められる。そしてそ

の規模も、全長3～3.5mから5～6mの大形になり、周囲の状況も原1号墳→山木古墳→佐自塚古墳の如く粘土槨として推移している。

副葬品

最後に、発見された副葬品について検討することにしたい。まず宝器類として鏡をあげよう。鏡類を伴出する古墳はきわめて少なく、丸山1号墳と勅使塚古墳のみである。丸山1号墳は、径8.2cmの仿製内行花文鏡1を埋納し、勅使塚古墳では、径7.8cmの仿製重圏文鏡1を副葬していた。

常陸では全体的に鏡の副葬は少量であるが、それにしても発生期古墳に鏡の副葬がすくないことは大きな特徴といえる。

玉類は、勾玉、管玉、ガラス小玉の3種に分けられる。これにも大きな特徴がある。すなわち丸山1号墳を除いて、その総数がきわめて少量であること。その内容は、原1号墳管玉4・ガラス小玉11、原2号墳管玉13・ガラス小玉4、勅使塚古墳管玉10・ガラス小玉40、山木古墳勾玉1・管玉9・ガラス小玉4、狐塚古墳ガラス小玉14、佐自塚古墳勾玉2・管玉20・ガラス小玉8、大日山古墳管玉2・ガラス小玉8、須和間11号墓勾玉1等である。勝木4号墳を除いて一応は玉類が副葬されているが、これらが生前から実用として装飾の役を果たし得たか否か、丸山1号墳を除いて疑問である。丸山1号墳を除く他の古墳に伴出する玉類は祭祀用として、あるいは儀礼的に埋納されたにすぎない。

原1号墳では両腕の部分と首附近から発見され、同2号墳でもほとんど同様である。狐塚古墳では首の部分から、山木古墳でも2ヶ所に散っていた。丸山1号墳のように首と腰附近に多量に発見されるものと比較するときわめて粗末である。数の上から観察すると、丸山1号墳を除いて、玉類は儀礼的に埋葬されたものと思われる。さらに出土状況を観察して注目されるのは、首飾りとしてよりも、腕飾と思われる部分からの発見例が多いことである。原1号墳の場合、棺中央部の北壁に管玉1、ガラス小玉4があり、南壁に管玉3、ガラス小玉1がそれぞれ発見された。この出土状況は、首の部分から発見されたガラス小玉が散乱状態であったのに対して、これら小数の腕飾を作り、これを両腕に

附着したまま埋葬させたものと推定される。

　鉄器類は鉄製武器が主要でないことが特徴である。先に紹介した資料の中で武器を伴出した古墳は原1号墳と丸山1号墳と狐塚古墳の3基のみである。

　丸山1号墳では直刀3、銅鏃4、狐塚古墳では直刀1、剣1、短甲1、銅鏃4等が発見された。

　これらに対して工具類を出土することが多い。原1号墳—短冊型鉄斧・鉈・ノミ・鎌・針・削り・小刀・槍?、山木古墳—短剣?、大日山古墳—短冊型鉄斧・刀子・短剣?等が検出され、丸山1号墳、狐塚古墳からも伴出している。さらに佐自塚古墳の如く鉄器を全く伴出しないものもある。

　このような事実は霞ヶ浦沿岸の発生期古墳を理解するうえで十分に注目しなければならない。武器がほとんど副葬されなかったことは、やがて古墳文化がより畿内的色彩を強くして当地方に影響を与え、三昧塚古墳の時期(5C後年)になると、古墳出土の副葬品は武器だけといっても過言ではない状態となる。

　以上が霞ヶ浦沿岸の発生期古墳の様相である。霞ヶ浦は今日土浦市、新治郡、行方郡、稲敷郡を含む1市3郡が沿岸地帯を形成しているが、古墳時代には少なくとも千葉県香取郡、印旛郡にまでも拡大していたものと思われる（土木学会編 1936）。そうした点からみれば、千葉県印旛郡印西町の鶴塚古墳、東葛飾郡沼南村の北作1号墳（滝口他 1961）、同じく我孫子市水神山古墳等までも霞ヶ浦沿岸の中で検討するべきである。しかし今回は省略した。その最大の理由は筆者自身がこれらの資料を十分に調査しておらず除外せざるを得なかったことである。いずれ問題視したいと考えている。

5　おわりに

　霞ヶ浦沿岸の発生期古墳を選びその特徴を列挙しておいた。しかし現状では、畿内の古墳との間に大きな較差が存在することが理解される。これが霞ヶ浦沿岸の発生期古墳の特色であるか、あるいはこうした内容的に貧弱な古墳を構築した者をさらに統率する形で、前橋天神山古墳の如く、畿内地方の古墳と近似

する内容を備えた古墳が今後発見されるか否か不明である。現状で整理をすると、選地、構築法、外表土器等では、畿内の前期古墳と共通する点もあるが、埋葬施設、副葬品の組合せ等にかなりの差を認めねばならない。

小林行雄は、初期大和政権の勢力圏が関東地方に及ぶ時期を柴崎古墳出土の三角縁神獣鏡から4世紀に入ってからとし、常陸については、鏡塚古墳の石製品から5世紀に求めた（小林 1961）。鏡塚古墳は霞ヶ浦沿岸を中心に観察した場合、発生期古墳としては最も新しい時期のものである。小林の指摘のように鏡塚古墳や佐自塚古墳は畿内大和政権の勢力圏拡大に伴って構築したとして、問題視されることは、霞ヶ浦沿岸のこれら以前に構築された古墳の性格である。

鏡塚古墳は確かに畿内地方の古墳に近似する内容を備えている。霞ヶ浦沿岸の発生期古墳とは内容的に大きな相違が認められる。

このことは関東全体に対しても言えることであって、前橋天神山古墳や日吉加瀬古墳（柴田 1953）、手古塚古墳等と原1号墳や勅使塚古墳等がどのように関連するのであろうか。

本稿では霞ヶ浦沿岸の発生期古墳の問題点を整理したにとどめ、上記の点に関しては別の機会にゆずりたい。

注
（1）茂木雅博「常陸南部の古墳群」（『古代学研究』60、1972）および茂木雅博『前方後方墳』（雄山閣、1974）では前方後方墳としたが、これは筆者の誤認である。
（2）筆者ら調査、未報告、実測図のみ。『茨城県史料—古墳時代—』に紹介した。
（3）内田才・近藤正他「島根県安来平野における土壙墓」（『上代文化』36、1966）に報告されている九重遺跡や小谷遺跡等では、土壙上に土師器が発見されている。須和間10号の溝内土壙上からは、1個の小型坩が発見されたにすぎないが、安来平野のこうした遺跡には器台、高坏、甕、壺等が一括で発見されている。

4　土浦の古墳

　土浦市には、1983年2月現在では90基の古墳が現存していた。しかしこの数が土浦市の全ての古墳ではない。最近の急速な開発によって次々に消滅し、また築造以来の時間的経過を考えれば現存の数がそのすべてでないことも当然のことである。はっきりしていることは戦後の破壊の数と築造から戦前までの破壊の数では問題にならないほど前者の方が多い。であるから今聴き込みをしておかなければ正確に近い数を伝えることは不可能となってしまうだろう。

　土浦市の古墳が最初に集計されたのは1959年9月刊行の『茨城県古墳総覧』である。その中には前方後円墳11基、円墳24、方墳3が下記の如く記されている。ここではこの集計をもとにして『土浦市史』の「土浦市の古墳・古墳群一覧」を対比させ、さらに今回の分布調査の結果から存否を論じ、最後にそのデータをまとめることにしたい。

　1）愛宕山古墳、土浦市今泉町原田1,601

　　前方後円墳、全長40m、前方部高2m、後円部高3m。（総覧）

　総覧には以上の記載があるが、附近の古墳については全く記されていない。しかも今泉地区においてはこの古墳1基が記されたのみである。これに対して土浦市史では、

　14）愛宕山古墳群、今泉町原田

　　前方後円墳、円墳、台地（台地端）内部主体（不明）出土遺物（人物埴輪・土師器）

　　「この古墳群は恋瀬川の支流天の川の上流低地を北に見下す丘陵上、字原田の松林中にある前方後円墳愛宕山古墳を中心として、2基の前方後円墳と約20基の円墳とからなる古墳群である。」

図40　愛宕山古墳実測図（茨城大学史学教室実測）

とあり、さらにその様子を記録し、分布図を詳しく紹介している。筆者はこの図をもとに1982年12月21日と1983年2月22日の2回にわたり荒れた山中を踏査した。さらに現場では久家一男に旧状を話してもらい愛宕山古墳を含めて前方後円墳2基、円墳18基、それに歴史時代の塚1基を記録することができた。

　しかし市史p.53に示されている分布図の中で10号と20号の円墳がすでに削平されていることを知り、円墳は10基が残されているのみで他はすべて削平されていた。特に10号墳の存在した部分では広範囲に円筒埴輪を採集することができる。今泉在住の加藤清信の教示によれば3号の前方後円墳はかつて発掘調査され多量の埴輪を検出したというがその後の行方については不明とのことである。確かに3号墳に登るとトレンチの痕が残り、墳丘はかなり削平されていてどちらが前方部であるか決定しかねる状態である。しかも墳丘は荒れるにまかせ、多羅樹が密生しており冬でも墳丘に立入ることはできない。（C—35）

2）兵伏塚古墳　土浦市今泉町兵伏2,139

　　前方後円墳　全長67m、前方部高1.2m、後円部高1.8m。（総覧）

とあるが、市史では次のように改訂されている。

「集落の北、天の川を隔てて水田の中に山林があり、兵伏塚と呼んでいる。
しかし山林全体が古墳ではなく、古墳は頂上部にある径数メートルの小円
墳である。」

確かに市史の通りであって、この部分が前方後円墳ではない、筆者らはこれを古墳とせず歴史時代の塚として処理した。（C—43）

3）天神山古墳（イ）土浦市常名町大字西根2,448

　　前方後円墳　全長78m、前方部高3m、後円部高5.8m。

4）天神山古墳（ロ）土浦市常名町大字西根2,447

　　前方後円墳　全長74m、前方部高2.6m、後円部高5.2m。

と2基の前方後円墳が並記されている。

地番に問題があり、先の2,448に古墳が存在したとすると、それは2,447の一部になり、この地番では1基の前方後円墳となる。しかし現在2,447は全く削平されていてその北側の崖上にほんの一部前方部と思われる部分が残されている。地元の人たちの話をまとめても2基が一直線上に並んでいたという。

そうすると1基の前方後円墳は現存する前方後円墳で、それは地番が2,445、2,446、2,455—2にならねばならない。

市史では、常名の天神山古墳群として次のように記されている。

「この古墳群は、常名町字西根の丘陵上にある前方後円墳。天神山古墳と
同じく、前方後円墳の瓢箪塚古墳、それに円墳1基とからなっている。」

と現存するものが天神山古墳（C—53）で、削平された土取されたのが瓢箪塚古墳とか挑戦塚古墳と呼ばれていたものであるという。（C—54）

また天神山の前方部の前面に宝篋印塔が建つ小マウンドがあるがこれを円墳としたようであるが、これは古墳から除外すべきだろう。

5）中内山古墳（1）土浦市大岩田町1区中台

　　方墳　全長8m、高3m。（総覧）

30）中内山古墳群　土浦市大岩田町中内
　　円墳、方墳　占地（台地）、内部主体（箱式石棺）、出土遺物（管玉）
　　「土浦三高の北西山林の中に中内山古墳群がある。方墳1基、円墳4基からなる、方墳は底辺8m、上辺5m、高さ3mで墳丘の一部から石棺が露出している。円墳は何れも径10m、高さ1.2mほどの規模で、付近から管玉を出土している。」（市史）
分布調査で方墳1基と円墳6基を確認した。それは墳丘の中心部を道路によって切断されたもので、市史ではこれを除外したものと思われる。方墳を1号墳と呼んだが、墳頂に小祠2基が南面して鎮座しており、このために変形したことも考えねばならないかも知れない。しかし東北側にわずかに周溝状の落ち込みが確認され、それが方形をなすため一応方墳とした。また東端の5号墳だけが畑の中に墳丘の周囲をかなり削り取られているが、この古墳は円筒埴輪を採集する。その中には須恵質のものが含まれる。（B—31）

6）石倉山古墳（2）土浦市烏山町
　　円墳　径16m、高2.5m
7）どんどん塚古墳　土浦市烏山町
　　円墳　径31m、高さ2m
8）石倉山第1号古墳　土浦市烏山町（総覧）
以上の『古墳総覧』にみえる3つの記事は同一古墳群である。土浦市史では次のように記されている。
32）烏山どんどん塚古墳　土浦市烏山町小山
　　円墳　占地（台地）、内部主体（不明）、昭和49年発掘調査消滅
33）石倉山古墳群　土浦市烏山町小山・秋山
　　円墳　占地（台地端）、内部主体（箱式石棺）、出土遺物（切子玉・丸玉）
昭和49年発掘調査消滅。（市史）
分布調査時には全く変貌して近代的なニュータウンが完成していた。筆者は発掘調査時に、前方後円墳1基、円墳4基、方墳4基を実見している。その折もどんどん塚と称する円墳が存在していた。茨城県住宅供給会社が1975年3月

に発行した報告書の中で3号墳としたのがそれである。

　9）小松1号墳　土浦市小松町

　　円墳　径20m、高さ4m、（総覧）

　26）小松古墳　土浦市小松町

　　円墳　占地（台地端）、内部主体（不明）、消滅（市史）

　10）三芳古墳　土浦市小松町

　　円墳　径17m、高さ2m。（総覧）

　27）三芳古墳　土浦市小松町

　　円墳　占地（台地端）、内部主体（不明）、消滅（市史）

とあって両古墳とも全くその経過が記されていない。1977年、茨城県教育委員会が刊行した『茨城県遺跡地図』には両古墳とも湮滅して宅地と化したことが記されている。

　11）ひさご塚古墳　土浦市大岩田二区（内根）

　　ひさご型、全長22m、高さ4m、（総覧）

　29）大岩田ひさご古墳　土浦市大岩田大日山

　　前方後円墳　占地（台地端）、内部主体（不明）

　　「霞ヶ浦の土浦入りを一望におさめる大岩田の台地、字東平の東北端墓地に接してひさご古墳がある。全長22m、後円部長径15m、短径10m、高さ4m、くびれ部の高さ1m、前方部長7m、高さ3mの規模であるが、墳形は大部変っている。未調査であるため埋葬施設は明らかでなく、出土品もない。」（市史）

この古墳を踏査した塩谷修は調査カードに次のように記している。

「ひさご塚古墳　土浦市大岩田町内根・毛上地2,886、2,885—1

北西に面する前方後円墳で、前方部の両側に墓地が接し、南側には鹿島神社が鎮座する。現状では、墳丘上に雑木が覆い繁り、墳丘の形態は定かでない。全長20m前後の前方後円墳と思われ、前方部と後円墳の比高は殆んど認められない。前方部幅と後円部径は同じで、墳丘上から埴輪等を採集することはない。」（B—27）83年12月に再踏査し馬形埴輪片採集する。

12）不動堂古墳　土浦市西根町不動堂973の1
　　前方後円墳　径20m　高さ3m（総覧）
38）不動堂古墳　土浦市西根町不動堂
　　円墳　占地（台地端）、内部主体（不明）。（市史）
この古墳については今回の調査で円墳が2基存在することを確認した。1982年12月25日に踏査を行った際の谷口一弘のメモを紹介しておこう。
　　「A―40、不動堂古墳群　土浦市中村西根町不動堂970、973。
　　北を花室川に臨む台地先端に円墳が2基並んでいる。共に径10m、高さ1m程である。北側の1基は墓地によって一部破壊」
13）東地区第5号墳①　土浦市中村町西根白楽648
　　方墳　大日古墳、高さ3m（総覧）
14）東地区第5号墳②　土浦市中村町西根白楽648
　　方墳　浅間古墳　高さ3m（総覧）
36）大日古墳　土浦市西根町白楽
　　方墳　占地（台地）、内部主体（不明）
37）浅間古墳　土浦市西根町白楽
　　円墳　占地（台地端）、内部主体（不明）
「中村西根の東端、字白楽の墓地近くに大日古墳と浅間古墳がある。大日古墳は市道から入って手前にあり、一辺約15m、高さ約3mの方墳で墳丘上に大日祠を祀る。浅間古墳はこの約40m東、台地の突端にあって径約20m高さ約3mの円墳で周囲に堀を巡らしており、墳丘上には浅間祠を祀っている。」（市史）
いずれも現存しており、1982年12月25日の踏査で塩谷修が実見して次のようにメモしている。
　　「A―47、大日古墳　土浦市西根町白楽
　　径30m、高さ4m程で墳丘が異常に高い、全体に篠が密生し、裾が削られている。墳頂部に石祠が倒れており、南西側に周溝と思われる落ち込みがある。円墳か方墳かは明確にし得ない。」

また浅間古墳については稲村繁のメモに次のように記されている。
　「A—48，浅間古墳　土浦市西根町白楽
　墳丘の西側にのみ周溝がめぐり、その遺存状態は良好である。墳丘の規模は径約20m、高さ約2m、墳頂平坦部は広く盗掘の痕跡はない。遺存状態はあまり良好ではないが、円墳であることは確認できる。」
15）東地区第3号古墳　土浦市右籾町1区中谷1,109
　円墳　径41m、高さ2m。（総覧）
　この古墳についての記録は、1964年版の『茨城県遺跡地名表』からも消え、その後いっさい登場しない。正確な地番が落とされており、径40mの円墳となれば土浦市では最大規模である。市史にも全く触れられず、1981年12月21日この付近を踏査したが確認できなかった。それで1984年1月7日に再度土浦市教育委員会の岩沢茂氏とこの1,109番地を探しあてたが、10年くらいの杉林となり、最近では他に類をみないほどよく手入れされていたが、その痕跡はなく、さらにこの附近の水田を耕作していたという教育委員会の日下部和宏の話では、この辺にそうしたものを覚えていないとのことであり、1959年刊の『茨城県古墳総覧』のそれは誤記の可能性が強い。
16）もみづか古墳群　土浦市右籾町1区中谷
　全長80m、円墳12ヶ1列（総覧）
34）もみ塚古墳群　土浦市右籾町行部
　円墳　占地（台地端）、内部主体（不明）
　「右籾地内花室川低地に突き出した丘陵松林の中に行部内古墳群がある。これは径5mないし10m、高さ1～2mの円墳が100数10mのところに一列に並んでいるものである。なお、この丘陵の先に籾塚と呼ばれる独立丘があり、周囲の水田を塚田、籾塚下といい、古墳であったことが伝えられている。しかし丘上には古墳としての遺構はみられなかった。…この丘も花室川改修の築堤工事のため姿を消した。」（市史）
　文章中に行部内古墳群という名称が使用されている。総覧の記載も円墳が12基1列をなしているとされており、もみ塚古墳群がこの塚を指すことは疑いな

いだろう。確かに地籍図を検討すると中谷の谷頭に籾塚という8筆に分筆された地区が中谷の谷を封ずるように記されており、その西に塚田が一部常磐線まであり、その北に籾塚下となり、さらにこの塚田と籾塚下を合わせた西が上塚田とされている。籾塚という地番に丘陵が存在したことは市史に記されているが、現在は花室川に突出して1mほどの微高地を呈して畑として使用されている。花室川の改修工事によって土取され、その際籾塚だけではなく、塚田に接する行部の先端部分も削り取られている。1981年の分布調査の折はあまりのブッシュにこの附近に立入ることはできなかったが、1984年1月7日に補足調査を実施、背丈をはるかに越える荒地の中でわずかに地ぶくれ状を呈する墳丘を7基確認した。これらは古墳とするにはあまりにも小規模であり、山林がこれほど荒れない頃は12基が直線をなしていたということから近世に構築された十三塚であろう。

17) 東地区第1号古墳（ともえ塚）土浦市中村一区役場地451の3

円墳　径10m、高さ3m。（総覧）

35) ともえ塚古墳群　土浦市中村町池向

円墳　占地（台地端）、内部主体（不明）、消滅（市史）

この古墳群の記録は全くない、茨城共同食肉株式会社の工場によって破壊された。

因みにこの会社は1964年10月1日から創業している。文化財保護法施行15年も経ていたことを思うと本県下の文化行政のおくれが侮まれる。

18) ひとつ塚古墳　土浦市沖宿町1,365

円墳　径50m、高さ8m。（総覧）

この記録は土浦市史にはみられない。だた1977年刊行の茨城県遺跡跡地図には、1,799（通し番号）。ひとつ塚古墳、土浦市沖宿町峰山1,365、古墳、墓地、自然地形と記されている。分布調査の際、岩沢氏より特に注意して観察しておくようにということで踏査したが、確かに水田中にみられる独立した円丘であった。しかしこれらは全くの自然丘であり、誤解をなくすためにも今回は地名表から抹消することにした。ただし丘上に何らかの遺構が存在したかも知れな

いが、現在この円丘は墓地となっており、そうしたものを調査することは不可能である。

19) きさきづか古墳　土浦市手野町上郷2,158、2,159

　　前方後円墳　全長59m、前方部の高さ3m、後円部の高さ6m、(総覧)

5) 后塚古墳　土浦市手野町后塚

　　前方後円墳　占地(台地端)、内部主体(不明)、出土遺物(土師器)

　「全長約54m、後円部径約30m、高さ5.6m、前方部長さ約20m、西南を向き、次第に低くしかも狭くなっている。未発掘のため内部主体は不明。」(市史)

この古墳についてはこれらの記載通りであるが、所在地が土浦市手野町后塚2,158、2,159である。周溝を考えるともう少し広くなるかもしれない。さらに注目したいことは、後円部とされる部分が方形になる可能性もあり、正確な測量図を作る必要がある。

20) おお塚古墳(王)　土浦市手野町上郷2,179

　　前方後円墳　全長83m、前方部の高さ3.5m、後円部の高さ8.5m (総覧)

4) 王塚古墳　土浦市手野町大塚

　　前方後円墳　占地(台地端)、内部主体(不明)、出土遺物(土師器)

　「王塚は、字大塚の丘陵南端の山林中に前方部を南東に向けている。全長84m、後円部は直径42m、高さ7.5mで、北東裾部がやや崩れているほかはよく原形を保っている。前方部は北東側は原形をよく残しているが、南西側は崖崩れのためやや形を変えている。…」

この古墳も土浦市によって最も重要な古墳の一つであって早くから知られているために正確な情報が早くから伝えられている。さらに市史には出土遺物の項に土師器と記されているが、現在は前方部から後円部の一部にかけては数年前杉が植樹され、わずかに後円部の南側が松竹林となっているためにこの部分のみが表土を露頭させている。今回分布調査の折には遺物は一点も検出することはできなかったが、以前踏査した際ハケ目を有する壺型土器の破片と思われる土師器片1点を採集したことがある。それは小片であり詳細は知り得ないが、

五領式土器の新しいものである。

　規模等については王塚、后塚両古墳共に土浦市史の記載が現状では最も正確である。

　21）東台古墳群　土浦市木田余町東台4,301
　　　円墳（12）、（総覧）

　7）東台古墳群　土浦市木田余町東台
　　　円墳　占地（台地端）、内部主体（箱式石棺）、土取りにより消滅
　　　「木田余の台地の東端に位置し、山林や畑に数基の円墳が存在した。規模は平均5～6m、高さ1.2mの小墳であった。しかし現在は何れも消滅している。」（市史）

　この古墳群も全く記録を残さず削平された。分布調査中も地元の農家の人たちから、かつて耕作中に石棺が出土した話を何人かに教えられたが、今は全く平地とされていて、古墳群が存在したとは思えない。総覧の数が正しいとすれば少なくとも12基の円墳があったことになる。土浦市史では5～6mの円墳と書かれているが、石棺の発見を伝えることなどから古墳群としておくべきである。

　22）高津天神山古墳　土浦市下高津町
　　　円墳　径13m、高さ1.5m。（総覧）

　25）高津天神古墳群　土浦市下高津町天神
　　　円墳　占地（台地端）、内部主体（不明）、円筒埴輪
　　　「土浦市街を下に見下す下高津台地の最東端旧沼知邸内に2基の円墳がある。そのうちの1基を高津天神山古墳という。……なをこの西に続く国立霞ヶ浦病院の敷地内にも円墳が2～3基あったことが知られており、土浦市役所のある富士塚山にも円墳が存在したという。」（市史）

　ここでは、旧沼知邸内に2基現存しており、さらに西に続く台地に国立病院が存在することを考えれば市史の記載通り古墳群とすべきであろう。ただ土浦市役所に富士塚山という円墳が存在したというが、これも同一にすべきかどうかは問題がある。

23) 中高津古墳　土浦市中高津町

　　円墳　径13m、高さ1.5m。(総覧)

24) 中高津古墳　土浦市中高津町天川

　　円墳　占地 (台地)、内部主体 (不明)、消滅 (市史)

　この遺跡も全く記録がない。区画整理によって現在の天川団地が造成される際に削平されたという。円墳1基というのも気になるが、これは『古墳総覧』に記された径13m、高さ1.5m以外にその規模を知るデータは皆無である。

24) 天王山古墳　土浦市中高津町

　　円墳　径7m、高さ1m。(総覧)

23) 天王山古墳群　土浦市上高津町古館

　　円墳　占地 (台地端)、内部主体 (不明)、消滅。(市史)

　この古墳については総覧が古墳としているのに対して、土浦市史では古墳群とされている。そして市史にみえる如く全く記録がなく破壊されてしまった。古館は現在、八坂神社を残して削平され、一部に6号国道の土浦バイパスが走っている。この古墳群は、高津館跡に存在したといわれ、現在宍塚地区に移転した土浦ゴルフセンターの造成によって館跡と古墳群は破壊されたという。しかしここにも記録はない。ただ『茨城県遺跡地名表』1964年版には「1810、天王山古墳群 (古墳群・山林、円墳4基)」の記載がある。この古墳群の数を記録したのはこれが最初である。

25) 根本古墳　土浦市

　　円墳　径70m、高さ5m。(総覧)

21) 根本古墳　土浦市宍塚町向山

　　円墳　占地 (台地端)、内部主体 (不明)、出土遺物 (人物埴輪)。(市史)

　さらに市史の中で宍塚古墳群について紹介した部分があり、その中では本墳を14号墳として次のように記している。

　　「14号墳は、根本古墳あるいは人形塚と呼ばれる径約20m、高さ2mの円
　　墳である。」

　『古墳総覧』の直径70m、高さ5mとの間には大きなギャップがある。しか

し本墳も現在は削平され残されていない。この古墳は、土浦ゴルフセンターが上高津地区から移転する際に削り取られてしまった。幸い土浦市教育委員会の知るところとなり、墳丘の大半を削り取ったところで緊急調査が行われ、その一部を記録した。しかし破壊がひどくその形状を元に復することは不可能であった。そこには市史の規模が引用されている。

26）ひさご塚古墳　土浦市宍塚町
　　ひさご塚古墳群（総覧）

27）第1号古墳　土浦市宍塚町上郷坪
　　前方後円墳　全長111m、前方部の高5m、後円部の高7m、（総覧）

28）第2号古墳　土浦市宍塚上郷坪
　　円墳及び前方後円墳　円墳径22m、前方後円墳　全長25m。（総覧）

このデータは1964年版には、

　「1,807ひさご塚古墳群、土浦市宍塚町上郷坪、古墳群、山林、前方後円墳
　　3、円墳1」

とある。この記録は1970年版でも全く同様であるが、1974年版になると、字名から坪が消えて宍塚町上郷となる。ところが最新版の1977年に県教委が刊行した『茨城県遺跡地図』の地名表には再び「ひさご塚古墳」となって古墳群ではなくなっている。これを市史が紹介するところでは、

20）宍塚古墳群　土浦市宍塚町大日山ほか
　　前方後円墳、円墳、占地（台地端）、内部主体（箱式石棺）、一部昭和43、
　　44年発掘調査。
　　「この古墳群は、桜川下流域低地の南辺、宍塚集落の南側に続く丘陵地帯
　　にあり、入りくんだ谷津による複雑な丘陵上に一ないし数基の小グループ
　　に別れて分布している。かつては前方後円墳3基と多数の円墳とからなっ
　　ていたが、現在は削平されて消滅したものもあってかなりの数を減じてい
　　る。」

とされ、かなり詳細に記録されている。
　筆者は1982年12月21日と23日の両日、分布調査において半壊している3基

（1号、3号、4号）等を加えて14基の古墳を確認した。ただかつて存在した根本古墳の西側の丘陵上に国学院大学が調査した際の分布調査で5基が記されているが、4基の墳丘状の高まりを確認したが東端のそれは方形で墳頂に小祠を祭り、その次には50cmほどのわずかの地ぶくれを確認したにすぎず、ここでは西側の大形円墳2基のみを古墳とした。

また1983年7月5日、土浦市教育委員会の岩沢茂の案内で宍塚小学校の東に位置する般若寺でフェンスの取付作業中に横穴式石室の天井にあたったというので現地調査をしたが、この沖積地に突出する微高地上に南西に面すると思われる前方後円墳の存在を知る。これを竜王山古墳と命名する。これは宍塚古墳群から除外して単独墳として記録することにする。

以上が1959年記録された『茨城県古墳総覧』に記された土浦市内の古墳および古墳群である。次は『茨城県遺跡地名表』の1964年度版に新たに加えられた古墳および古墳群をみて行くことにしよう。

14）下郷古墳群　土浦市下郷1,936

　古墳群、山林、直刀、刀子、円墳3基（地名表64）

3）手野下郷古墳群　土浦市手野町下郷台

　円墳　占地（台地端）、箱式石棺が多い。出土遺物（土師器）。

「手野町下郷の台地、出島農業用水機場側の坂道を登りきった左右の丘陵松林の中が古墳群である。東側約100mのところに箱式石棺の石材雲母片岩1基分が積み重ねられている。この付近に径数mの小円墳が2基存在している。また西側に径数mの円墳2基と径約10mの1基が並んでいる。高さは何れも0.5mから1.5mほどの低いものである。近くに箱式石棺の石材が三ヶ所に重ねてある。なおこの西に天の宮と呼ばれるところがあり、大きな雲母片岩が2枚建っている。」（市史）

なおこの市史に記された下郷古墳群の一部に老人福祉センターが完成している。それは出島用水機場の北側丘陵上である。この工事に先立って土浦市教育委員会からの要請を受けて、1980年7月に12日間を費して3号墳と呼称する小円墳を発掘調査したが現在は完全に削平されてしまった。ただし2号墳と呼ん

だ円墳は老人福祉センターの築山として保存されている。その折に行った分布調査では10基の円墳の存在を確認した。しかしその時点ですでに4基は破壊されており、今回の3号墳を含めて5基の古墳が破壊されたことになる。

15) 船塚山古墳　土浦市田村船塚山中郷

　　前方後円墳　畑、土師器。(地名表64')

1) 船塚古墳群　土浦市田村町船塚

　　前方後円墳、円墳　占地(台地端)、内部主体(不明)、出土遺物(土師器)、削平され消滅。

　　「田村の高台、霞ヶ浦を見下す字舟塚に前方後円墳の存在していたことが知られている。その規模は全長21m、後円部径8m、高さ2.4m、前方部の長さ13m、幅9m、高さ3mと伝えられている。なお北側に数基分布していたといわれている。」(市史)

　この古墳群はすべての記録にこのように記されていて、すでに破壊されたかのようである。しかし1981年12月26日に踏査したところでは5基の古墳の現存を確認した。地元の人たちの話によると船塚山と呼ばれる前方後円墳が確実に1基破壊されたという。現在その部分のみが休耕畑として篠薮と化している。そのうちの1基が前方後方形を呈しているように思われたために、1982年2月の分布調査の際実測を行い1982年8月に発掘調査を実施した。前方後方墳であることは確認したが埋葬施設を発見することはできなかった。しかし墳丘より和泉期と思われる高坏2、盌(マリ)1個体を発見した。

17) どんどん塚古墳　土浦市東1,745

　　円墳　山林。(地名表64')

9) 真鍋どんどん塚古墳　土浦市真鍋町東

　　円墳　占地(台地端)、内部主体(不明)。

　　「真鍋町字東、善応寺墓地の東側丘陵上にどんどん山古墳がある。径約15m、高さ約2mの円墳である。墳丘上で跳ねるとどんどんと音がしたので古墳名となったのであろう。」(市史)

ということを市史は記しているが、地元の人の話によるとこの上で太鼓をたた

いて時をしらせたのでドンドン塚とかドンドン山と呼んだというのが一般的のようである。形状を観察すると現状からは古墳と断定することは不可能である。

18) 殿里古墳　土浦市
    円墳　山林（地名表64'）

10) 殿里古墳　土浦市殿里町八幡台
    円墳　占地（台地端）、内部主体（不明）、（市史）

この古墳については筆者らは発見することができなかった。土浦市教育委員会で保管している遺跡の台帳には「山林、桜川低地の北端、殿里の台地の突端にある。直径8m、高さ1.5m、円墳」と記されてある。茨城県南合同庁舎の南側に何ヶ所かの雑木の繁茂する地点があるが、荒れるにまかされている。

さらに土浦市史にはこの古墳と別の内部主体（箱式石棺）を報告している。
「土浦工業高校の南、国道125号線と旧筑波街道に狭まれた地点より、地下約50cmのところに天井石をおいた箱式石棺を出土している。規模は長さ1.96m…人骨3体、直刀3…」

と報告されている。おそらくこの周辺に何基かの箱式石棺を内部主体とした古墳が存在したものと思われる。

23) 幕下女騎古墳　土浦市幕下女騎
    前方後円墳　山林。（地名表64'）

22) 幕下女騎古墳　土浦市上高津町幕下女騎
    前方後円墳　占地（台地端）、内部主体（不明）、出土遺物（円筒埴輪）。
    「上高津地内の桜川低地に面する独立丘陵上、字幕下女騎の松林中に、前方後円墳がある。規模は全長約30m、後円部径10m、高さ2.5m、前方部の幅約8m、高さ0.5mと小型である。未発掘であるが、以前に後部裾より円筒埴輪らしいもの1個出土したと伝えられる。」（市史）

この古墳も現状では墳丘は完全に残されているが、桜川に面する北側は、墳丘裾まで土取りされて急崖をなしている。何らかの保存策を講じないと湮滅のおそれが充分に考えられる。

ここまでが1964年版の『茨城県遺跡地名表』によって追加した。茨城県教育

委員会では、1970年版の地名表を刊行しその中に1ヶ所の追加がある。
　44）木田余古墳群　土浦市木田余
　　集落跡　畑、直刀、人骨、管玉、円墳5。（地名表70'）
　8）木田余古墳群　土浦市木田余町浅間台
　　円墳　占地（台地端）、内部主体（不明）、削平されたもの多い。
　　「浅間台は土浦二中の東に当たり、2〜3基の円墳が台地端の畑にあったという。しかし現在は消滅している。」（市史）
　現在は畑の中に1基も古墳は存在しない。しかしこの市史に記された位置に浅間神社の小祠が存在し、台地寄りに前方後円墳が1基残されている。全長約30m、後円部径約20m、後円部高さ2mで北東裾に周裾に周溝の一部と思われる落ち込みも確認される。
　次に1974年版の茨城県教育委員会発行の『茨城県遺跡地名表』には2ヶ所の古墳が追加されている。
　49）矢作稲荷神社古墳　土浦市矢作町
　　円墳。（地名表74'）
　19）矢作稲荷神社古墳　土浦市矢作町
　　円墳　占地（低地）、内部主体（不明）。
　　「矢作は砂州状の地形にできた集落である。この矢作地内に現在円墳が1基、かつてはこの外に2基存在していたことが知られており、古墳群を構成していたものと思われる。現存する1基は、径23m、高さ4m、墳上に稲荷社を祀っている。未調査のため内部主体は明らかではない。この西にどんどん塚という地名がある。」（市史）
　稲荷塚古墳については問題はないが、筆者らが踏査した1982年12月24日には南側の裾に周隍と思われる落ち込みの一部を確認するが他は全く水平となっていた。ここで特記したいのは、市史に記されたドンドン塚なる字名のことである。この附近の畑の中で円筒埴輪片をかなり採集することができる。特に稲荷神社古墳とその西側墓地寄りの部分に多い、埴輪片の中には須恵質のものも含まれている。

50）田村上郷古墳群　土浦市田村町
　　円墳。(地名表74')
2）田村上郷古墳群　土浦市田村町上郷
　　円墳　占地（台地）、内部主体（箱式石棺）。
　「田村の高台、上郷部落の東側墓地の中にも径約10mの円墳があり、以前にその近くから箱式石棺が出土している。」(市史)

　市史に見える墓地の中の古墳を筆者らはD—50柏原南古墳と呼称した。さらに小字広月にもD—52とした上郷古墳がある。これらを同一古墳群と呼称することは、現在のように宅地の中に残っていると誤解をまねきやすく、別古墳として登録した。さらにD—58には池島古墳と呼称した円墳もある。これら3基が同一古墳群であったとするとかなり広範囲にこの周辺に古墳が存在したことになるが、今回はD—58は同一古墳群とせずにD—50とD—52を田村上郷古墳群の中で処理しておきたい。

　以上の古墳が土浦市史刊行以前に紹介されていたものである。1975年に刊行された『土浦市史』にはこれら以外にもいくつか紹介されているので、それを追加し、さらに今回新たに発見されたものを述べることにしよう。

6）不動塚古墳　土浦市神立町不動塚
　　円墳　占地（台地）、内部主体（不明）。(市史)

　市史には以上のこと以外の記載はみられない。これは古墳ではなく近世に構築された塚と思われる。すなわち底辺約10m、高さ約4m、上辺約5mほどの方形の塚で頂上に2基の石祠がある。さらにシイの大木によって鬱蒼としている。神立の台地上にあって、現在の県道石渡、馬場山、土浦線の西にあり、盛土の一部をこの道路が削り取っている。この附近に古墳は1基もみられず、地元の人々から不動塚と呼ばれて現在も信仰の対象にされているという。石祠の銘文等は全く読み取ることが不可能である。

11）今泉片蓋古墳　土浦市和泉片蓋
　　円墳　占地（台地端）、内部主体（不明）。(市史)
C—45）吹上片蓋古墳群　土浦市今泉町吹上

ここに言うC—45というナンバーは筆者らの分布調査の記号である。地番の詳細は前節を参照されたい。ここでは円墳2基を確認したが、それ以上存するだろう。それはあまりにもこの地区が荒れていて進入することが不可能であることによる。

12) 今泉堂原古墳群　土浦市今泉町堂原

　　円墳　占地（台地端）、内部主体（不明）。

　　「今泉の東端、字堂原の丘陵上にも径約10m、高さ約2mの規模を最大とする小円墳が3基存在している。」（市史）

筆者らはこれをC—36として記録している。そして5基の円墳の存在を確認したが、天の川に面する丘陵先端部分は背丈以上の篠に覆われ、4号、5号の詳細は不明の部分が多い。

13) 今泉八幡古墳　土浦市今泉町八幡

　　前方後円墳　占地（台地端）、内部主体（不明）、土取りにより消滅状態。（市史）

この古墳を筆者らはC—42八幡神社古墳と呼んだ。市史に記された通りでかなり変形している。しかし土浦市の古墳を検討する上ではきわめて重要なものと思われる。全長50mを越えていたものと思われ、愛宕山古墳等と共に今泉地区の古墳はこの古墳の存在によって注目されるものと思われる。墳丘の状況については小原俊巳の報告を参照されたい。

14) 常名大塚古墳　土浦市常名町大塚

　　円墳　占地（台地）、消滅、（市史）

この古墳については今回の調査では聴き込むことができなかった。しかしこの地域には時々耕作中に箱式石棺が発見されることがあるので古墳群が存在したことは確かである。

18) 常名山川古墳群　土浦市常名町山川

　　円墳　占地（台地端）、内部主体（箱式石棺）。

　　「天神山古墳のある丘陵の北、谷津を隔てた字山川に円墳が2基存在する。1基は墓地の中、他の1基は山林で共に径数mの小墳である。この近くの

畑中より石棺が出土している。」(市史)
この古墳群を今回はC—55として円墳2基を確認して記録した。
28) 大岩田大塚古墳　土浦市大岩田町大塚
　　円墳　占地（台地端）、内部主体（不明）、消滅
31) 五蔵古墳群　土浦市大岩田町五蔵
　　円墳　占地（台地端）、内部主体（不明）、土浦三高敷地、消滅
以上が今まで土浦市史で紹介された古墳および古墳群である。しかしそれでもまだ多くの古墳が知られることなく発見されたことは重要である。以下紹介すると次のとおりである。
　A—9　馬道古墳群は今まで全く学界には紹介されていないし、A—6南達中A地点では円筒埴輪片を採集した。A—9では3基の完全な円墳、1基の半壊、聴き込みによる破壊された1基の合計5基が確認された。特に完全な3基は径20mほどで高さは2mを越える円墳である。
　B—4　霞ヶ岡古墳は、単独で存在する小円墳であるが、その形状から近世の塚とは考えられない。
　B—10　桜ケ丘古墳は、分布調査中の道路工事中に箱式石棺が破壊され放置されていたものである。
　B—33　法泉寺古墳群は4基の円墳が残るが、2基は阿見町域であり五蔵古墳群と呼ばれたのかも知れない。
　C—41　吹上坪古墳群は今回発見した古墳群の中では最も大きく、前方後円墳3基、円墳4基からなり、円墳1基は削平されて石材が散乱していた。
　今回のような分布調査は単に遺物の包蔵地を発見するにとどまらず、こうした古墳群を発見したことにより、将来のためにこうした基礎データを残しておかねばならないことを痛感した。
　C—46　今泉古墳、この古墳は今泉の法泉寺の境内に一部残存するもので、大半が削り取られ、周囲に内部主体の石材と思われる板石3枚が放置されている。そのうちの1枚は2.5m×1.5mである。市史にもこの今泉城跡周辺で箱式石棺が3ヶ所から発見されたことを図示しており、ここにも古墳群が存在した

ことは確実である。

C—54 竜王山古墳は分布調査でも確認されず、1983年7月に発見された前方後円墳である。

D—21 馬坂古墳は手野の台地端にあり、円筒埴輪を有する小円墳である。

D—31 清水脇古墳は土浦市唯一の帆立貝型の前方後円墳であり、貴重な古墳である。

D—58 池嶋古墳は小円墳である。田村上郷古墳群や船塚山古墳群に隣しているが、地形的に異なるので別扱いとした。

D—72 根寄上古墳は小円墳である。

D—84 宮背古墳群は低墳丘の2基の円墳である。

これらはいずれも墳丘が残されているものであるが、D—16ドンドン塚は分布調査中に偶然の機会に地主の瀬戸沢氏によって教示されたものであって、この資料も今までは全く知られていなかった。

以上が今回の分布調査によって知り得た古墳に関するすべての情報である。そこでこれらを現存するものを中心として表示すると表9-1通りである。(この表ではすでに紹介された古墳群の中で1基でも現存するものがある場合には湮滅古墳群とせずに取り扱い、その中で湮滅された古墳のわかるものだけを＋印で示しておいた。また通し番号は茨城県におけるもので、1977年版『茨城県遺跡地図』によった)

まずこの表から現存する古墳および古墳群からその数を整理すると

前方後円墳　19　前方後方墳　1　円墳　66　方墳　4　（計）90

さらにこれに記録に残されたり、今回の分布調査で聴き込んだりして破壊されてしまった古墳は以下の如くである。(表9-2)

前方後円墳　2　前方後方墳　0　円墳　45　方墳　4　（計）51

この51基という数は破壊された古墳の最も少ない数であって、例えば木田余の東台古墳群は全壊しながらその数は不詳である。

さらに大岩田の五蔵古墳群や中村のともえ塚古墳も同様である。そうして観察すると破壊された古墳の数と現存する古墳の数が同数ぐらいとみるべきかも

表9-1　現存古墳および古墳群

記号	通し番号	古　墳　名	所　在　地	種　　　別
A—9		馬道古墳群		円墳（4）＋湮滅（1）
A—40	1823	不動堂古墳群		円墳（1）、方墳（1）
A—47	1821	大日古墳		円墳（1）
A—48	1822	浅間古墳		円墳（1）
B—4		霞ヶ岡古墳		円墳（1）
B—23	1812	高津天神山古墳群		円墳（2）＋湮滅（3）
B—27	1815	ひさご塚古墳		前方後円墳（1）
B—31	1816	中内山古墳群		円墳（5）、方墳（1）
B—33		法泉寺古墳群		円墳（2）＋阿見地区（2）
B—35	2826 1807	宍塚古墳群		前方後円墳（4）、円墳（10）＋（2）
B—36	3448	矢作稲荷神社古墳		円墳（1）
B—44	1809	幕下女騎古墳		前方後円墳（1）
B—47		竜王山古墳		前方後円墳（1）
C—21	2827	浅間塚古墳		前方後円墳（1）
C—34	1795	愛宕山古墳		前方後円墳（1）
C—35		愛宕山古墳群		前方後円墳（1）、円墳（11）＋湮滅（8）
C—36	4001	堂原古墳群		円墳（5）
C—41		吹上坪古墳群		前方後円墳（3）、円墳（4）＋湮滅（1）
C—42		八幡神社古墳		前方後円墳（1）
C—45	4000	吹上片蓋古墳群		円墳（2）＋a
C—46		今泉古墳		円墳（1）
C—53	1805	天神山古墳		前方後円墳（1）
C—55	4002	山川古墳群		円墳（2）
C—67	1804	殿里古墳		円墳（1）
D—1	1798	王塚古墳		前方後円墳（1）
D—2	1797	后塚古墳		前方後円墳（1）
D—21		馬坂古墳		円墳（1）
D—27	1800	下郷古墳群		円墳（5）＋a（5）
D—37		清水脇古墳		前方後円墳（1）
D—50		柏原南古墳		円墳（1）
D—52	3449	田村上郷古墳		円墳（1）
D—58		池嶋古墳		円墳（1）
D—59	1801	船塚山古墳群		前方後円墳（1）、円墳（1） 前方後方墳（1）、方墳（2）
D—72		根寄上古墳		円墳（1）
D—84		宮背古墳群		円墳（2）

表9-2　湮滅古墳

県通し番号	古墳名	所在地	種別
1802	東台古墳群	土浦市木田余町東台	円墳（数不詳）
1806	瓢箪山古墳	〃 常名町	前方後円墳（1）
1808	根本古墳	〃 宍塚町	円墳（1）
1810	天王山古墳群	土浦市上高津町古舘	円墳（4）
1811	中高津古墳	〃 中高津町天川	円墳（1）
1813	小松古墳	〃 小松町	円墳（1）
1814	三芳古墳	〃 小松町	円墳（1）
1819	石倉山古墳群	〃 烏山町石倉山	前方後円墳（1）、円墳（4）、方墳（4）
1820	ともえ塚古墳群	〃 中村町	円墳（数不詳）
	五蔵古墳群	〃 大岩田町	円墳（数不詳）、土浦三高
	大岩田大塚古墳	〃 大岩田町	円墳（1）
	桜ヶ丘古墳	〃 小岩田町	円墳（1）
	ドンドン塚古墳	〃 矢作町ドンドン塚	墳形不詳
	根鹿北古墳群	〃 今泉町	円墳（10）
	どんどん塚古墳	〃 手野町	円墳（1）

知れない。

　以上が1983年12月31日現在の土浦市における古墳の実態である。しかし私はこれがすべてであり、この分布調査が完全なものと思っていない。それはここ10年来の燃料革命によって雑木林の手入は全く行われず、松林はそのためもあろうか松喰虫の被害で土浦市から消え、至る所に立枯れ状態で放置されている。しかも最近では枯死した松が風で倒れ道路を塞いでいる場合もある。そのために踏査するにしても20年前には考えられないほどである。その荒れた雑木林やかつての松林の中に小円墳がこれ以外には存在しないとは断言できないことを書き添えておきたい。

5　鬼怒川中流域における古墳文化の展開
　　——関城町関本地区を中心として——

1　はじめに

　茨城県の西部地帯を南流する鬼怒川は、現在千葉県境で利根川に合流して、銚子附近で太平洋に注いでいる。しかし古くは分離し、一方は東京湾に注ぎ全く異なる文化圏を形成していた。
　この川の流域における考古学的研究は部分的に行われているものの系統的には全く進展していない。特にここで取り扱う中流域については無に等しくわずかに故藤田清・中村盛吉等が資料の紹介をしていたにすぎない（藤田編 1972）。
　筆者は、1984年度から関城町史編纂に関係することになり、この地区の遺跡に親しく接する機会を与えられた。以来1年余、未だ不十分ではあるが、知り得た遺跡の中から古墳に関して中間報告の形で紹介しておきたい。

2　研究抄史

　この地域での古墳研究に関しては鳥居龍蔵・塙瑞比古・吉田章一郎等の研究が知られている。特に前2者は関本地区の古墳について論じており、後者は水海道市から石下町にかけての古墳群の調査を記録している。
　1928年鳥居龍蔵は船玉古墳の報告の中で周辺の古墳について次のように記録している。「船玉古墳から30間ばかり離れた南方に弁天塚と称する古墳が1個あり、なお15、6町南方に離れた所に桜塚と称するそれが1個ある。」（鳥居

1928)

　さらに船玉古墳、弁天塚古墳、桜塚古墳には埴輪が存在するとも記している。船玉古墳の円筒埴輪については、「その周囲には埴輪樹物が樹てられて居ったらしく、昨年塙氏は此処から埴輪円筒の小破片1個を得られたのである。」と記している。

　船玉古墳については1932年にも荒井庸夫によって報告されている。

　1933年には塙瑞比古によって上野所在の箱式石棺が報告された。その中でも周辺地区の古墳に言及されている（塙 1933）。

> 「此度発見された石棺の側には、チャホー塚（桜塚）と呼ばれる前方後円墳があり、尚5、6丁南方の上妻村地内には、ビク塚と称せられる古墳群（前方後円墳2箇、円墳4箇、其他土の高まりによってそれと知られる程度のもの数箇）があり、鬼怒川畔に於ける古墳群の1地方と認むべき土地である。」

　この報告の中で注目したいことは、チャホー塚古墳と桜塚古墳とを同一視している点である。さらに

> 「此度発見された石棺は、此の古墳群の1つであったが、既に封土は耕されて、畑地となって居った所、偶然耕作中、地下から発見されたものである。側らにチャホー塚（桜塚とも呼ばれる）と称せられる前方後円墳があるが、此の塚は現在では、前方部の一部は切取られ、原形は失われていると云へども、前方後円墳であった事は、確かに認め得られる。」

と述べ、上野所在の箱式石棺をチャホー塚古墳の陪塚であったと結んでいる。

　以上2つの報告は、鬼怒川流域の古墳を研究するうえで重視しなければならない。

　ただ双方共に中央の学術雑誌に紹介されたため、一般には接する機会が少なかったことも事実である。そうした点を考慮すると、船玉古墳を地方史研究の立場で紹介した谷貝氾子の報告は注目に値する（谷貝 1952）。

　吉田章一郎は、1958年から62年にかけて水海道市周辺の古墳群を継続的に調査し、その成果を公表した（吉田 1962）。その中で吉田は、「水海道市及びその

周辺の古墳の分布」という1項を設けて詳細な古墳の分布を紹介している。

この調査によって現在の利根川と鬼怒川の合流地帯の古墳の実態が明らかにされた。

1974年、斎藤忠、大塚初重等を中心として『茨城県史料古墳時代編』が刊行された（斎藤他 1974）。

これは県下全域の古墳時代資料を紹介し、特に鬼怒川流域では、下館市葦間山古墳、下妻市観音山古墳と共に船玉古墳、上野古墳等が含まれている。上野古墳を紹介した最後の部分に次の一節がある。

「この古墳の西北近くチャボ山といわれている小丘陵が存する。塙瑞比古は、チャホー塚、桜塚または茶焙子塚として紹介し前方後円墳と考えた。チャホーは茶を煎じるときに用いる茶焙子に似ているための名称となしている。しかし現状についてみると、前方後円墳としての徴証に乏しい。」

以上が鬼怒川中流域における古墳研究の現状である。これらをみてもおわかりのように船玉古墳と上野所在の箱式石棺の報告に終始しているといっても過言ではない。

筆者はこうした成果を踏まえて、関本地区の古墳を再検討していきたいと思う。

3　今次調査の成果

茶焙山古墳
チャホウヤマ

鬼怒川に面する標高30mほどの低丘上に南西に面して築造されたと思われる前方後円墳？

まず名称について触れることにしよう。塙瑞比古は桜塚古墳とも呼ばれるという。今回の調査において上野地区の北側に当る桜塚という集落は、この古墳を含めていないことを知る。桜塚という地名を古老に尋ねると、桜町天皇の御陵から出たという。真偽はともかくとして、桜塚の地名の起源が古墳等から発生したことは考えられる（後出桜塚古墳参照）。

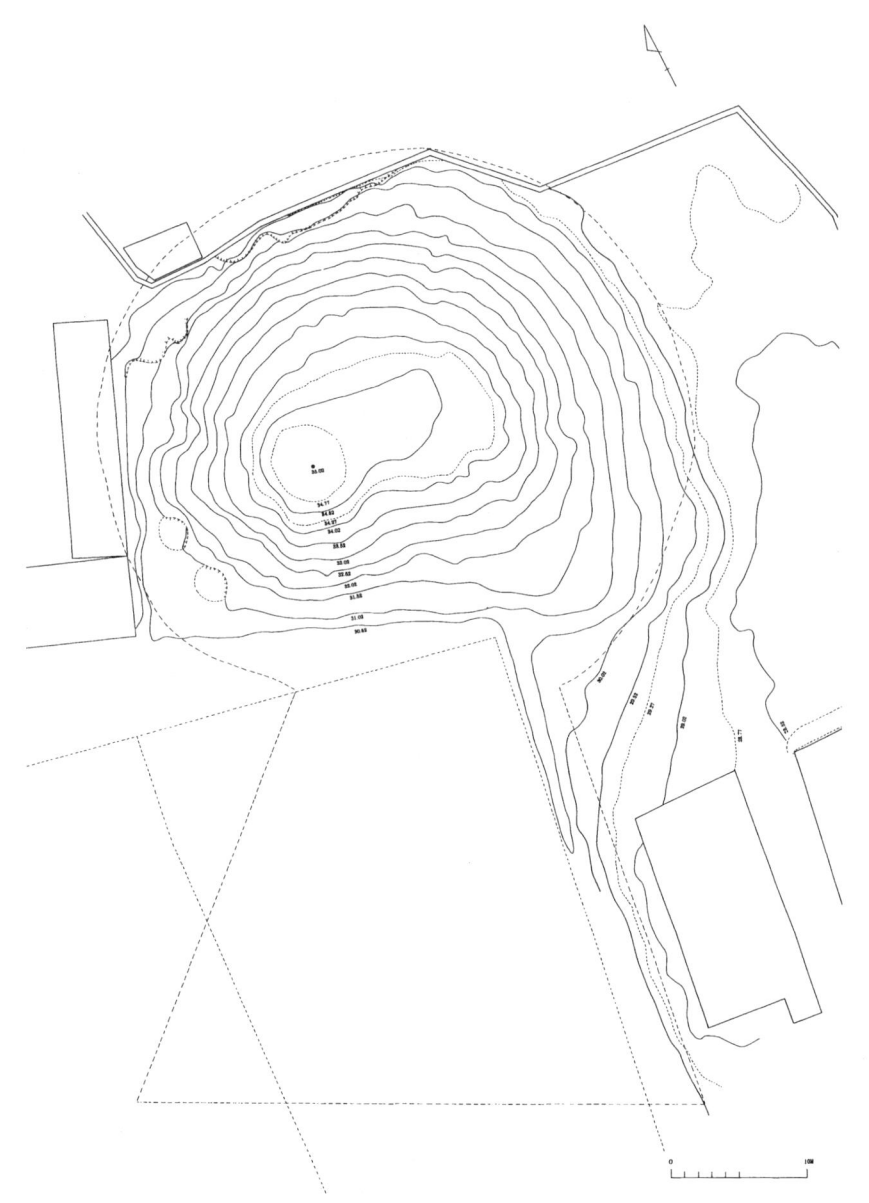

5 鬼怒川中流域における古墳文化の展開 175

図41 茶焙山古墳実測図（茨城大学史学教室実測）

しかし本墳を桜塚と呼称することは誤りで、里人に親しまれた茶焙山を使用することが妥当と思われる。

本墳を学界に紹介したのは塙である（塙 1933）。

「此度発見された石棺は、このチャホー塚の後円部頂上から、西へ約１５間、前方部の側面に位している。古老の言に依れば、以前は此の地は、幾分土が高くなっていたとの事なれば、恐らくチャホー塚の陪塚としての円墳であったろうと想像される。」

と述べている。

これに対して先に紹介した『茨城県史料』には「前方後円墳としての徴証に乏しい。」と結んでいる。

これら双方を整理すると、塙は上野古墳と茶焙山古墳は別個の古墳であって、上野古墳は茶焙山古墳という前方後円墳の陪塚であるという。それに対して県史料では上野古墳と茶焙山古墳は別個である点では塙と同様であるが、茶焙山古墳を前方後円墳とすることはできないという。

筆者は町史編纂という立場で現地踏査を実施した。その結果両説に従うことに矛盾を感じた。その第１は石棺発見者の中川啓に箱式石棺が存在したと伝えられる場所を教示されると、茶焙山古墳の現墳端より約30m附近であった。上野地区の人々の中にはもう少し墳丘寄りであったのではないかという人もいる。

第２は茶焙山古墳から採集できる円筒埴輪が太形でしかも須恵質を含んでいるが、それは中川啓宅に保存されている上野古墳の箱式石棺の石材の周囲に集められたものと同一である点である。

第３は上野古墳の主体部である箱式石棺が北東を主軸にしている点である。この方向は第１点でも指摘したように茶焙山古墳と接近しすぎて陪塚にはなり得ない至近距離である。

この問題を解くために本墳の実測調査を1985年に行った（図41）。

墳丘測量の結果、茶焙山古墳は現在後円部の一部と前方部の大半が削平された可能性が強くなった。しかし墳丘東側にわずかながらクビレ部と前方部の痕跡が認められる（図41）。

それは墳頂部から5〜6.25mのコンターである。この附近は荒地のためにこれ以上の図化を断念せざるを得なかったが、クビレ部と思われる。さらにこの6.25mと6.5mとのコンターを追求すると不規則ではあるが南側にUターンして周隍となる。この高さでは湿地となっている。周隍は全体の東側のみが図示できたが、後円部の北側から西側にかけては民家となり、南西側では削平されて陸田化している。

　測量によって得られた数値を検討すると、後円部の高さ6.5mを墳丘東裾で捉えることができる。これを西側の牛舎附近で計測すると5.71mと80cmほど高くなり、南西部に進むに従って高くなる。段差の存する牛舎附近で5.19m、その上面の陸田面で4.75mでほぼ水平である。東側と同様に周隍が存在したとすると陸田面では1.75mも客土したことになり、注目しなければならない。牛舎附近までは周隍と想定されるが陸田面は客土され水平である。

　後円部は直径40〜42mで東側の周隍幅は約20mを有する。

　こうした観察に基づき本墳を南西に面する前方後円墳と推定し、塙の報告した箱式石棺は墳丘の主軸にやや直交する埋葬施設であった可能性が強い。

　次に前方後円墳の場合、その全長を何によって決定すべきであろうか。そのために少し詳しく本墳の観察をする必要がある。

　第1は埋葬施設の推定である。もちろんこれは発掘調査を実施すれば、箱式石棺を取り除いた跡の掘り方が検出されるはずであり、その位置は確められる。それが許されない現在、記憶と記録から推察することが可能である。箱式石棺は前方部に主軸にやや直交して埋置されていたものと思われる。次にこの箱式石棺内の遺体についての記録を検討すると次のようである（塙 1933）。

「石棺内部は全体が朱を以て相当の厚さに塗られ、其の中に頭蓋骨、脛骨、臼歯、犬歯等人骨の一部が残って居ったのである。」

　これは追葬が行われず単一埋葬であったことを意味している。このことは古墳築造の年代を考えるうえで注意しなければならないし、石棺内の副葬品の豊富なことを切り離すことはできない。

　最後に円筒埴輪の問題がある。その形状が太形であり、しかも須恵質を含む

点で 6 世紀の第Ⅱ四半期を下らない時期が推定される。しかも茶焙山古墳の円筒埴輪は大量であり、ある程度の規模を有する古墳が考えられる。

こうした状況から本墳のプロポーションを推定したい。前方部に埋葬施設を設けた前方後円墳で、しかも埴輪を樹立した例を県内であげるとすると、筆者の知るところではわずかに大宮町一騎山4号墳、内原町杉崎コロニー87号墳、麻生町南古墳等である。

しかしこれらの資料は必ずしも中心主体部を前方部においたものではなく、これらを参考として墳丘のプロポーションを推定することは不可能である。

次に埴輪は樹立されないがクビレ部から前方部に埋葬施設を有する資料となると多い。比較的規模の大きなものでは、鹿島町大塚古墳、出島村稲荷山古墳等がある。大塚古墳は帆立貝式前方後円墳であるため参考とならず、稲荷山古墳が残る。稲荷山古墳は後円部に主体埋葬施設である横穴式石室を有するものでクビレ部附近に箱式石棺が埋置されていた。この古墳の平面形は前方部がかなり発達したものである。これらも時期的にやや下降している。そこで次に墳丘の周囲に周濠が明らかなものをあげてみることにしよう。

平地の例としては玉造町三昧塚古墳があり、時期もそれほど開きがないものと思われる。三昧塚古墳を参考に上田宏範の最近の研究成果を踏まえて（上田1985）プロポーションを復原したのが図41である。六連比を使用して後円部直径42mの係数は7mである。それを三昧塚古墳同様に6対2対2で復原すると全長70m前方部幅39mという数値が得られる。これは6対1対3であっても変化はないが、鹿島町夫婦塚古墳のように前方部が極端に長い形をした前方後円墳であった場合には通用しなく、玉里村舟塚古墳や出島村瓢塚古墳のように前方部が極端に高い場合でも70mを越えてしまう。ただ現状から鹿島町大塚古墳のような帆立貝式前方後円墳を想定することは不可能といえよう。

正確を期すためには陸田化した場所を発掘調査することが必要である。

東京国立博物館に保管されている上野所在箱式石棺から発見された副葬品を観察すると、県下最大級の資料であって、単なる陪塚から発見されるようなものではない。まさに国造級の奥津城を想わせる。そうした点を考慮すると、従

来上野古墳として茶焙山古墳と分離されていたが、筆者は同一古墳であり、あの箱式石棺は茶焙山古墳の第2主体部の可能性が強いと考えたい。

桜塚古墳

　本墳は茶焙山古墳の北西約300mの同一丘陵上に構築されている。現在は桜塚地区の鎮守である稲荷神社が鎮座している（図42）。

　最初に桜塚古墳の名称について触れねばならない。分布調査に使用した関城町の住宅地図によると、この古墳の一帯には桜塚北、桜塚南、桜塚東、桜台等の俗称がある。茶焙山古墳を桜塚と呼称することの誤りの根拠はこの俗称である。これらの地名はすべて茶焙山古墳の北側であって、具体例を示すならば、茶焙山古墳の北側および西側に隣接する一帯が桜塚南と呼称されている。

　桜塚地区のほぼ中央にこれから紹介しようとする無名墳がある。直径約30m、高さ3.5mを有し、墳頂平坦部にはこの地区の鎮守稲荷神社が西面して鎮座している。この無名墳をこれから桜塚古墳と呼称することにする。この桜塚古墳を中心として周辺には10基近くの古墳が存在したというが現在では2基が残るのみである。1基は桜塚の南西50mの為貝弘宅の裏に小規模な前方後円墳と思われる墳丘の一部が残されている。1基は小円墳で桜塚の南東約100mの塚田包一宅内にある。

　桜塚古墳は古老の弁によると南西方向に瓢形をしていたという。その一部が長沢茂宅の東側の竹林中に見られる小マウンドであるという人もいる。古老の記憶が正しいとすると全長40m以上もあり、神社の南側の道路敷設の際削り取ったとすると、前方部がかなり低かったと思われる。町史編纂室の簗建司に案内されて古墳と確認した際墳丘で五領期の新しい時期の壺型土器の破片3個を採集しており、埴輪や葺石等が存在しない点を考慮すると、本墳は5世紀前半を降らない時期に築造されたと推定される。

　実測図に従いながら現在の墳丘の状況を詳述しておこう。図42に示すように前方後円墳であった痕跡は認められない。

　墳頂部は海抜は34,67mでそれより3.25m低いコンターが不整形ながら墳丘を

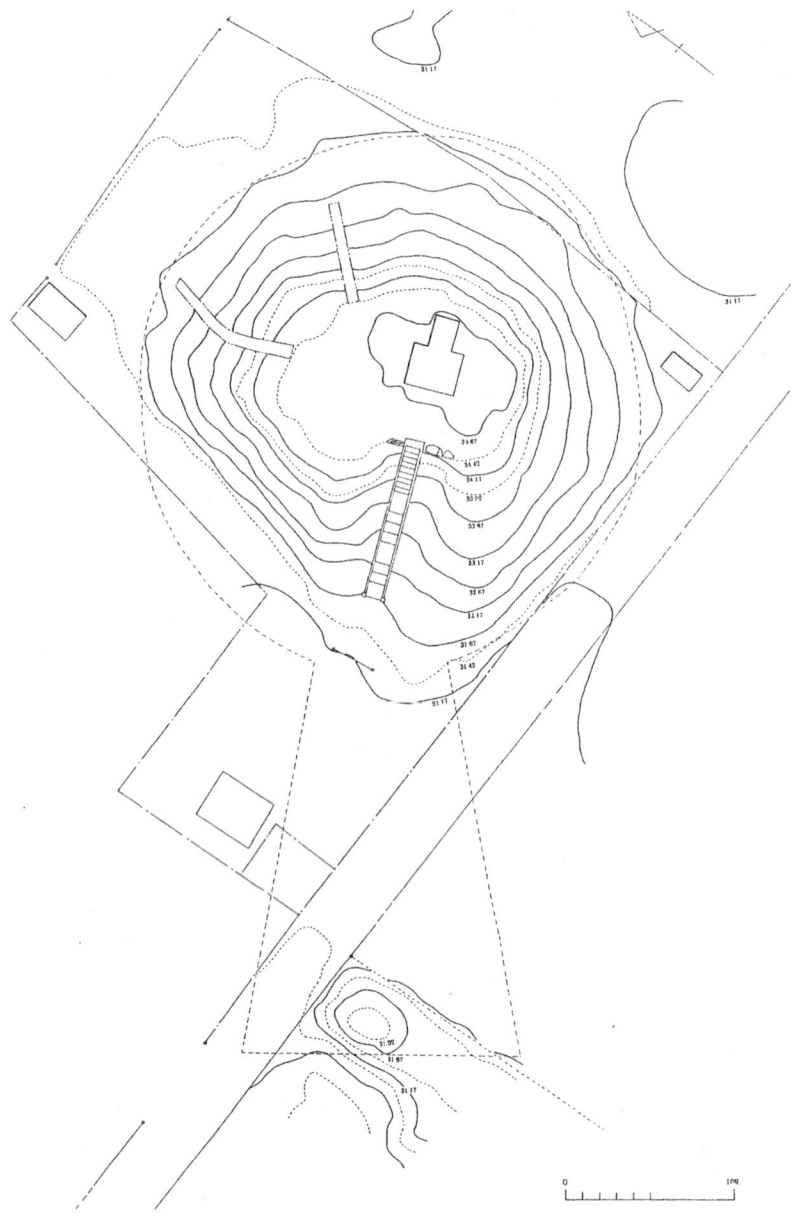

図42　桜塚古墳実測図（茨城大学史学教室実測）

巡る最低ラインである。しかし西側には3.50mのラインが存し、これ以下は図示できない。墳丘の東裾の竹藪の中では3.50mが周隍ラインとなる。

　自然地形は東側から西側へわずかではあるが傾斜している。神社の鎮座する墳丘はかなり変形しているが、その中でも墳丘の南東側は旧状に近い弧を描いている。そこで南東側で比較的よく残っている32,67mで円を復原すると直径22mを計測することができる。この数値を根拠として墳頂下3mすなわち海抜31.67mで円を復原すると直径約30mとなる。墳丘の東南部には3.5mのラインもあり、実際の直径は30mを越えたかも知れない。図42では直径30mで図示しておいた。それはこれより小さくならないという数値として理解していただきたい。

　次に本墳が前方後円墳であった場合を検討しておきたい。

　稲荷神社の鳥居から南西約20mの道路寄りに高さ1mほどの小マウンドが残されている。正確にはそのトップレベルは桜塚の墳頂より2.6m低く、道路面が3.75mであるから高さは1.15mとなる。しかし西裾では4.41mと道路より70cm低い。その結果長沢宅から観察するとかなりの高さが想定される。それは長沢宅の整地によるもので実際の盛土部分は50cm程度である。この小丘を前方部の一部と想定し、図42のように小マウンドを前方部先端とすると全長50.25mという数値が得られる。桜塚古墳の直径を30mとして得られたこの数値を上田氏の六連比を検討すると、後円部を5mの係数で6とすると、3対1.5という連比が可能となる。この数値は大洗町鏡塚古墳と同様な数値である。前方部の全く存在しない桜塚古墳を積極的に前方後円墳と主張することは危険であるが、古老の伝承、墳丘採集の土師器、そして6対3対1.5のプロポーションの復原等を考慮すると前方後円墳であった可能性が強くなったことも事実である。茶焙山古墳同様、確認調査が必要である。

西山古墳

　鬼怒川に面する海抜30mの低丘上に北面して構築された前方後方墳。現在浜名尚文宅の西側に位置し、杉の屋敷林内に円墳と共に存在する。

西山古墳の名称は浜名レイの教示による。俗称安塚と呼ばれるこの地区には西山古墳を含めて5基の古墳が現存している。本墳を除いた4基は円墳である。

古墳2基を屋敷林内に所有する浜名家は旧家で「千石」の屋号をもち、かつては屋敷西側に舟付場を有したという。そのためにこの墳丘がそうした時代の土塁の可能性も考えられなくもないが、附近に古墳も多く、実測の結果図10（本書30頁）に示すような形状を呈するため前方後方墳として紹介したい。

本墳は全長20mの県内で最も小規模な前方後方墳である。実測図に従いながらその概要を紹介する。墳頂部の最高レベルは海抜33.61mで墳丘の高さは1mほどである。墳頂平坦部は認められない。墳頂より20cm下ると南北3.2m、東西2.2mの不整楕円形を示す。40cm下ると南北6m、東西3.5mの矩形に近くなり、60cmでは前方部と後方部が分離し、前方部先端が直線的となる。70cmでは前方後方形にコンターが走り、その全長は17m、後方部幅6m、前方部先端幅3.5mを計測する。80cmに下ると東北側は大きく乱れ、北側では溝の一部が図示される。全長は19mである。1mに下ると後方部のみコンターが示され、東裾に溝が図示される。ここでの全長が20m、後方部幅7m、前方部先端幅7m、高さ後方部1m、前方部38cmを計測することができる。

以下はゆるやかに傾斜して水田面に達している。

このように観察してくると、周溝の存在等から人為的な盛土であることが考えられ、しかも前方部先端や後方部東裾の溝は土塁等に認められる類のものではない。筆者は鬼怒川流域で最近まで類例のなかった発生期の前方後方形をした埋葬遺跡と考えたい。

弁天塚古墳

鬼怒川に面する低丘上に構築された帆立貝式前方後円墳？　墳丘は造り出しを東南方向に設けているようであるが、県西自動車教習所によって客土されているため確認することは不可能である。さらに墳丘全体に杉、椎等が繁茂し、見通しが悪い。墳頂部には南面して2基の石祠があり、南側に参道が設けられている。墳頂平坦部は狭く径2m前後である。

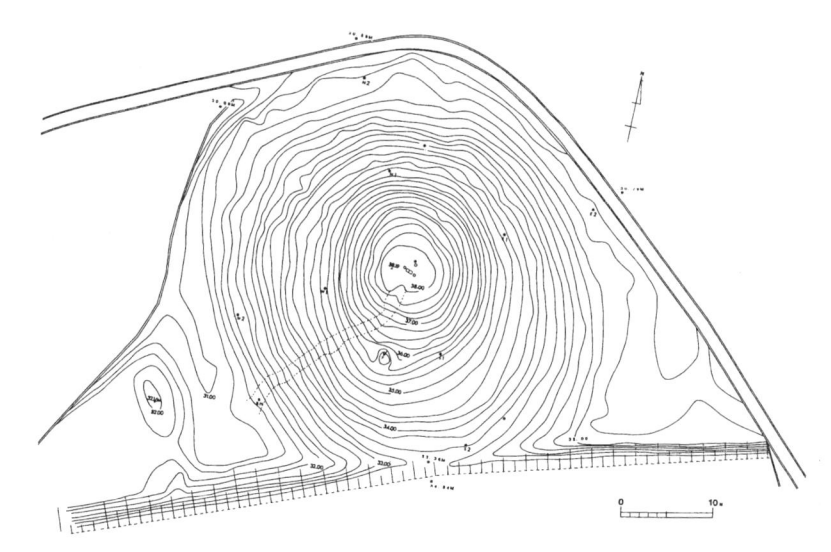

5 鬼怒川中流域における古墳文化の展開　183

図43　弁天塚古墳実測図（茨城大学史学教室実測）

　墳丘の高さ約5m、南北裾に周隍の痕跡が認められる。1985年4月までは本墳と自動車教習所の間に幅4m程度の農道が存在して、墳丘の一部を削り取ったことが確かめられたが現在は古墳の一部まで埋め立てられている。今回の調査では墳丘測量を実施することができなかったが、外景観察から全長40mを越える古墳であることが確かめられる。また墳丘の中段に小児頭大の河原石数個が散乱しており埋葬施設の可能性もある。

　最後に弁天塚古墳に関する記録を整理しておこう。本墳についての記録は鳥居が最初である。「船玉古墳から30間ばかり離れた南方に弁天塚と称する古墳が1個あり……」と述べ、さらに堝も弁天塚古墳の存在を記録している（鳥居1928）。

　特に注目したいのは藤田清の報告である（藤田 1972）。

　　「弁天塚大古墳は円墳であるが、現在盗掘はされていない。同古墳よりは、
　　上の図に示すような大円筒埴輪や埴輪足が出土している。」
とし、突帯2条の円筒埴輪のスケッチが示されている。この古墳から埴輪が発見されることについては鳥居も次のように述べている。

「一体このあたりの古墳—弁天塚・桜塚等には埴輪樹物が存在して居るから……」
筆者は何度か足を搬んだが埴輪の存在を確認することはできなかった。

船玉古墳

　弁天塚古墳の北西約300mの低丘上に構築された方墳である。墳丘の北西部に周隍が残り、一辺35m、高さ4mを測り、墳頂部はかなり削平されて八幡神社が南面して鎮座している。その参道石段の西に接するように横穴式石室が開口している。複室構造の横穴式石室でその全長約11.0m、奥室長は5.05m、幅奥壁部で2.75m、玄門部で2.35m、前室は長さ3.20m、玄門部幅2.36m、羨門部1.78m、羨道長2.14mを測る。石材はかなり大形の板石を使用し、奥壁1枚の板石を軸として、東壁が1・2・1枚の4枚からなり、西壁は2・1・2枚の5枚から構成されている。さらに前室と玄室の入口にはそれぞれ2枚の袖石と1枚の框石として板石が組み込まれ、各2枚の天井石が確認される。前庭に当る部分には見学者用の石段が設けられている。

　この石室は常陸最大の規模を有するだけでなく、赤・白の顔料を用いて石室内に装飾が施されている。その図柄についてはすでに江戸時代から開口され、里人の出入が自由であったために保存状態があまり良くない。

　筆者らはその現状の原寸図化を実施し、現在整理中である。

専行寺古墳

　茶焙山古墳の東南約400mの低丘上に存在した直径20mの円墳である。分布調査中に削平された墳丘下の箱式石棺を発見。1985年7月茨城大学人文学部史学第6研究室によって発掘調査を実施した。

　石棺は東南裾に存在したもので、主軸を東北におき、遺骸約4体が追葬されていた。石棺内部からは直刀2、刀子1、鎌1、釣針1、鏃2、ガラス小玉等が伴出した。

　墳丘は全く認められず、地山ローム面を掘り込んだ隅丸長方形の土壙内に妻

石各1、南側石1、北側石2、蓋石3枚、床石3枚からなる箱式石棺が埋置されていた。

石棺の内法は直径1.9m、短径40〜45cmである。遺骸は東枕3体、西枕1体と思われる。

塚原古墳

本墳は江連用水の東、小貝川の支流をなす糸繰川によって開析された低丘陵の先端部に形成された小古墳群中の1基である。

現在は山林中に円墳1基が残り、大きく削り取られた工場敷地の西端にわずかに墳丘の痕跡をとどめる1基を知るのみである。ここに紹介するのは後者の埋葬施設である。

1960年4月、土地所有者竹内猶一が当時麦畑であった現在の工場敷地の北西隅に存在した墳丘の一部を保温折衷苗代用の床土に使用するため土取りしたところ、地下1.3mで箱式石棺の蓋石を発見したという。

このことは今回の分布調査の際地元の人々の教示によって知ることができた。幸いこの記憶が町史編纂室の簗建司によって、発掘当時の克明な記録を発見する端諸となった。さらに下館警察署の協力によって下館署長から文化財保護委員会へ提出した書類の発見につながった。

それは昭和35年4月16日付で現品を添えて下館警察署に提出された「埋蔵文化財提出書」である。

以下関城町が昭和35年4月14日付で作製した「埋蔵物発見報告書」に従ってその概略を紹介しておきたい（渡辺 1960）。

墳丘についての記録はなく、箱式石棺について詳しい。蓋石が7枚からなり、最初4枚を置き、継ぎ目に各1枚を置いて粘土で目張りが行われていた。蓋石を除去すると2体の人骨が南北交互に置かれ、上が南枕、下が北枕であったというが、人骨の量から4体分は存したが他の2体の埋葬状況は記されていない。石棺内は朱彩され、側壁は妻石各1、側壁各5の計12枚の板石が使用されていた。

その内法は直径2.3m、短径45cmを測る。石材は花崗岩とあり、その厚さは約5cmと記している。副葬品として直刀2、鹿角製刀装具1、刀子1、鈴釧1、鉄鏃片20等が出土している。特に注目したいのは鈴釧である。略図が示され、釧の内径16cmとあって、長径1.5cmの鈴の5個ついている。

以上の記録をもとにこうした副葬品の追跡調査を行ったが、残念ながら当時の関係者は少なく、その行方を知ることはできなかった。

駒塚古墳

本墳は関東鉄道常総線黒子駅の西方約300mに位置している。海抜30m程度

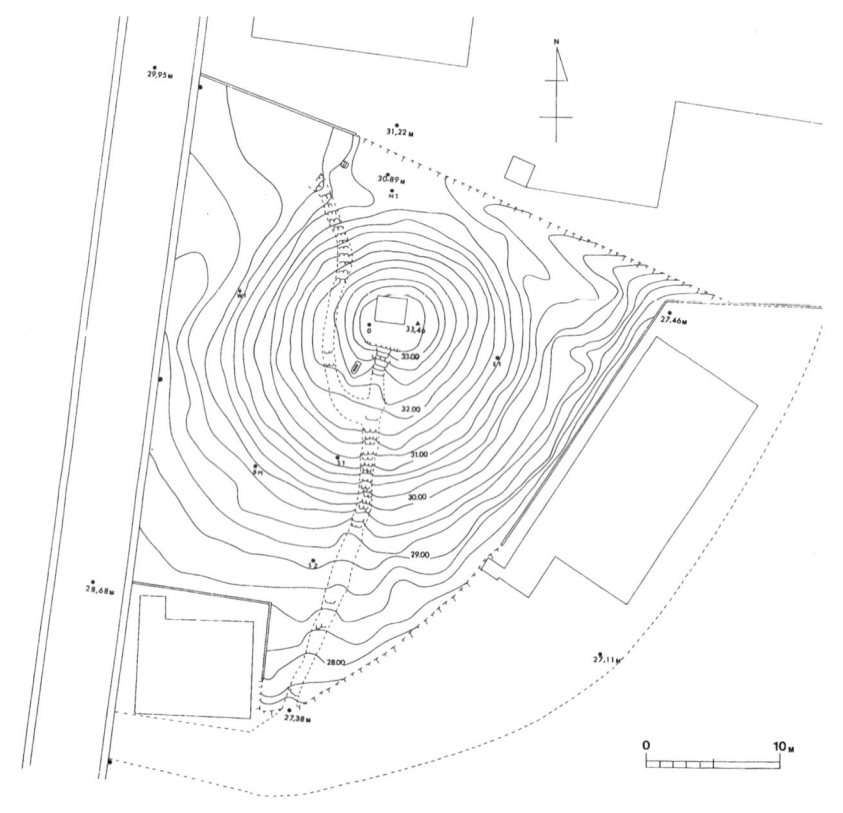

図44　駒塚古墳実測図（茨城大学史学教室実測）

の自然地形を利用し、小貝川の支流内沼川に面する支谷が周隍状をなしている。周辺部がかなり変形して旧状を知り得ないが、南面する前方後円墳の可能性もある。全長約50mで後円部に南面して御嶽神社の小祠が鎮座する。墳丘全体は樹木に覆われ、さらに廃土や廃材が投棄されていて詳細を知ることはできない。

太晃稲荷古墳

　藤ケ谷の大宮神社に合祠されている太晃稲荷は戦前西原地区に存したという。坂入正夫の教示によるとこの神社は大墳丘上に鎮座したが、1938年、下館飛行場を造成する際に削平されたという。軍部が工事を行ったために詳細は全く不明とのこと。かなりの規模を有する墳丘で、墳頂部から周囲の樹木を見降ろすことができたという。

　現在は全くその痕跡さえも残されていない。

4　まとめ

　筆者は町史編纂という性格から関城町というきわめて限定された地域の中で、与えられた時代の歴史資料の掘り起こしに努めてきた。

　本稿で紹介した古墳はその一部である。しかし考古学の常道である発掘調査を伴わない外観の調査であるため限界も多く、曲解も存すると思う。町史執筆に先だってその成果を紹介したのは、そうした過ちを少しでも少なくしたいと考えたからである。先学諸兄のご教示、ご叱正を切に願う次第である。

　仮にここに紹介した遺跡の観察が正しいとするなら、従来あまり知られなかった新治国造の性格を検討する上できわめて注目されることになろう。『国造本紀』に見える新治国造は「志賀高穴穂朝御世、以美都呂伎命児、比奈羅布命。定賜国造。」とあり、新治国造の領域が古来真壁郡協和町から真壁町・明野町・関城町・下館市等を含む地域とされてきただけに注意しなければならない。

　この地域の主要古墳として斎藤忠は、「真壁郡・下館市附近には前方後円墳、

円墳があり、ことに最近調査された下館市女方古墳群の中には優秀な埴輪土偶の出土したものもある。また関本町大字舟玉には装飾壁画をもつ横穴式石室があり、同大字上野には鈴付銅器、短甲、馬具等の出土した一種の箱式組合石棺が発見された。」と述べている（斎藤 1957）。しかし新治国は、久自・茨城・仲等から比較すると高や筑波とともに主要古墳があまり知られなかった。しかし、筑波国については最近筑波大学の積極的な調査によってその欠が補われている（増田 1982）。

　関城町が大化前代の国造制段階では新治国造の支配領域であったことは多くの研究者の認めるところである。そして今度の調査によって従来知られていた上野古墳や船玉古墳のほかに、この地域に首長墓の変遷をかなり整然とたどり古墳を記録したことは、今後の研究にとって注目されるだろう。しかし調査は未だ不充分であり、本稿では新たに確認した資料紹介にとどめ、その歴史的背景については町史の通史編の中で検討したいと思う。

＊追葬された人骨の詳細については、聖マリアンナ医科大学解剖学教室の森本岩太郎博士によって調査研究が行われている。詳細は改めて報告したい。

〔付記〕その後、筆者らは以下の調査報告を行っているので参照されたい。
　　茂木雅博他『専行寺古墳発掘調査報告書』関城町教育委員会、1986
　　茂木雅博編『関城町の遺跡』関城町史編纂室、1988
　　茂木雅博他「茨城県関城町駒塚古墳・弁天塚古墳の測量調査」『博古研究』18、1999

6　須和間12号墳と水鳥の絵

1　須和間12号墳の調査

墳丘の測量

　本墳は1号墳の東53mの傾斜変換線に築造された円墳である。調査時は冬作物が休耕されており、夏作の芋畑の畔が残されていた。

　測量によると墳頂と思われる高さは海抜23.15mで東南部では、42cmが最も低く、コンターは0と-25cmの2本を図示された。墳頂部から50cm下ると、東南側ではコンターは開いてしまい円形に閉じない（図45）。

　以下同様で200cmからは全く墳丘を想定することはできない線となっている。150～175cmでは南西裾にわずかに孤を描くにすぎない。

　測量図から観察すると傾斜変換線に築かれた小円墳であることを知る。この変形した小円丘の西側に墳頂から幅約6m、長さ12mにかけて岩硝片が散布されている。これらは耕作のため粉末状になり、灰白状に散乱していた。

墳丘規模の確認調査

　発掘調査は、墳丘の規模を確認することと埋葬施設の実測をすることに重点をおくことにした。特に埋葬施設は耕作のため横穴式石室の天井石が除去され、奥壁とそれに接する東西両側壁の上面が露呈していたため石室の基底プランを中心に実測しておくことを主に行うことにした。

　墳丘はすでに触れたように耕作によって削平され、旧状を全くとどめておらず、東側ではわずかに42cmの高さであった。地形の変換線にあるために墳頂

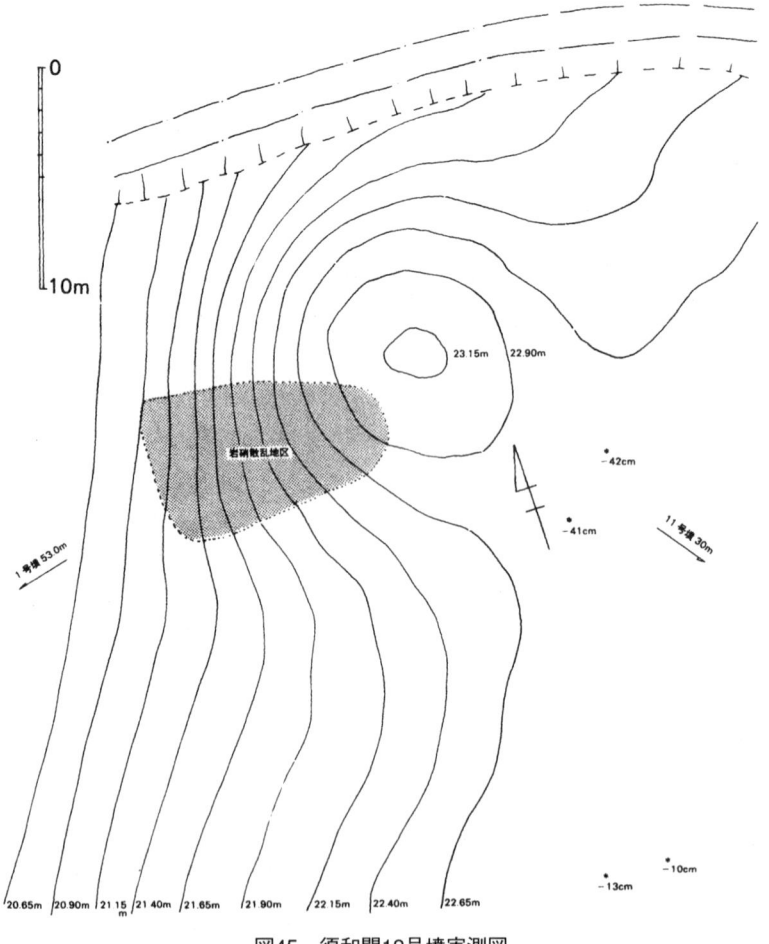

190　第Ⅱ部　常陸の古墳をめぐる諸問題

図45　須和間12号墳実測図

から南南東へ25mで測ると、2mほどの墳丘が観察される。そこで横穴式石室と墳丘の関係を知るため第1トレンチを東西に設定した。その規模は幅2m、長さ30mである。さらにこれに直交させて第2トレンチをやや東寄りに幅2m、長さ25mで設定した。これら2本を基本としておき、作業が進んだ段階で墳丘の北西部に幅2m、長さ5m、東南に3m四方の2本のサブトレンチを設定した。この結果20mの円墳であることが明らかとなった。

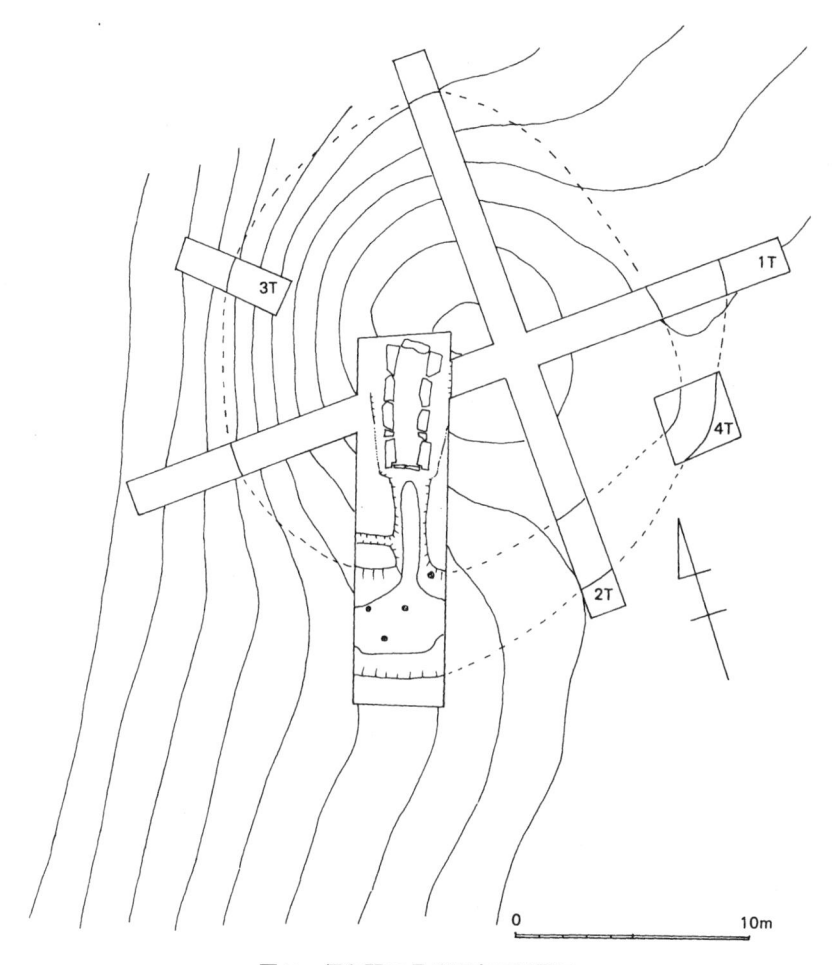

図46　須和間12号墳調査区配置図

　墳丘の高さは石室周辺で1.3mくらいであるが、他所では20cm足らずの部分もあり、耕作のために撹乱がひどく旧状を知り得る状態ではなかった。特に2トレンチおよび1トレンチ東側では墳丘中央部の最下位でわずかに盛土を確認したにすぎない。

　また横穴式石室の側壁上面でも奥壁の鏡石上面と、閉塞石上面との差は約80cmである。それ以上の岩は削られたり除去されたりしていたことになる。

埋葬施設の調査

本墳の埋葬施設は墳丘中央より南西よりに主軸方位N20°Eとする横穴式石室である。

調査時には天井石は一枚もなく、玄室の長さが5m程度であったので、墓道も考え東西4m、南北10mの調査区を設定して調査を開始した。なおこの方向は磁北とは無関係に横穴式石室の主軸方向に従うことにした。

調査はこの区域内で石材の状況をみるために石材を10cmほど全面に露呈してスナップ撮影することから始めた。前庭と思われる石室外の表土面に鉄鏃片数点が検出された。

この結果奥壁1枚、東側壁3枚、西側壁3枚が確認され、さらに双方に門柱があって、その南に前室が設けられ、東西に1枚岩が置かれ、南端が加工されて、閉塞岩が横たえられていることが明らかとなった。

調査は横穴式石室に充満する土砂の除去から開始した。石室は奥壁が最も高く残されており、最初上面から40～50cmはロームが入り耕作されていたが、それを取り除くと採石場のような状態で岩硝が埋めつくされていた。その土砂は玄室内と閉塞の南側では全く異なり、岩硝も含めてかなり固く、石室を閉塞したあと、ここは取り除かれていないことを物語っている。これに対して石室内は壁上面から1.5mくらいで大形の岩硝は消えロームの混入が見られた。この層は奥壁から南へ80cmくらいまでの範囲にほぼ10cmほどあり、中央部のこの層内から5片の円筒埴輪がまとまって検出された。

石室内は床面にこぶし大よりやや小さ目の河原石が敷かれ、その上面10cmほどに泥岩表面が剥離して落下した5mm前後の板状の岩が二重三重の互層をなして堆積していた。

散乱した岩を取り除いたところ、前室を有する二重構造の横穴式石室であることが明らかにされた。また石室南面には2枚の閉塞岩の外側に同質の岩と粘土を使用した閉塞施設が2.8mも続いていることが確認された。

横穴式石室の構造

本墳の横穴式石室は、地山面を最初に掘り込んで墓道まで作り、そこに泥岩を置いて床面に河原石を敷きつめた形式である。

石室の構築は奥壁から開始されたものと思われる。奥壁は底面が1.75m、上面が1.2m、高さ1.7mが床上面である。この岩に東西両側の側壁を挟み込んだように置かれている。このように床面が広く、天井が狭くなるように側壁が組まれている。門柱も同様である。しかし前室では側壁および閉塞はほぼ垂直である。そして岩の接合部分に粘土を使用して目張りが行われている。

石材は奥壁に接する4枚の裏込めを調査するため外側にトレンチを入れて探索した結果、4枚ともに荒いノミ痕が岩全体に認められた。これに対し玄室側は面取りが行われている。おそらく側壁に使用された板石9枚および2本の門柱の裏側はこうして化粧されずに使用されたものである。

これに対して閉塞に使用した2枚とその内側に支えられた石材は全面が面取りされて化粧されていた。しかし閉塞の3枚を除いたすべての側壁の内面は表面がほとんど剥落していた。

床面は門柱の間を除いて全面に河原石が敷かれ、前室部分が約15cmほど高くなっていた。門柱上には楣石が架けられたあとが残り、門柱北側の側壁岩が

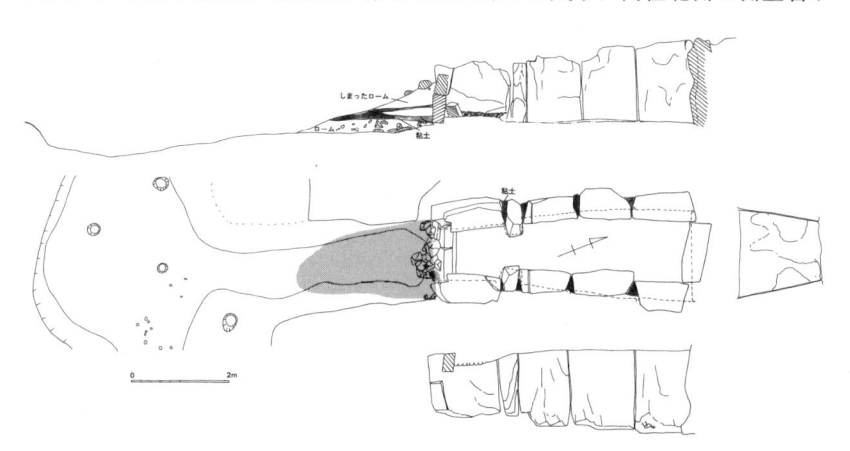

図47 石室実測図

双方とも床石より1.2mの高さまで切り込みが確認されることで推定した。

閉塞の状況

　天井石は玄室内に落ち込んでいたが、閉塞は2段まで旧状のままであった。前室側壁の両端中央より上部に切り込みを作っている。この切り込みは東側で深さ15cm、幅40cm、高さ70cm、西側で深さ20cm、幅40cm、高さ50cmに切り込んでいる。しかし両方とも高さは上面が削られているものであり、もう少し高いと思われる。

　閉塞石はこの切り込みの中に実にみごとに嵌め込まれている。最初に切り込みの内側に幅20cm、高さ35cmの切石を置き、これが下段の閉塞用板石を支えている。閉塞用板石は2段目まで旧状をとどめており、下段は幅25cm、高さ55cmの切石がほぼ垂直に置かれ、その上に幅20cm、高さ40cmのやや小型の石が積まれている。この板石は中央部で折れており、側壁の切り込みの隙間には粘土がつめられていた。この上にも1枚存在したものと思われる。この2段目までの高さは90cmである。この板石の外側には、人頭大の岩が乱積されている。その範囲は図47の示す通り3mにも及び、断面を切断して観察すると、墓道床面に比較的大きな岩硝を敷き、その上面にほぼ水平に粘土を含んだ暗褐色土をおき、その上面にロームを固め、それを粘土でしめ再びロームを固めて、その上にまた大きな岩硝を置いて閉塞を終了している。閉塞石がもう1段存在したと仮定する。この上に再び粘土が葺かれた可能性もある。

遺物の出土状況（図48）

　本墳の副葬品は天井からの出入が早くから行われたと想定され、取り残された状態で発見されたにすぎない。

　まず遺骸について触れよう。天井石が残らず雨がすべて玄室床面に達する状態であったために遺骸はほとんど残されておらず、わずかに臼歯のエナメル質の部分が1片と骨粉が奥壁寄り中央の床面より確認された。

　玉類は東寄りに集中するガラス製小玉と丸玉で、骨粉の検出地とは異なり、

6 須和間12号墳と水鳥の絵 195

東側中央寄りの50cm四方に散乱して発見する。なお切子玉5個はそれよりも70cmほど奥壁寄りで4個は比較的近くから発見されたがNo.4はNo.3から60cmも西寄りである。また丸玉22、23、24の3個は西側壁寄りから検出する。玉数を集計すると切子玉5、丸玉42、小玉41個である。

　鉄器類は刀子と鉄鏃のみであるが、1点だけ青銅製の釵状金具がある。これらはいずれも玄室奥壁よりの西側から検出されたが、鉄鏃は完形品は1点もなく、すべて折れた破片のみである。刀子は主軸に直交するようにあり、切先を外に向けていたが、埋葬当時の状態とは思われない。

　石室外からも遺物が発見されたが、調査面積が少ないので鉄鏃片3点と須恵器1個体分である。墓道は完掘し、周隍との関係を調査したところ、周隍が墓道前面のみ広くなり、調査区を東寄りに11片に破砕された須恵器1個体分が隍底から検出された。この部分は図48のようになり、調査区から不規則な4本の柱穴が検出された。い

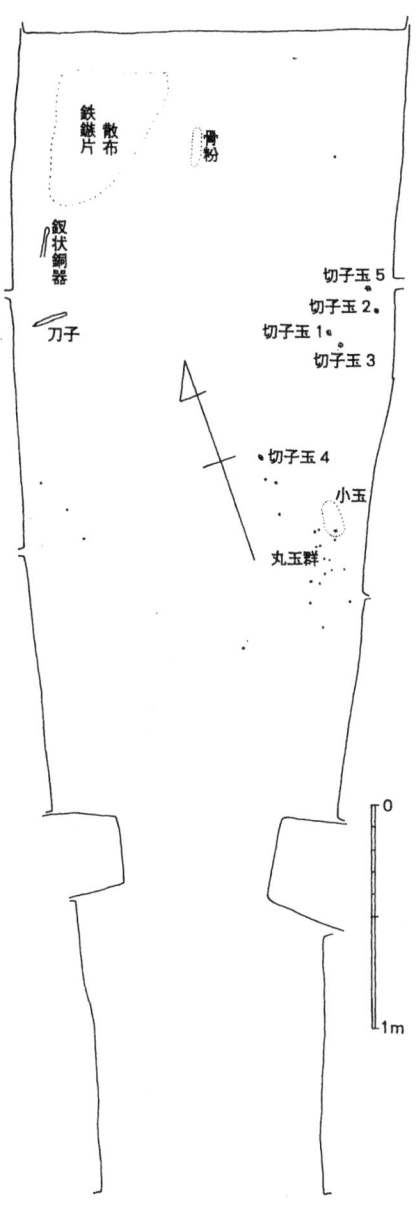

図48　須和間12号墳石室内副葬品出土位置図

ずれも垂直で30〜45cmの深さであり、調査中に表土からの落ち込みは認められなかったので、古墳と関連する柱穴と思われる。時間の都合でこれ以上の調査は許されなかったが、須恵器1個体分が破砕されて発見されていることなどを考えると、この柱穴は墓前祭祀に関連する建物を想定することが想定される。

側壁に描かれた絵画について
　石室側壁の2ヶ所に稚拙な線刻の絵が認められた。
　東側の奥壁に接する1枚の側壁上部を1号絵と仮称する。この絵は泥岩表面の化粧面が剥離せずに残ったわずかの部分にみられた水鳥である。拓本（図50上）でも判別するように縦位に数条の沈線がみられる。幅1mmで非常に浅い線である。サツマイモの根が入り込んでも表面にこのような痕跡が残ってしまうので、ここに存在する沈線をすべて人間の手によるものとすることは不可能である。しかし確実に鳥かと思われる線は、人為的といえるのである。その規模は嘴から尾まで20cm、そして尾に近い部分に10cm弱の3本指の2本の脚がみられる。
　詳しくはこれ以下表面が落ちており検討できないが、他にも描かれていた可能性はある。
　2号絵は東側壁の1号絵に接する中央に壁に発見されたものである。これは表面が剥離したあとに描かれたものであるので、古墳時代のものとすることには問題である（図49）。1号絵よりも稚拙であるが、胸部に針を刺した痕が認められるので一種の呪い人形であったことが考えられる。
　なお1号絵について保存のために側壁を切り取って教育委員会に保管したが、科学的処理を施すことが待てず剥離したと報告された。現在

図49　呪い人形？実測図

切り取った岩のみが東海村教育委員会に保管されている。

2 石室に描かれた水鳥の意義

　石室が築造当時のまま密封された状態であったならば、水鳥の線刻画は築造当時のものとして扱われることは当然であるが、本墳のように後世破壊され、石室内への出入りが可能であった遺跡の場合は必ずしもそうとはいえない場合がある。そこで、この水鳥がいつ描かれたかを検討し、その後にその意義を述べてみたい。

　茨城県下の線刻されたこの種の壁画をすべて古墳時代の所産として取り扱うことは大変危険である。そこでまず須和間12号墳の側壁に描かれた水鳥が古墳時代のものであるか、後世の落首であるかを検討しておきたい。

　横穴式石室の前室に密封された閉塞施設は、切石3段中2段までは完全であり、埋葬終了当時のままであった。また横穴式石室の内面は石材を加工・整形して面取りを施していたと思われるが、裏面は図の通り荒い削りのままである。この岩は表面が剥離する性質があり、乾燥すると1mm〜1cm程度の厚さで表面が剥離する。特に横穴式石室の奥壁ではその剥離が最もひどかった。化粧した表面が比較的よく残されていたのは側壁の接合する部分と天井石に接する部分であった。それは石室が全体的に接合部分を粘土で目張りし、天井石を架した後にここでも目張りが行われ、石材と石材の接触によって泥岩の乾燥を防いだためであろう。

　側壁奥壁付近を東西に裏込めを切断して観察した結果、封土に接した部分の岩の剥離はほとんどみられず、石室内部のみが剥離していることが判明した。その時期は明らかでないが、天井石が完全な状態のとき進んだものか、あるいは一部天井石が外され外気の出入りが可能となった時点とが考えられる。

　発見される遺物の状況から追葬をははじめとするすべての埋葬後の剥離である。遺物の出土状況の項でも詳述した通り、床石と遺物はすべて剥離して落ちた岩硝の下から検出されており、わずかに円筒埴輪片のみがその上に流れ込ん

でいた。石室内に側壁及び天井石の内面剥離が一段落して、天井石がまだ架せられていた頃に人間の出入りがあったことが考えられる。この頃2号絵が描かれている。

　剥離した側壁中段に鋭利な金具で人物を描き胸、首、顔の3ヵ所に釘状の鉄器を打ち込んだ痕が確認されている。この絵が描かれた後に左脚の膝の下の部分が剥離している。この時期は開墾以前と推定され、それほど遠い昔とは思われない。胸を中心とする釘痕から呪い人形と思われる。高さ40cmほどの稚拙な絵であるが、1号絵とは全く異なる描写である。

　この絵は剥離の進んだ凹凸面に描かれており古墳時代の壁画とは考えられない。ただ民俗資料として興味ある例といえる。同様な例が福岡県若八幡宮古墳でみられる（柳田 1971）。詳しい報告はされていないが、発掘報告書の調査の経過の中で「立木補償の対照となる立木を残し、根ざらいを行い、借上面積の測量を行う。この時松の根元に丑の刻参りのワラ人形を発見する。もう1本は釘だけ残っていた」と報告している。本文中に写真が添えてあり、松の根元のワラ人形に10本以上の釘を打ち込んだことがわかる。

　須和間12号墳の2号絵の場合も胸、首、顔等3ヶ所に斜位の釘痕が確認され、この人形の部分以外に釘を打ち込んだ痕跡はなく、この絵を呪い人形と考えた。

　1号絵とした水鳥が築造当時の可能性が存在するか否かについては決定的な証拠はない。しかし2号絵より古墳時代の可能性は強い。

　この絵の線は剥離面には全く認められず、逆に剥離面によって、線が消されている。すなわち石材表面の剥離する以前に描かれたものと考えられる。

　先に触れた通り、石室内面の旧状を残す部分は乾燥しにくい接合面にあり、石室上面のわずかな部分に認められたものであって、拓本や写真が示す通り、鳥の首の上にみえる不規則な線は芋根の侵蝕によるものである。風化した岩の表面に作物の根によってこのような痕跡が残ることを考えると、拓本に現れた白線のすべてが人工的に引かれたものではない。それらの線を消去して残った線を図化したのが図50下である。これらの線は先の2号絵と異なりかなり弱い線である。両脚だけがややするどく、頭から尾にかけて一気に引かれている。

東側に描かれたこの絵は同県那珂町所在の白河内古墳の横穴式石室に描かれた首の長い水鳥と共に古墳築造時に古代人によって描かれた壁画の可能性が強いと最近考えるようになった。

　1号絵が古墳時代に描かれたと仮定した場合、その意義は大きい。それは狭

図50　水鳥の拓影と実測図

い地域で解決できる問題ではない。筆者なりに史料批判して古墳時代に描かれたと思われる鳥の絵は福岡県珍敷塚古墳、同鳥船塚古墳、同五郎山古墳、熊本県弁慶ヶ穴古墳等で代表させたい（森 1964）。これら彩色された図柄には船上に止まった鳥が多い。

またこの外に線刻画があり、常陸太田市幡横穴群や那珂町白河内古墳等が紹介されていた。熊本県では近年、宇土城の石垣に使用された安山岩の中に、何点か水鳥を線刻したものがあると報告されている（富樫 1984）。築城の際横穴式石室を破壊して、その石材を石垣に使用したという。

葬送と鳥の関係は、わが国のみの現象ではない。広く東アジアの地域でこうした例を目にすることが可能である。

東アジア最古と思われる水鳥の絵が1987年中華人民共和国西安市にある西安交通大学の構内で発見された。その詳細は報告されていないが、『人民中国』1988年6月号に簡単な紹介記事がある。

断片的に描かれるわが国の壁画では古代の精神史を読み取ることはできない。幸いこの壁画墓を実見する幸運に恵まれた。この壁画を見ていなかったら、相変わらず須和間12号墳の水鳥を報告する自信はなかったものと思う。

西安交通大学構内の壁画墓には、実に数多くの情報がインプットされていた。それは『人民中国』のグラビアからも読み取ることができる。それは下の通りである。

> 「主室の壁画上部に天空を再現し、下部に山、川、大地を描いている。上部の絵は鶴や瑞雲、月、太陽、星を主体にし、その間に二十八宿、蒼竜、白虎、朱雀、玄武を描写、彩色を施した瑞雲に鶴が群れ遊ぶ。雲のタッチは流れるようで自由奔放だ。」

筆者は見学後日誌に次のような一文を書き残した。「簡単なドアが開かれ、裸電球がつけられると、そこに極彩色の世界が展開した」。墓室は床幅1.8m、長さ4.5m、高さ2.2mのアーチ型であるが、入るなりその奥壁に注目した。それは東西に天に向かって飛んでいる2羽の白い水鳥が描かれていたからである。

東のものは脚が短く水かき部分を赤く彩色され、西のものは首も脚も長く描いている。しかも天井には二八宿を図示し、四神を図化し、さらに黄道を設けて天と地を区分している。これは明らかに陰陽五行説によったと思われる。中国歴史博物館の信立祥の教示によると、中国の壁画墓は前漢にはじまり後漢代から盛行するという（兪他 1986）。特にそこに描いかれる内容は ①墓主の領域内における生産活動の様子（農耕、桑園、放牧、狩猟）②墓主と臣官の身分関係 ③墓主の生活の様子（燕居、庖厨、宴飲、楽舞）④儒教を中心とする倫理、道徳の故事（孔子、老子等）⑤神話故事（東王父、西王母、伏羲等）⑥天人感応論 ⑦天象（日月、宿星、四神等）等であるという。

　こうした内容の壁画は朝鮮半島においても同様である。その代表的なものに朝鮮民主主義人民共和国南浦市江西区城の徳興里で1976年に発見された壁画墓は、中国のこれらの題材をすべて備えており、前室東壁の天井には首の長い水鳥を含めて何羽かの鳥が描かれている（朱他 1986）。

　また西壁天井には月が描かれ、その下には飛天が舞い、人面鳥体の動物が2体みられる。

　こうした図柄は日本にも一部省略された形で高松塚古墳でみることができる。高松塚古墳のそれは天井の星宿、日月、四神および人物群である（末永他 1972）。四神の一部はキトラ古墳でも確認されている。キトラ古墳の壁画の内容は、四神、星宿と十二支像が確認され、高松塚古墳の内容とともに西安の西安交通大学構内のそれに源流をもつことは明かである。しかしわが国では高松塚古墳が発見されるまでは壁画古墳と呼称することはなかった。それは直孤文から開始されたと思われる墓室の装飾を中心としたためである。これらは装飾古墳と呼ばれ、小林行雄によれば、5世紀代に九州地方に発生し、流行したもので横穴式石室内に彩色、レリーフ、線刻等によって図示され、7世紀まで流行したとされる。

　高松塚古墳やキトラ古墳の壁画は、装飾古墳の図柄と異系統であるとするのが一般的であった。わが国のこうした図柄を東アジアの壁画墓の中で検討しようとしたのは森貞二郎である。森は竹原古墳の図柄に注目して「竹原古墳の奥

壁の竜とみられる怪獣は、金関丈夫教授によって、大陸に流伝していた竜媒伝説の流入したものとみられている。さらにこの竜と前室右奥壁の朱雀とみられる鳥、鳥と対称的な左の位置にある玄武とも推定される図像などは、中国から朝鮮にかけての大陸に行われていた四神思想の流伝によるものとみて差し支えなかろう。」と述べている。

　わが国の装飾古墳の図柄の解釈には理解できないものが見られただけにこの見解は注目される。東アジアの壁画古墳と竹原古墳とではその構図等において問題点も多いが、斎藤忠もこの考え方を評価して「これらの図文は明らかに大陸の古墳壁画の図文に類似したものがあり、これまで記述したような円文、直弧文、楯、などと異なって、大陸からの導入によるものであることは、疑う余地がないところであろう。」と述べている（斎藤 1989）。

　しかし、わが国の古墳内に描かれた図柄のすべてを解釈するまでには至らない。従来からの装飾古墳と壁画古墳とを区分すべきか否か問題も残るが、須和間12号墳の水鳥は壁画として描かれたものであって、古墳時代の産物であるというのが筆者の結論である。

〔付記〕その後、西安交通大学の壁画は整理されて報告書が刊行された。
　李勤他『西安交通大学西漢壁画墓』陝西省考古研究所、1991

7 日天月天塚と箱式石棺

1 墳丘と埋葬施設

　霞ケ浦の北岸から鬼怒川中流域および下総一帯にかけての古墳時代後期の埋葬施設として、箱式石棺が採用されていることはよく知られている。今回報告した日天月天塚古墳もその例に漏れず、箱式石棺を埋葬施設としていた。しかし盗掘のため石棺は完全に取り除かれており、裏込めの状況からそれを想定することとした。

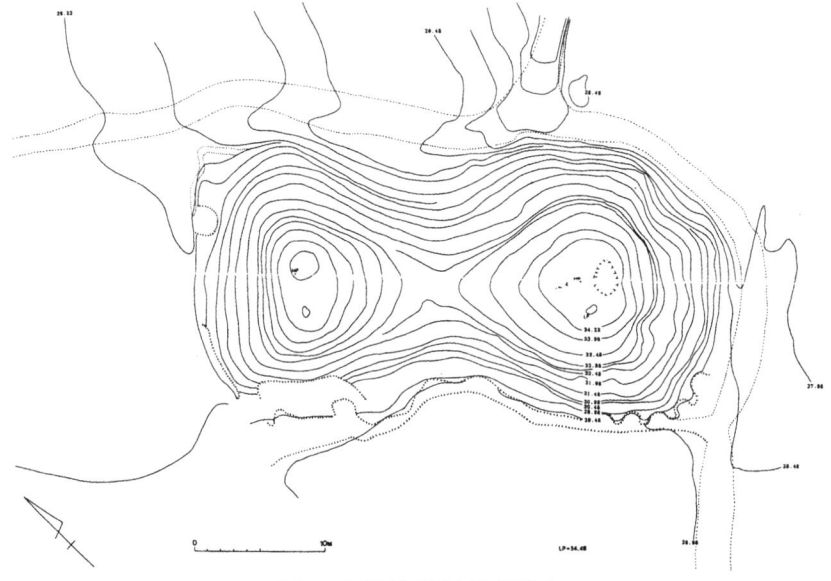

図51　日天月天塚古墳実測図

この地域の箱式石棺は埋置される位置によって性格を異にするようである。それは大きく分けて（1）墳頂部、（2）括れ部、（3）墳丘裾部、（4）前方部等である。筆者は以前この違いを時代差と捉えたことがあるが、その後調査が進み、資料が増加した現在では必ずしも時代差だけでは解決できない問題がある。そこでこれら3類の資料を紹介しながら再検討を試みたいと思う。

（1）墳頂部に箱式石棺を埋置する古墳

玉造町三昧塚古墳、玉里村舟塚古墳、同村小船塚古墳、つくば市甲山古墳、麻生町南古墳、牛堀町日天月天塚古墳、佐原市片野第10号墳、小見川町大塚等である。この他に麻生町瓢箪塚古墳も墳頂部の板石の存在からその可能性が考えられる。これらの古墳はすべてが前方後円墳であり、それぞれ時代差はあるものの盟主級の古墳である。これらの古墳を表示すると表10の10基である。

これらはつくば市甲山古墳と舟塚山12号墳を除いて前方後円墳である。ただし甲山古墳は発掘調査の時点では墳丘の北西部が深く削り取られており、周隍の確認が不可能であった。小瀬康行によると直径が30mの円丘とあり、確実に円墳とは考えておらず「本墳が小和田古墳群の主墳格的存在であったことには想像にかたくない。しかし十分に原形をとどめていないため本墳が前方後円墳なのか、円墳なのかを判断するには現時点では資料不足といわざるを得ない」

表10　墳頂部に箱式石棺を埋置する古墳

古墳名	墳形	埴輪	主要副葬品	時期
玉造三昧塚古墳	前方後円墳	円筒・形象	天冠、鏡、武器、武具、玉類、馬具他	5C後
玉里舟塚古墳	前方後円墳	円筒・形象	盗掘（武器、武具、玉類採集）	6C中
同小舟塚古墳	前方後円墳	？	盗掘のため不詳	5C？
つくば甲山古墳	円墳？	円筒	1号棺（武器）、2号棺（武器、玉類）	6C？
麻生南古墳	前方後円墳	円筒・形象	盗掘（武器、玉類採集）	5C？
麻生瓢箪塚古墳	前方後円墳	円筒・？	盗掘（後円部頂に板石一枚）	5C後
日天月天塚古墳	前方後円墳	円筒・形象	盗掘（武器、武具、玉類採集）	6C後
片野第10号墳	前方後円墳	なし	盗掘（武器、玉類採集）	7C前
三分目大塚古墳	前方後円墳	円筒・？	盗掘（後円部頂に板石2枚）	5C後
舟塚山12号墳	円墳	なし	玉類（二体埋葬）	7C

と述べている。ということは前方後円墳の可能性も残されているということである。また玉里村小舟塚古墳は霞ヶ浦に注ぐ園部川の沖積地に占地し、現在は前方部が戦後削平され後円部のみが現在している。しかし1985年同村愛宕山古墳を実測調査した際、地元の古老から当時の様子を聞き取り前方後円墳であることを確認した。筆者の手元の資料ではこの種の埋葬施設で墳頂部に埋地されるのは、前方後円墳に限られるようである。しかし、時代が降ると舟塚山12号墳のように円墳もみられるようになる。

次にこれらが埋葬された時代について整理すると、これらの古墳は盗掘されているものがほとんどであるために正確さを欠くが三昧塚古墳、瓢箪山古墳、三分目大塚古墳等を重視し、窖窯焼成の埴輪を樹立する時期を想定したい。これらの古墳と日天月天塚古墳との間には明らかに大きな時間差が確認される。ただ片野10号墳を前方後円墳であるからとして同一性格の首長墓とするには躊躇しなければならないであろう。この問題については紙幅の関係上別稿に譲りたい。

第3はこれらの古墳は単一埋葬と思われる。甲山古墳の第2主体に男女各1体と幼児1体の3体が埋葬されていたというが、第1主体は熟年女性が1体である。筆者は第1主体部がこの古墳の本来の埋葬ではないかと考えている。この点も箱式石棺の性格を考える場合に重要である。

第4に副葬品の問題がある。盗掘を受けなかった三昧塚古墳と、ある程度副葬品が想定できる玉里舟塚古墳ではかなり豪華な遺品があり、国造級に匹敵される。また発掘調査は行われていないが、瓢箪塚古墳や三分目大塚古墳では墳丘の規模といい、後円部頂に残された埋葬施設の石材等から先の2古墳と同等の内容が想定される。ただ甲山古墳は報告によると円筒埴輪が少量検出されたにすぎず、7世紀に下がる可能性も考えられるのかも知れない。

7世紀といえば最後にあげておいた石岡市舟塚山12号墳がある。この古墳は墳丘がすでに削平されているが、トレンチによって確認したところ直径18mの円墳の中央に箱式石棺が存在したという。終末期の古墳にはこのような例が存在することを銘記しておかなければならないだろう。

(2) 括れ部に箱式石棺を埋置する古墳

括れ部に箱式石棺を埋地するといっても大きく分けて2ヵ所がある。ひとつは主軸線上に位置するもので、土浦市東台4号墳、同5号墳、同6号墳、同10号墳、同13号墳、同石倉山5号墳、麻生町根小屋21号墳、牛堀町観音寺山1号墳、同7号墳、北浦町堂目木1号墳、霞ヶ浦町稲荷塚古墳、千葉県東庄町婆里古墳等が知られている。

これらの古墳はさらに埋置された位置が墳丘内であるか、墳丘下であるかによって性格を異にする。特にここに紹介した中で稲荷塚古墳は墳丘内の高所に位置しておりしかも第2主体と想定される。それに対して他の11基はすべて地下に掘り込まれ、追葬を原則とする第1主体である。これらの両者は時期的にも異なり、前者は5C末〜6C中葉に位置するのに対して、後者は6C末〜7Cの所謂終末期に属する古墳である。これらを整理すると表11の通りである。

もうひとつは主軸を離れた裾部で、根小屋1号墳、子子前塚古墳、宮中野97号墳、宮中野98号墳、土浦市宍塚1号（大日山）墳、栄町竜角寺24号墳、印旛村油作1号墳等が知られている。

このグループにも第2主体とされるものと、第1主体で追葬を目的としたものとがある。特に子子前塚古墳の場合は全長が71mというこの地方では中規模

表11 括れ部に箱式石棺を埋置する古墳（1）

古墳名	墳形	埴輪	主要副葬品	時期
稲荷山古墳	前方後円墳	なし	未盗掘（馬具一式）	6C後
観音寺山1号	前方後円墳	なし	盗掘（武器採集）	6C末
観音寺山7号	前方後円墳	なし	盗掘（武器・玉類採集）	7C初
根小屋21号	前方後円墳	なし	盗掘（武器・玉類採集）	6C末
堂目木1号	前方後円墳	なし	盗掘（骨片・武器、玉類採集）	6C末
東台4号墳	前方後円墳	なし	盗掘（石棺内皆無）	7C初
東台5号墳	前方後円墳	なし	盗掘（石棺内皆無）	7C初
東台6号墳	前方後円墳	なし	盗掘（伝直刀出土）	7C初
東台10号墳	前方後円墳	なし	盗掘（骨片・武器、玉類採集）	7C初
東台13号墳	前方後円墳	なし	盗掘（3体埋葬・武器、玉類採集）	7C初
石倉山5号墳	前方後円墳	なし	盗掘（遺骸不詳）	7C初
婆里古墳	前方後円墳	円筒・形象	盗掘（2体埋葬・玉類採集）	6C末

程度の前方後円墳であり、しかも墳丘には大量の埴輪が樹立されており、埴輪列の外側の括れ部に埋葬施設が設けられている。調査を担当した大場磐雄はこの主体部を第1主体部とは認めず、空墓の可能性を論じている（大場 1971）。それに対して宍塚1号墳の場合は全長56mとやや小規模で埴輪は樹立されず、前方部先端には土壙が第1主体として確認され、箱式石棺である第1主体が括れ部深くに埋地されていた。この2基を除く5基は小規模な前方後円墳で括れ部裾の比較的浅い部位に設けられ、横穴式石室に代る追葬用の埋葬施設として採用されている。ただ竜角寺24号墳の場合は報告書によると後円部頂に粘土槨があり、後円部南西裾に第2主体として箱式石棺を報告している（滝口他 1984）。そして粘土槨について「棺は組み合わせ式の木棺の周囲に粘土のブロックを配置した形態のものと推定するが、いわゆる前期形古墳の主体部に見られる粘土槨とは若干趣きを異にするものである。ここでは粘土の状態などからその性格を木棺の裏込めとして把えるよりも槨として考えるのが妥当と考えたが、古い時期に盗掘を受けており、約3分の2が破壊されていたので分明を欠く」と記すが、これは粘土槨とは考えられない。明らかに箱式石棺の裏込め粘土であり、日天月天塚古墳と全く同じ状況であると筆者は推定する。そこでここでは資料として除外しておきたい。以下6基を整理すると表12の通りである。

表12　括れ部に箱式石棺を埋置する古墳（2）

古墳名	墳形	埴輪	主要副葬品	時期
子子前塚古墳	前方後円墳	円筒・形象	武器、玉類、須恵器	6C中
宍塚1号墳	前方後円墳	なし	盗掘（遺骸数不詳、武器片採集）	6C末
根小屋1号墳	前方後円墳	なし	盗掘（石棺現存）	6C末
宮中野97号	前方後円墳	なし	盗掘（攪乱・武器片採集）	6C末
宮中野98号	前方後円墳	円筒	盗掘（攪乱・武器片、玉類採集）	6C末
油作1号墳	前方後円墳	なし	盗掘（武器片、玉類採集）	6C末

（3）墳丘裾部に箱式石棺を埋置する古墳

　この部類に属する古墳は前方後円墳と円墳がある。しかし前方後円墳の場合は墳丘内に複数の埋葬施設を有するものであり、円墳の場合は追葬を原則とし

ている。前方後円墳で箱式石棺を墳丘の裾部または周隍内に埋置する古墳としては岩瀬町青柳1号墳、東海村白方7号墳、我孫子市高野山1号墳、栄町竜角寺101号墳等が知られている。

　青柳2号墳は直径50mを超える大円墳で墳頂部の木棺が直葬され、墳丘の南裾に4基の箱式石棺が埋置されていた。墳頂部からは武器（剣3、鉾1）と滑石製品（剣形品6、有孔円板6、臼玉296）を検出したが、箱式石棺には副葬品がなかったという。この石棺は時代的には5世紀中葉のものと推定され、この地方の箱式石棺とは異質である。また白方7号墳は常陸北部に位置し、霞ヶ浦沿岸の箱式石棺分布圏とは異なっており、石材も俗称筑波石と呼ばれる片岩ではなく、海岸線からの砂岩である。そうした点でこの2古墳は同一に取り扱うことはできないだろう。しかも白方7号墳は2基とも単一埋葬であり、遺骸も1体は11歳前後の小児、1体は2歳未満の幼児であった。遺骸については青柳1号墳の4基の箱式石棺も単一埋葬の可能性が強い。こうした箱式石棺の例は常陸太田市幡山4号墳や石岡市舟塚山古墳の陪塚にもみられる。

　これらに対して高野山1号墳の場合は、全長35.5mの前方後円墳の後円部の周囲に4基の埋葬施設が検出された。それらは第1、第2が軟砂岩製の石棺、第3が片岩製の石棺、第4が片岩製の竪穴式石室であった。第3の箱式石棺は括れ部南裾に位置し、3体の遺骸が発見され、武器、玉類が副葬されていた。竜角寺101号墳の場合は、直径24mの円墳に後から6mほどの作り出しを設けた帆立貝式の前方後円墳である。その規模は全長30.5mであるという。埋葬施設は墳頂部も含めて5基検出された。第1は墳頂部にあり木棺直葬、第2、第3、第4はいずれも箱式石棺、第5は土壙である。3基の箱式石棺は周隍内1と裾部2からなり、裾部の第3主体から遺骸8体（成人男性3、成人女性3、小児1、幼児1）と共に武器が副葬されていた。

　以上前者と後者では明らかにその性格を異にしていることが理解されるであろう。後の2古墳が霞ヶ浦沿岸の箱式石棺の性格を最もよく示している。紙幅の関係から表13に後者だけを整理しておくことにする。

　最後に円墳で裾部に埋置された代表的な古墳をあげると、牛堀町観音寺山3

表13 高野山1号墳・竜角寺101号墳の主要副葬品

古墳名	墳形	埴輪	主要副葬品	時期
高野山1号墳	前方後円墳	円筒・形象	第1主体（軟砂岩製の組合せ式石棺） 盗掘（遺骸片、武器片、玉類採集）	7C初
			第2主体（軟砂岩製の組合せ式石棺） 盗掘（遺骸なし、武器片採集）	7C初
			第3主体（箱式石棺） 盗掘（遺骸3体、武器、玉類採集）	6C後
			第4主体（竪穴式石室） 盗掘（遺骸片、武器片採集）	6C中
竜角寺101号墳	前方後円墳	円筒・形象	第1主体（木棺直葬？） 盗掘（遺骸不詳、武器片、馬具片、玉類採集）	6C中
			第2主体（箱式石棺） 盗掘（なし）	?
			第3主体（箱式石棺） 既掘（遺骸8体、武器採集）	6C末
			第4主体（箱式石棺） 盗掘石材撤収（遺骸不詳、武器片、須恵器採集）	6C末
			第1土壙（周隍内） 未盗掘（遺骸・副葬品なし）	?

号墳、潮来町大生西14号墳、同棒山7号墳、鹿嶋市宮中野84号墳、大洋村梶山古墳、新治村塚山古墳、土浦市寿行地古墳、関城町専行寺古墳、成田市大山古墳、栄町竜角寺K109号墳、同K110号墳、佐原市片野8号墳等がある。もちろんこれらがすべてではなく、霞ヶ浦を中心として、その広がりが理解していただけると思う。これらを整理すると表14の通りである。

以上のように円墳の裾部に箱式石棺を埋葬施設として採用している古墳には埴輪を樹立するものがきわめて少ない。それはここに紹介した12例中わずかに1例であることでも証明することが可能である。そのうえ専行寺古墳でもその出土は少なく、墳丘を1周するほどではなかったと思われる。このことは霞ヶ浦沿岸のこの種古墳の時代を決定するうえで大きなキーワードとなっている。まだ未掘の箱式石棺での遺骸の数に注目していただきたい。寿行地古墳が単葬

表14 裾部に箱式石棺の埋置された古墳

古　墳　名	墳　形	埴　輪	主　要　副　葬　品	時期
観音寺山3号	円墳	なし	盗掘（遺骸片、武器片採集）	7Ｃ
大生西14号	円墳	なし	盗掘（遺骸2体）	7Ｃ
棒山7号墳	円墳	なし	未掘（遺骸5体、武器、金環採集）	6Ｃ末
宮中野84号	円墳	なし	未掘（遺骸3体、武器、玉類）	7Ｃ
梶山古墳	円墳	なし	未掘（遺骸5外、武器、玉類、須恵器）	6Ｃ末
塚山古墳	円墳	なし	未掘（遺骸5体、武器）	6Ｃ末
寿行地古墳	円墳	なし	未掘（遺骸1体、金環）	7Ｃ中
専行寺古墳	円墳	円筒	未掘（遺骸7体、、武器、玉類他）	6Ｃ末
大山古墳	円墳	なし	盗掘（遺骸不詳、武器）	6Ｃ末
竜角寺K109号	円墳	なし	盗掘（遺骸2体、武器）	7Ｃ？
竜角寺K110号	円墳	なし	盗掘（遺骸数不詳）	7Ｃ？
片野8号墳	円墳	なし	未掘（遺骸2体、武器、玉類、金環）	7Ｃ初

である以外はすべて複数埋葬を原則としている。特に箱式石棺はその規模が内法2ｍ、幅1ｍ弱ときわめて狭い空間に5体〜7体と追葬が繰り返されている。このことは明らかに箱式石棺が追葬を目的とした埋葬施設であることを意味しているのである。そのため墳丘の裾部に地山を掘り込んで土壙を穿ち、その中央部に板石を組んで石棺を設けているのであろう。

　以上40基ほどの箱式石棺を埋葬施設とする古墳を日天月天塚古墳を中心に紹介した。その結果、石棺の埋置された位置が大勢では時期によって大きく変化している。しかし現象的にはそうであっても、三昧塚古墳や三分目大塚古墳あるいは玉里舟塚古墳および同小舟塚古墳と富士見塚古墳や稲荷塚古墳では全く性格は異なっている。筆者は霞ヶ浦沿岸の箱式石棺が前者から始まると考えていたが、現時点では内容的に大きな相違があると言わねばならない。前者は大和王権の首長に採用された長持形石棺の流れを継いだ石棺であり、後者は大陸・半島から伝播した埋葬形式である。そのことは古墳の全体的な比較によっても、一目瞭然である。

　富士見塚古墳や稲荷塚古墳に出現した箱式石棺は6世紀中葉以降この地方で爆発的に築造されているが、この時期はわが国にとってきわめて重大な時期であった。その具体例として『日本書紀』継体天皇21年6月条に見える「筑紫國

造磐井の乱」を無視することはできない。西暦527年のこの事件は、わが国の古代史上最も大きな内乱であった。大和王権（男大迹政権）にとって日本列島の南から北までを統治することは至難の業であったと思われる。この時期に大和王権の支配権北端の霞ヶ浦沿岸に爆発的に築造された箱式石棺はその性格から大和王権が蝦夷対策として、派遣した屯田兵的な人々の家族墓ではないかと考えられる。何故なら箱式石棺を墳丘裾部に埋葬施設として採用した古墳は、追葬と薄葬を原則としており、決して横穴式石室を採用した古墳のように厚葬ではない。要するにこれらは単なる死体処理施設にすぎず、首長墓などと呼べるものではない。その中でわずかに墳丘内に埋置された日天月天塚古墳等はそれらを束ねた首長墓と呼べるのかも知れない。

　わが国全体で所謂箱式石棺を観察すると時期的には大きく3期の整理される。それは弥生時代後期（2世紀末〜3世紀初）・古墳時代中期（5世紀初）・古墳時代後期〜終末期（6世紀中葉以降）である。またその分布を整理すると最初は弥生時代の北九州地方で那国（現博多付近）を中心として、南を除く外側に多く分布するようである。この地域の王墓としては甕棺墓が知られているが、箱式石棺墓が採用されることはなく、山口県土井ヶ浜遺跡第4号石棺のように合葬されているものも多い。次は5世紀初頭の吉備地方（現岡山中心）である。すでに300基を越える石棺が検出されており、ここでも複数埋葬が多く、鏡野町竹田5号墳中央北棺で2体、津山市隠里古墳では3体が埋葬されていた。最後は6世紀中葉以降の霞ヶ浦沿岸地方である。

　このような地域の箱式石棺を埋葬施設とする墓制に対する規制の共通因子は「埋葬は許されるが、薄葬を義務付けている」と思われ、わが国に伝播した時点から決定していたものであることを確認しておく必要がある。最後に箱式石棺は単に日本の地方色として採用されたのではなく、東アジア的な広い範囲でみられることを重視したい。

8 常陸の箱式石棺
——霞ヶ浦沿岸を中心として——

1 はじめに

　箱式石棺がわが国の墓制として採用されるのは、弥生時代の中頃であり、それは北部九州の地域であった。しかもこの墓制はかなり規制された形で採用され、大変偏った分布を示し、原則的には合葬を伴うものが多い。分布論的には博多湾を取り囲み、東は中・四国の南端までで、性格的には副葬品が少なく、この時代の埋葬施設の主流である甕棺墓とはかなりの格差が想定される。
　弥生時代に採用されたこの種墓制も古墳時代前期になると急激に減少し、巨大な前方後円墳の主体部に採用されることはほとんどないが、中期以降再び採用され、吉備地方や常陸地方を中心に広範囲に築造されるようになる。特に吉備地方では古墳時代前期末〜5世紀にかけてかなりの数の石棺が残されている。しかしこの地方でも弥生時代の北部九州同様かなりの規制がみられる。それは合葬であり、副葬品の稀少化である。
　ところがこの地方では6世紀に入るとこの種石棺はあまりみられなくなってしまう（茂木 1986）。そして6世紀中葉に入ると3たび現れ、今度は肥後地方と常総地方に爆発的な築造が開始されるのである。ここでは肥後地方については別稿に譲ることとして、常総地方の箱式石棺について整理してみたい。
　霞ヶ浦の北岸から鬼怒川中流域および下総一帯にかけて、古墳時代後期の埋葬施設として、箱式石棺が採用されていることはよく知られている。筆者はすでにこの種石棺について何本かのペーパーを提出したが、このたび、茨城県牛

堀町所在の日天月天塚古墳を整理し報告するため、近年の調査成果を再検討したところ、一定の新知見が得られたので紹介しておきたい。

この地域の箱式石棺は埋置される位置によって性格を異にするようである。その位置は大きく分けて、（1）墳頂部、（2）前方後円墳の括れ部、（3）墳丘裾部、（4）前方後円墳の前方部等である。筆者は以前、この相違を一部は時代差と捉えたことがあるが、その後調査が進み、資料が増加した現在では必ずしも時代差だけでは解釈できない問題がある。そこでこれら4類の資料を紹介しながら再検討を試みたいと思う。

2　4位置の検討

（1）墳頂部に箱式石棺を埋置する古墳

古墳の埋葬施設が墳頂部にあることを原則としたのは後藤守一である（後藤1958）。しかし、この地方では箱式石棺を埋葬施設とする古墳に限り、墳頂部に埋地する例は少なく、（2）や（3）に位置する例が多いため、変則的古墳と呼ぶ研究者もいる。しかし近年調査例が増加するに従って、箱式石棺の中にも墳頂部に位置するものが確認されるようになってきた。その代表的な古墳は以下の9基である。

すなわち茨城県玉里村舟塚古墳、茨城県玉里村小舟塚古墳、茨城県つくば市甲山古墳、茨城県玉造町三昧塚古墳、茨城県麻生町南古墳、茨城県麻生町瓢箪塚古墳、茨城県牛堀町日天月天塚古墳、千葉県佐原市片野第10号墳（尾崎 1976）、千葉県小見川町三之分目大塚山古墳（平野 1987）であるが、これらはつくば市甲山古墳を除いて前方後円墳である、それぞれ時代差はあるものの、いずれもこの地方では盟主級の古墳といえる（表15）。

甲山古墳は発掘調査の時点では墳丘の北西部が深く削り取られており、周隍の確認が不可能であった。報告者の小瀬康行によると直径30mの円丘とあり、確実に円墳とは考えておらず「本墳が小和田古墳群の主墳格的存在であったことには想像にかたくない。しかし十分に原形をとどめていないため本墳がはた

表15

古墳名	墳形	埴輪	主要副葬品（遺骸数・主要遺物）	時期
玉里舟塚古墳	前方後円墳	円筒・形象	盗掘（武器、武具、馬具、玉類採集）	6C中
同小舟塚古墳	前方後円墳	円筒・？	盗掘のため不詳	6C？
つくば甲山古墳	円墳？	円筒	1号棺（武器）2号棺（武器、玉類）	6C？
玉造三昧塚古墳	前方後円墳	円筒・形象	天冠、鏡、武器、武具、玉類、馬具他	5C後
麻生南古墳	前方後円墳	円筒・形象	盗掘（武器、玉類採集）	5C？
麻生瓢箪塚古墳	前方後円墳	円筒・？	盗掘（後円部頂に板石1枚）	5C後
牛堀日天月天塚古墳	前方後円墳	円筒・形象	盗掘（武器、武具、玉類採集）	6C後
佐原片野第10号墳	前方後円墳	なし	盗掘（武器、玉類採集）	7C前
小見川大塚山古墳	前方後円墳	円筒・？	盗掘（後円部頂に板石2枚）	5C後

して前方後円墳か、円墳なのかを判断するには現時点では資料不足といわざるを得ない」と述べている。ということは前方後円墳の可能性も残されているということである。

また玉里村小舟塚古墳は霞ヶ浦に注ぐ園部川の沖積地に占地し、現在は前方部は戦後削平され全く痕跡をとどめていない。しかし1985年同村愛宕山古墳を実測調査した際、地元の古老から当時の様子を聞き取り、前方後円墳であることを確認した。筆者の手元の資料ではこの種の埋葬施設で墳頂部に埋地されるのは、前方後円墳に限られるようである。

次にこれらが埋葬された時代について整理してみたい。これらの古墳は盗掘されているものがほとんどであるために正確さを欠くが三昧塚古墳、瓢箪塚古墳、大塚古墳等を重視し、窖窯焼成の埴輪を樹立する時期を想定したい。これらの古墳と日天月天塚古墳との間には明らかに大きな時間差がある。ただ片野10号墳を前方後円墳であるからとして、同一性格の首長墓とするには躊躇せざるを得ないであろう。この問題については紙幅の関係上別稿に譲りたい。

第3はこれらの古墳は単一埋葬である。甲山古墳の第2主体には男女各1体と幼児1体の3体が埋葬されていたというが、第1主体は熟年女性が1体である。筆者は第1主体がこの古墳の本来の埋葬ではないかと考えている。この点も箱式石棺の性格を考える場合に重要である。

第4に副葬品の問題がある。盗掘を受けなかった三昧塚古墳と舟塚古墳では

かなり豪華な遺品があり、国造級に匹敵される。また発掘調査は行われていないが、瓢箪塚古墳や大塚山古墳は墳丘の規模や後円部頂に残された埋葬施設の石材等から、先の2古墳と同等の内容が想定される。ただ甲山古墳は報告によると円筒埴輪が少量検出されたにすぎず、7世紀に下がる可能性も考えられる。

（2）括れ部に箱式石棺を埋置

括れ部に箱式石棺を埋置するといっても大きく分けて2ヵ所に分かれる。1ヵ所は主軸上の位置であり、もう一つは墳丘の裾部である。

①括れ部の主軸線上の例

土浦市東台4号墳、同5号墳、同6号墳、同10号墳、同13号墳、同石倉山5号墳、麻生町根小屋21号墳、牛堀町観音寺山1号墳、同7号墳、北浦町堂目木1号墳、霞ヶ浦町稲荷山古墳、東庄町婆里古墳、（大木他 1972）、東庄町宮本2号墳（丸子他 1975）等が知られている。

これらの古墳はさらに埋置されたレベルが墳丘内であるか、墳丘下であるかによって性格を異にする。特にここに紹介した中で稲荷山古墳は墳丘内の高所に位置しており、第1主体は後円部に設けられた横穴式石室であるのに対して、この箱式石棺は第2主体と想定される。

それに対して他の12基は地下に掘り込まれ、追葬を原則とする埋葬施設である。この内筆者自らが調査した観音寺山古墳群の2基と堂目木1号墳の詳細を紹介しておきたい。

観音寺山古墳群は茨城県行方郡牛堀町上戸の標高26mの丘陵上に構築された小古墳群（前方後円墳4基、円墳8基）である。現在は土砂採取により円墳2基を除いて削り取られ、旧状を知ることは不可能である。国道51号線の牛堀バイパスの工事に先立って筆者らにより発掘調査が行われ前方後円墳2基（1号墳、7号墳）を記録した。

観音寺山1号墳は全長約29m、後円部直径22.6m、前方部幅12.2m、前方部幅7mの北西に面する前方後円墳である。埋葬施設は括れ部の主軸線上に設けられており、南北4.1m、東西3.65mの掘り込み土壙内に箱式石棺が地下に埋置さ

れていた。しかし盗掘により完全に破壊され、鉄器数片（直刀片、刀子片、鉄鏃片）を採集した。

　観音寺山7号墳は全長15.7m、後円部直径11.2m、前方部幅5m、前方部長4mの北西に面する前方後円墳である。埋葬施設は括れ部から前方部にかけての主軸上に設けられた、南北3.5m、東西2.5mの楕円形の掘り込み土壙内に設けられた箱式石棺で、地下に埋置されていた。しかし1号墳同様完全に破壊され、鉄器（鉄鉾1）と鉄器片数点（直刀片、鉄鏃片）、および玉4個（水晶製切子玉1、琥珀製棗玉2、琥珀製臼玉1）を採集した。

　堂目木1号墳は全長約25m、後円部直径約17m、前方部長約13mの南西に面する前方後円墳である。埋葬施設は括れ部の主軸線上にあり、側石各3枚、妻石各1枚、蓋石4枚等からなる箱式石棺が埋置されていた。石棺は近年盗掘され蓋石が南側2枚動かされており、副葬品として鉄器片2（直刀片1、刀子片1）と玉類198個（水晶製切子玉7、ガラス製丸玉12、滑石製臼玉4、土製丸玉14、ガラス製小玉101）等が検出された。しかし遺骸については骨片が少量採集されたのみであり、複数埋葬はなかったかも知れない。

　以上が前方後円墳の括れ部に箱式石棺を埋置した古墳である。先の1例（稲

表16

古墳名	墳形	埴輪	主要副葬品（遺骸数・主要遺物）	時期
東台4号墳	前方後円墳	なし	盗掘（石棺内皆無）	7C初
東台5号墳	前方後円墳	なし	盗掘（石棺内皆無）	7C初
東台6号墳	前方後円墳	なし	盗掘（伝直刀出土）	7C初
東台10号墳	前方後円墳	なし	盗掘（骨片・武器、玉類採集）	7C初
東台13号墳	前方後円墳	なし	盗掘（3体埋葬・武器、玉類採集）	7C初
石倉山5号墳	前方後円墳	なし	盗掘（遺骸不詳）	7C初
根小屋21号	前方後円墳	なし	盗掘（武器、玉類採集）	6C末
観音寺山1号	前方後円墳	なし	盗掘（武器採集）	6C末
観音寺山7号	前方後円墳	なし	盗掘（武器、玉類採集）	7C初
堂目木1号墳	前方後円墳	なし	盗掘（骨片・武器、玉類採集）	6C末
稲荷山古墳	前方後円墳	なし	未盗掘（馬具一式）	6C後
婆里古墳	前方後円墳	円筒・形象	盗掘（2体埋葬・玉類採集）	6C末
宮本2号墳	前方後円墳	なし	盗掘（3体埋葬・武器）	6C末

荷山古墳）と後者では埋葬時期も異なり、前者が5世紀末〜6世紀中葉に位置されるのに対して、後者は6世紀末〜7世紀である。これらを整理すると表16の通りである。

②括れ部裾部の例

　もう1ヵ所は主軸を離れた裾部で、土浦市宍塚1号墳（大日山古墳）、麻生町根小屋1号墳、潮来町子子前塚古墳、鹿嶋市宮中野97号墳、同宮中野98号墳、栄町竜角寺24号墳（竜角寺 1984）、印旛村油作1号墳（滝口編 1961）等が知られている。

　このグループにも第2主体とされるものと、第1主体で追葬を目的とした箱式石棺とがある。特に子子前塚古墳は全長71mと、この地方では比較的大型の前方後円墳であり、墳丘には大量に埴輪が樹立されており、埴輪列の外側の括れ部に埋葬設備が設けられていた。調査を担当した大場磐雄はこの主体部を第1主体部とは認めず、空墓の可能性を論じている（大場 1971）。それに対して宍塚1号墳の場合は全長56mと中規模であるが埴輪も樹立されず、前方部先端には土壙が第2主体として確認されている。

　第1主体の箱式石棺は括れ部深くに埋置されていた。この2基を除く4基は小規模な前方後円墳で括れ部裾の比較的浅い部位に箱式石棺が設けられ、横穴式石室に代る追葬用の埋葬施設として使用されている。ただ竜角寺24号墳の場合は報告書によると後円部頂に粘土槨があり、後円部南西裾に第2主体として箱式石棺が報告されている。そして粘土槨については次のように報告されている。「棺は組み合わせ式の木棺の周囲に粘土のブロックを配置した形態のものと推定するが、いわゆる前期形古墳の主体部に見られる粘土槨とは若干趣きを異にするものである。ここでは粘土の状態などからその性格を木棺の裏込めとして把えるよりも槨として考えるのが妥当と考えたが、古い時期に盗掘を受けており、約3分の2が破壊されていたので分明を欠く」。これは粘土槨とは考えられない。明らかに箱式石棺の裏込め粘土で日天月天塚古墳と全く同じ状況であると筆者は推定する。そこでここでは資料として除外しておきたい。以下6基を整理すると表17の通りである。

表17

古墳名	墳形	埴輪	主要副葬品（遺骸数・主要遺物）	時期
宍塚1号墳	前方後円墳	なし	盗掘（遺骸数不詳、武器片採集）	6C末
子子前塚古墳	前方後円墳	円筒・形象	未掘（2体、武器、玉類、須恵器）	6C中
根小屋1号墳	前方後円墳	なし	盗掘（石棺現存）	6C末
宮中野97号	前方後円墳	なし	盗掘（攪乱・武器片採集）	6C末
宮中野98号	前方後円墳	円墳	盗掘（攪乱・武器片、玉類採集）	6C末
油作1号墳	前方後円墳	なし	盗掘（武器片、玉類採集）	6C末

(3) 墳丘裾部に箱式石棺を埋置する古墳

　この部類に属する古墳は前方後円墳と円墳がある。しかし前方後円墳の場合は墳丘内に複数の埋葬施設を有するものであり、円墳の場合は追葬を原則としている。円墳および前方後円墳で箱式石棺を墳丘の裾部または周隍内に埋置する古墳としては岩瀬町青柳1号墳、東海村白方7号墳、我孫子市高野山1号墳(4)（東京大学 1969）成田市竜角寺101号墳（千葉県 1988）等が知られている。

　青柳2号墳は直径50mを超える大形円墳で墳頂部に2基の木棺が直葬され、墳丘の南裾に4基の箱式石棺が埋置されていた。墳頂部からは武器（剣3、鉾1）と滑石製品（剣形品6、有孔円板6、臼玉296）を検出したが、箱式石棺には副葬品がなかったという。この石棺は時代的には5世紀中葉のものと推定され、この地方の箱式石棺とは異質である。

　また白方7号墳は常陸北部に位置し、霞ヶ浦沿岸の箱式石棺分布圏とは異なっており、石材も俗称筑波石と呼ばれる片岩ではなく、海岸線からの砂岩である。そうした点でこの2古墳は同一に取り扱うことは不可能である。しかも白方7号墳は2基とも単一埋葬であり、遺骸も1体は11歳前後の小児、1体は2歳未満の幼児であった。遺骸については青柳1号墳の4基の箱式石棺も単一埋葬の可能性が強い。こうした箱式石棺の例は常陸太田市幡山16号墳や石岡市舟塚山古墳の陪冢(5)にもみられる。

　これらに対して高野山1号墳の場合は、全長35.5mの前方後円墳の後円部の周囲に4基の埋葬施設が検出された。それらは第1、第2が軟砂岩製の石棺、第3が片岩製の石棺、第4が片岩製の竪穴式石室であった。第3の箱式石棺は

括れ部南裾に位置し、3体の遺骸が発見され、武器、玉類が副葬されていた。竜角寺101号墳の場合は、直径24mの円墳に後から6mほどの作り出しを設けた帆立貝式の前方後円墳である。その規模は全長30.5mであるという。埋葬施設は墳頂部も含めて5基検出された。第1は墳頂部にあり木棺直葬、第2、第3、第4はいずれも箱式石棺、第5は土壙である。3基の箱式石棺は周隍内1と裾部2からなり、裾部の第3主体には遺骸8体（成人男性3、成人女性3、小児1、幼児1）と武器が副葬されていた。

以上前者と後者では明らかにその性格を異にしていることが理解されるであろう。後の2例が霞ヶ浦沿岸の箱式石棺の性格をよく現している。表18に整理しておく。

ここでは裾部に箱式石棺を主体部としている代表的な古墳をあげておきたい。それは関城町専行寺古墳、新治村塚山古墳、土浦市寿行地古墳、牛堀町観音寺山3号墳、潮来町大生西14号墳、同棒山7号墳、鹿嶋市宮中野84号墳、大洋村梶山古墳、成田市大山古墳（茂木 1966）、栄町竜角寺K109号墳（玉口他 1953）、同K110号墳（千葉県 1982）、佐原市片野8号墳（尾崎 1976）等である。しかしこれがすべてではなく、霞ヶ浦沿岸地域にかなり拡大している。

これらの古墳を整理すると表19の通りである。

以上のように円墳の裾部に箱式石棺を埋葬施設として採用している古墳には埴輪を樹立するものが少ないことが理解される。それはここに紹介した12例中わずかに1例であることでも証明することができる。そのうえ専行寺古墳でもその出土は少なく、墳丘を一周するほどではなかったと思われる。このことは霞ヶ浦沿岸のこの種古墳の年代を決定するうえで大きなキーワードとなっている。また未掘の箱式石棺での遺骸の数に注目していただきたい。寿行地古墳が単葬である以外は複数埋葬を原則としている。特に箱式石棺はその規模が内法2m、幅1m弱ときわめて狭い空間である。そこに5体〜7体と追葬が繰り返されている。このことは明らかに箱式石棺が追葬を目的とした埋葬施設であることを意味しているのである。そのため墳丘の裾部に地山を掘り込んで土壙を穿ち、その中央部に板石を組んで石棺を設けている。

表18

古墳名	墳形	埴輪	主要副葬品（遺骸数・主要遺物）	時期
青柳1号墳	円墳	なし	木棺直葬2（武器・玉類） 箱式石棺4（遺骸・副葬品なし）	5C中
白方7号墳	前方後円墳	円筒	1号石棺（硬砂岩） 　　　　（1体・武器・玉類） 　　　　（11歳前後小児） 2号石棺（軟砂石） 　　　　（1体・玉類） 　　　　（2歳未満小児）	6C後
幡山16号墳			A号石棺（1体・玉） B号石棺（1体熟年女性・鉄器・玉）	4C？
高野山1号墳	前方後円墳	円筒・形象	第1主体（軟砂岩製の組合せ式石棺） 盗掘（遺骸片、武器片、玉類採集） 第2主体（軟砂岩製の組合せ式石棺） 盗掘（遺骸なし、武器片採集） 第3主体（箱式石棺） 盗掘（遺骸3体、武器、玉類採集） 第4主体（竪穴式石室） 盗掘（遺骸片、武器片採集）	7C初 7C初 6C後 6C中
竜角寺101号墳	前方後円墳	円筒・形象	第1主体（木棺直葬？） 盗掘（遺骸不詳、武器片、馬具片、玉類採集） 第2主体（箱式石棺） 盗掘（なし） 第3主体（箱式石棺） 既掘（遺体8体、武器採集） 第4主体（箱式石棺） 盗掘石材撤収（遺骸不詳、武器片、須恵器採集） 第1土壙（周隍内） 未盗掘（遺骸・副葬品なし）	6C中 ？ 6C末 6C末 ？

表20

古墳名	墳形	埴輪	主要副葬品（遺骸数・主要遺物）	時期
富士見塚古墳	前方後円墳	円筒・形象	第1主体（遺骸不詳・武器・馬具・玉類・総身具類） 第2主体（箱式石棺・遺骸2体以上・武器？）	5C末〜 6C初

表19

古墳名	墳形	埴輪	主要副葬品（遺骸数・主要遺物）	時期
専行寺古墳	円墳	円筒	未掘（遺骸7体、武器、玉類他）	6C末
塚山古墳	円墳	なし	未掘（遺骸5体、武器）	6C末
寿行地古墳	円墳	なし	未掘（遺骸1体、金環）	7C中
観音寺山3号	円墳	なし	盗掘（遺骸片、武器片採集）	7C
大生西14号	円墳	なし	盗掘（遺骸2体）	7C
棒山7号墳	円墳	なし	未掘（遺骸5体、武器、金環採集）	6C末
宮中野84号	円墳	なし	未掘（遺骸3体、武器、玉類）	7C
梶山古墳	円墳	なし	未掘（遺骸5体、武器、玉類、須恵器）	6C末
大山古墳	円墳	なし	盗掘（遺骸不詳、武器）	6C末
竜角寺K109号	円墳	なし	盗掘（遺骸2体、武器）	7C？
竜角寺K110号	円墳	なし	盗掘（遺骸数不詳）	7C？
片野8号墳	円墳	なし	未掘（遺骸2体、武器、玉類、金環）	7C初

　問題は何故横穴式石室を採用しなかったのか？　この時期に霞ヶ浦沿岸地域に横穴式石室が採用されていなかったのではない。この地域では7世紀に入ると横穴式石室も採用されているし、その中に追葬も行われ、さらに装飾古墳も登場してくるのである。また新治村武者塚古墳の埋葬施設のように平面プランは横穴式石室と同様な復室構造でありながら、遺骸を天井から埋納する例もある。しかしこの場合は箱式石棺の埋葬者よりも上位者と想定される。ただし追葬を行うことには変わりない。

（4）前方部に箱式石棺を埋置する古墳

　最後に前方部に埋葬する例を紹介しておこう。ここでは観音寺山7号墳のように前方部が箱式石棺を埋置するだけで、しかも地下に埋没しているものは加えず、墳丘内に第2〜第3主体部として設置された古墳に限定して紹介する。

　筆者の管見する古墳は霞ヶ浦町富士見塚古墳だけである。本墳は全長78m、後円部直径40m、前方部先端幅40m、高さは後円部で11.5m等の規模を有する前方後円墳である。首位には隍が整然と残り、これを加えた主軸の全長は111m、後円部直径73m、前方部先端幅73mと堂々とした前方後円墳である。発掘調査報告書によると埋葬施設は後円部頂（墳丘表面から0.8〜1.0m）で

「白色粘土塊や固い黒色砂質土の分布が見られた」とあり、その面から遺物が検出されたとある。さらに調査者は「地表から3m程度にまで掘り下げたところ、白色粘土を敷きつめた波形の2列が検出された。このことは、この上に2個の木棺を並列して置いた状態を伺わせるものである」と結んでいる。

これを整理すると表20の通りである。

3 箱式石棺の再検討

以上霞ヶ浦沿岸に分布する箱式石棺を埋葬施設とする古墳を50基近く紹介した。その結果、石棺の埋置された位置が大勢では時期によって大きく変化していることが理解できる。しかし現象的にはそうであっても、三昧塚古墳や三之分目大塚古墳あるいは玉里舟塚古墳および同小舟塚古墳と富士見塚古墳や稲荷塚古墳では性格的にはかなり相違している。

筆者はかつて霞ヶ浦沿岸の箱式石棺は三昧塚古墳や三之分目大塚山古墳等の埋葬施設のような墳丘上のものが初期であると想定した。しかしこうして整理してみると、外形的にも、内容的にも大きな相違があると言わねばならない。これらの埋葬施設は一見すると箱式石棺と同系統に属するかにみえるが、実はこれらの石棺は大和王権の首長に採用された長持形石棺の流れを継ぐ石棺であって、弥生時代に九州北部に伝来し採用された大陸・半島からの埋葬形式とは異なるのである。そのことは古墳の全体的な比較によっても明確である。

この地方では青柳1号墳や幡山16号墳に最初箱式石棺が現れ、やがて富士見塚古墳前方部や瓢箪塚古墳等5世紀後半になって先駆的に出現し、やがて6世紀中葉以降爆発的に分布するようになっている。何故この時期に東国のこの地に箱式石棺を埋葬施設にすることがこれほどまでに流行したのであろうか。この時期のわが国の歴史的背景を考慮すると流行という言葉は適当ではない。これほどまでも築造させられたのであろうか？ とすべきである。筆者はこの時代の墓葬を大和王権による規制として捉えており、各首長が自由勝手に墳形や埋葬施設を選択することは不可能であったと推定している。

特にこの時期はわが国にとってきわめて重大な時期であった。その具体例として『日本書紀』継体天皇21年夏6月壬辰朔甲午の条を紹介しておこう。

　近江毛野臣、率衆六萬、欲往任那、為復興建新羅所破南加羅・喙己呑、而合任那。於是、筑紫國造磐井、陰謨叛逆、猶預經年。恐事難成、恆伺間隙。新羅知是、密行貨賂于磐井所、而勸防遏毛野臣軍。於是、磐井掩據火豊二國、勿使修職。……（略）……廿二年冬十一月甲寅朔甲子、大将軍物部大連麁鹿火、親與賊帥磐井、交戰於筑紫御井郡。旗鼓相望、埃塵相接。決機兩陣之間、不避萬死之地。遂斬磐井果定疆場。

これは所謂「磐井の反乱」を記録した一節であり、AD527〜528の事件である。

　大和王権（男大迹政権）にとって日本列島の南から北までを統治することは至難の業であったと思われる。この事件はそのことを証明する最もよい史料である。大和王権にとって筑紫国造磐井のクーデターは青天の霹靂であったといえるかも知れないのである。それは北辺に対する防備に重点を置かれていたと想定されるからである。

　この時期の大和王権にとって完全な支配権の北端は霞ヶ浦沿岸である。この地方に築造された箱式石棺はその性格から大和王権が蝦夷対策として、派遣した屯田兵的な人々の家族墓ではないかと筆者は考える。(6)何故かといえば箱式石棺を墳丘裾部に埋葬施設として採用した古墳は、追葬と薄葬を原則としており、決して横穴式石室を採用した古墳のように厚葬ではない。要するにこれらは単なる死体処理施設にすぎず、首長墓などと呼べるものではない。その中でわずかに墳丘内に箱式石棺を埋置された南古墳・瓢箪塚古墳・日天月天塚古墳等だけがそれらを束ねた首長墓と呼べるのかも知れない。

　いわゆる箱式石棺をわが国全体で観察すると時期的には大きく弥生時代後期（2世紀末〜3世紀初）・古墳時代中期（5世紀初）・古墳時代後期〜終末期（6世紀中葉以降）の3期に整理される。またその分布を整理すると最初は弥生時代の北九州地方で那国（現博多付近）を中心として、南を除く外側に多く分布するようである。この地域の王墓としては甕棺墓が知られているが、箱式石棺墓が採用されることはなく、山口県土井ヶ浜遺跡第4号石棺（金関他 1962）

のように合葬されているものも多い。次は5世紀初頭の吉備地方（現岡山県中心）である。この地域ではすでに300基を越える石棺が検出されており（茂木1986）ここでも複数埋葬が多く、鏡野町竹田5号墳中央北棺で2体（今井 1984）、津山市隠里古墳（渡辺 1958）では3体が埋葬されていた。最後は6世紀中葉以降の霞ヶ浦沿岸地方である。

　このような地域の箱式石棺を埋葬施設とする墓制に対する規制の共通因子は「埋葬は許されるが、薄葬を義務づけている」と思われ、わが国に伝播した時点から決定していたものであることを確認しておく必要がある。最後に箱式石棺は単に日本の地方色として採用されたのではなく、東アジア的な広い範囲でみられることを重視したい。

　注
（1）例外的には大分県赤塚古墳がある。梅原末治「豊前宇佐郡赤塚古墳調査報告」『考古学雑誌』第14巻第3号　日本考古学会（東京）1923.12。
（2）麻生町教育委員会は本報告書刊行後、本格的な町内の遺跡の悉皆調査を実施し、本根小屋古墳群については現存19基（前方後円墳9、円墳10）、湮滅3基（前方後円墳2、円墳1）を記録し、本報告書の13号墳を21号、4号墳を22号と整理した。詳細は茂木雅博他『麻生町の遺跡』麻生町教育委員会、1900を参照してほしい。
（3）本墳については1998年12月茨城大学考古学研究室によって実測調査が行われ、全長約29m、後円部直径約13m、前方部先端幅約16m、前方部長約15m、高さ後円部約3.3m、前方部2.7mを計測した。なお埋葬施設の箱式石棺はくびれ部北西裾部に露出している。
（4）1984年3月～4月岩瀬町教育委員会によって土砂採取に先立って発掘調査が行われた。1984年4月11日発掘調査現場を見学し、調査担当の伊東重敏氏及び岩瀬町教育委員会佐藤社会教育課長に教示される。
（5）長谷川辰之助『愛石遺稿』千代田村史史料第2集、千代田村教育委員会（茨城）1978にこの陪冢から出土した滑石製模造品（刀子）一点の実測図が紹介されている。現在は後円部東側の周庭帯上の陪冢上に箱式石棺が露出している。
（6）律令期にも常陸が東北経営上軍事的にいかに重要な位置であったかは石岡市鹿の子遺跡の巨大な製鉄工房跡が示している。川井正一也『鹿の子C遺跡』茨城県教育財団文化財調査報告第20集、茨城県教育財団（水戸）、1983。

9　茅山古墳と寿陵の終焉

1　はじめに

　茅山古墳の墳丘構築法については、報告の中で詳しく書いておいたので参照いただきたい。本稿では、茅山古墳の墳丘構築の特殊性について検討しておきたい。この古墳は確実に埋葬行為の終了後に前方後円形の墳丘が築造されている事実が発掘調査によって確認された。それは生前に墓を作るのではなく、死後遺骸を埋葬して、その後に墳丘を構築しながら埴輪を樹立するという全く前方後円墳体制に逆らう行為が実施されたということである。

　日本の古墳は被葬者が生前に築造する寿陵である。(茂木 1979、1993a・b、2001)。このことはすでに多くの研究者に賛同されていると筆者は理解している。そして弥生墳丘墓と古墳の決定的な相違点は寿陵であるか否かである。それは奈良県ホケノ山古墳の発掘調査によって証明されている。このことは大和王権の成立によって、常陸もその傘下であったことが理解される。

　古墳が寿陵として築造された事実を最初に考古学的に証明したのは堅田直である。氏は池田市茶臼山古墳の発掘調査報告書の中で次のように観察結果を整理している。最初に墳丘構築については「墳丘の構造をみるために周囲の地形や、古墳の全長を貫くトレンチをはじめとして、数個所を検べた結果を綜合してみると、丘陵の鞍部をそのまま利用して墳丘の基底部の形を整え、その排除された土を後円部に盛りあげたらしく、後円部は、殆んど盛土からなっている」としている（堅田 1964）。さらに墓壙の掘削について「まず、墳頂に竪坑を掘る。竪坑の規模は、築造当時を推定すると上部において長辺7・80米、短辺

3・60米、底面において長辺7・55米、短辺2・95米、深さ約2米のもので坑壁は80度から85度の傾斜をもたせ、坑底はほぼ平坦にする。ただし、坑底面は完全な水平面ではなく、漸次北方から南に下る傾斜がつけられ、さらに坑の南端に幅約75糎幅で、西に傾斜する溝がつくられる。出来上がると、よく清掃され、余分の土は排出される」と整理している。

堅田の卓見はこの調査事実に対する解釈である。「茶臼山古墳では坑壁が約85度の傾斜を付けて掘られている。普通の山土を積み上げた時に出来る自然傾斜面は約45度であるので、墳丘を積み上げる時に、或る程度土が締まったとしても、築成後ただちに掘れば、少なくとも50度以上の傾斜をつけることは出来ないだろう」と結論を出し、土木の専門家菅田豊重に意見を求めている。菅田は「80度の傾斜で掘るためには、土を少し載せては、たたきしめて行く方法をくりかえして積み上げないかぎりは不可能で、他の方法なら土を積み上げてから約2年間以上放置しなければ、たとえ掘ったとしてもすぐ崩れてしまうだろう」と教示された。これが歴史的仮説を考古学的方法の発掘調査という実験で証明したことになるのである。筆者は無文字時代の古墳をこの事実から寿陵と解釈可能と理解した。

そして弥生墳丘墓と古墳の相違点を重視して、寿陵の起源が古墳時代の開始と規定するに至ったのである。それは原則的に一墳一葬であり、一墳多葬ではなかったのである。この前方後円墳を中心とする形態を重視する体制が古墳時代なのである。

2 寿陵制の変質

こうした体制は北九州地方に横穴式石室という新しい埋葬施設が伝来するまで維持された。しかし横穴式石室の導入により寿陵制に大きな変革が現れる（茂木 2004）。それは一墳一葬の大原則が崩れ、一墳多葬制が採用され、追葬が一般的となったことである。一墳多葬制の埋葬施設が横穴式石室であり箱式石棺である。特に霞ヶ浦沿岸地方では横穴式石室はあまりみられず、内法

1.8m×0.9m前後の狭い箱式石棺内に何層にも遺骸が追葬されることが多い。箱式石棺葬は最後、埋葬の際の外被粘土によって、石棺内が密封されるため遺骸が完全な状態で保存されることが多く、通常2体から8体も発見されることがある。そのためこの種石棺は、墳丘の中心に埋納されることが少なく、多葬の場合は必ず円墳の場合には裾部、前方後円墳の場合は裾部か括れ部に発見される（茂木　1999）。しかし、古墳時代中期以降でも墳丘の築造と埋葬施設設置の時間的関係は前後するのが一般的である（茂木　2004）。この現象は考古学的には堅田の指摘以外のなにものでもない。それは、考古学的方法による寿陵問題である。

　茅山古墳の墳丘構築はこの現象とは異なる状況を呈している。それは明らかに墓壙が掘られ、箱式石棺が構築され、遺骸が埋葬された後に墳丘を盛り上げ、埴輪が樹立されて墓葬が完了している。この実験結果（発掘調査結果）から考古学的解釈を行うとすると、生前に墓を建てる寿陵とはいえないのである。畿内では奈良県高松塚古墳の埋葬施設と墳丘の関係に前後関係が読み取れない。この事実は埋葬と墳丘の築造が同時に実施されたことを考古学的に証明している。茅山古墳墳丘構築法と同類をこの地方に求めると東海村部原古墳と常陸大宮市一騎山古墳とひたちなか市西山1号墳等が管見される。そこで最初に3基の古墳の実情を紹介して、検討を加えることにしたい。

　東海村部原古墳は、同村須和間字部原1194—3に所在する直径21mの円墳である。発掘調査は1989年7月から8月にかけて、東海村教育委員会の依頼を受けた茨城大学人文学部考古学研究室によって実施された。本墳は地下に土壙を穿ち、粘土槨を設けたもので、副葬品や埴輪等から5世紀末から6世紀初頭に築造された古墳と想定されている。墳丘は耕作によって削平され調査時には、高さ1mを計測するのが困難であった。そのうえ牛蒡の作付けで撹乱をうけており、墳丘と埋葬施設の前後関係を検討するにはやや不確実である。しかし、幸いなことに牛蒡の作付けが一度限りであったために、部分的に墳丘盛土が確認でき、埋葬と墳丘について「トレンチの底面で本土壙の存在を確認したために、……地山面より上位での掘り方の痕跡を確認することは出来なかった」と

いう観察結果を得ることが可能となった。

　その結果、「地山面より上位に土壙の掘り方面が確認出来ないことは、少なくとも埋葬施設の切り込みが盛土後ではなく、盛土以前であったことを示すものと思われる。……すなわち土壙が穿たれ、埋葬が行われた後に墳丘の築造が行われたものと結論したい」との知見を得た。

　ひたちなか市西山1号墳は、同市津田字西山に所在した全長25.5mの西面する前方後円墳である。発掘調査は1973年7月～8月にかけて、茨城県太田第一高等学校史学クラブ（顧問大森信英）が中心となって実施された。筆者も1号墳の埋葬施設の調査に4日間参加した。調査報告書と当時の日誌から次のような観察結果を得た。

　調査を担当した大森信英は報告書の中で次のように記録している。「内部構図はローム面まで掘り下げたが発見できず、僅かに発掘溝の東北隅にかなり軟質の土層と炭化物があることを知るに止まった。主体部は主軸線と後円部北側の墳丘麓をめぐる堀とのほぼ中間に、表土下79cmの地点から発見された。この位置は墳頂からみれば3.79m下にあたり、……」。筆者の日誌にも「墳丘をブルトウザーで除去後、ロームを切り込んで全長4.35m、幅1.5m～1.7m、深さ89cmの墓壙を穿ち側壁10cm、床面25cmの椁材の木炭が棺を被覆している木炭椁を調査した」と記録している。大森は報告書中の挿図（第1号墳実測図）で明らかに埋葬後に墳丘が盛り土された図を紹介している。筆者は本墳の築造時期を木炭椁や副葬品の組み合わせから、5世紀末から6世紀初頭と推定している。

　常陸大宮市一騎山4号墳は、同市下村田に所在した全長24mの西南に面する前方後円墳である。発掘調査は1973年8月から10月にかけて茨城県教育委員会の高根信和らによって実施された。調査の結果次のような観察結果が得られた。「1、旧表土面に、前方後円墳の平面プランを描き、埋葬施設の位置をクビレ部に設定する。2、墓壙を掘る。規模は旧表土上面で全長約6.2m、幅2.5～2.7mで、深さ85～95cm（北端で1.1m）である。底面は5.6×2m。3、墓壙の長軸上に2次掘り込みを作る。5、木棺を安置する。6、旧表土まで積み、最

後に中央部に覆土する。7、後円部覆土と連結する」とかなり詳細に観察されている。調査を担当した高根は、この古墳の築造年代について、埋葬施設や埴輪等を検討して6世紀前半期としている。

　常陸北部の那珂川や久慈川流域では、5世紀末から6世紀初頭の古墳に、遺骸埋葬後墳丘を築造する例がみられるのである。この現象は、考古学的に寿陵ではない。そこでこの地方での資料を検討して寿陵の終焉であるか否かについて整理しておきたい。

3　常陸における寿陵の終焉か？

　前節では、久自国造領域内の2基と仲国造領域内の1基計3基の小前方後円墳の埋葬と墳丘築造の時間的関係の観察可能な資料を紹介しておいた。これらの古墳はいずれも横穴式石室伝来以後に築造されたものであり、いずれも5世紀末から6世紀初頭の時期に該当する古墳である。この時期常陸南部の霞ヶ浦沿岸の古墳と比較すると、たとえば潮来市日天月天塚古墳、行方市南古墳、同市三昧塚古墳等では明らかに後円部頂に墳丘を切り込んだ墓壙を穿ち、箱式石棺が埋納されている事実が発掘調査で確認されている。これらの古墳は埴輪等の形態から5世紀末から6世紀第Ⅲ四半期の可能性が強く、常陸北部地域の墓葬の習慣とは異なる様相を呈している。この現象を寿陵の終焉と解釈するか、それとも大和王権の東国経営の現象と解釈するか意見の分かれるところであろう。そこで少しく両説を検討しておきたい。

　最初に藩政末期から話題とされる『常陸国風土記』逸文に見える黒坂命の伝承を取り上げることにしよう。この伝承は常陸国信太郡の郡名に関するものである。その内容は以下の通りである。

　　黒坂命、陸奥の蝦夷を征討ち、事了へて凱旋り、多歌の郡の角枯の山に及りて、黒坂命、病に遇りて身故りき。……黒坂命の輪轜車、黒前の山より発ちて、日高見の国に到る。葬具儀の赤旛青幡、交雑り飄颺りて、雲のごとく飛び虹のごとく張り、野を瑩らし路を耀かしき。時の人、赤幡の垂の

國と謂ひしを、後の世の言に便ち信太の國と稱ふ。

筆者はこの記事から「中央から東国平定のために派遣された武官が、この地で亡くなったという記録」に注目している。色川三中は『黒坂命墳墓考』の中で弘化4年（1847）に発見された美浦村大塚古墳を黒坂命の墓として論じているが、この古墳は考古学的解釈では寿陵であり、埋葬後に墳丘を構築する茅山古墳の様相とは別である。それは三中の「……塚上平面ノ處（割注・弁天ノ小祠ノ傍）ヲ穿ツニ深サ七八寸許ヨリ下ハ地ノ底一面ニ石アリテ掘墊ヲトホサス怪ミテ弥ヨ掘ミルニ大石アリマスマス掘テ其蓋石ヲ取放ツニ石棺ナリ其中ニ胃鎧太刀鏡種々ノ異物アリ……」という。

この記録によると、弁天塚古墳は墳頂部下7〜8寸の部位に石棺の蓋石が確認されており、埋葬施設は地下ではないこと。次に副葬品が豊富であること。さらに副葬品の中に石製模造品が含まれていることが理解できる。この3点は明らかに寿陵制の反映である。要するに墳丘が築造されていなければ、埋葬施設は墳頂部には埋納することは不可能である。副葬品が豊富であることは在地領主であることを表現している。特にこの地域では、この時代の5世紀から6世紀の領主は鎧兜を副葬することが多いのである。この事実から弁天塚古墳を黒坂命の墳墓と仮定することは不可能である。常陸南部の三昧塚古墳、南古墳、日天月天塚古墳等はいずれも後円部の墳頂部に埋葬施設が設置されており、弁天塚古墳と同様の様相を呈している。この現象は考古学的には、墳丘の築造が先行しており、埋葬行為との間に何らかの時間差が存在することを意味している。この理解が正しいとすれば、5世紀末から6世紀後半段階の常陸南部域では寿陵制が存続しており、終焉を迎えるのは7世紀である可能性が想定される。この問題については稿を改めて論じたい。

4　おわりに

最後に再び茅山古墳の墳丘と埋葬施設の関係について整理して結びとしたい。この古墳では発掘調査の結果明らかに埋葬行為と墳丘の構築がほぼ同時に

実施されていた。それは墳丘の外周に樹立された円筒埴輪や朝顔形円筒埴輪および各種の形象埴輪等がすべて周隍内に転落した状態で発見されたことでも証明される。しかも埴輪群は前方部南側のS4W6区で発見された内面が黒色処理された土師器の出土で明らかなように、10世紀にはほぼ完全に周隍が埋没し、その中に流れ込んでいた。そして埴輪の基部はすべて周隍内から倒れ込んだ状態で原位置を離れていた。このことは墳丘の盛土が軟弱な状態で埴輪が樹立されたことを意味し、埋葬と墳丘の構築に時間差を想定することが不可能である証拠と筆者は観察している。そのうえ埋葬の際に副葬品をほとんど伴っていないのである。

　こうした考古学的事実をどのように解釈するかが問題である。茅山古墳は全長50mほどの前方後円墳である。この古墳からは総数23,228片の埴輪片が採集されており、その詳細は形象埴輪片1096、朝顔形および普通円筒埴輪底部片404、口縁部片1631、胴部片20,097等である。この数から推定すると、外周には少なくとも100本を超える普通円筒埴輪と朝顔形円筒埴輪が樹立され、北側括れ部には形象埴輪群が存在していたことが明らかである。これらの埴輪は稲村繁の報告の通り現地で生産されたものである。この古墳は、墳丘の外形からみると堂々たる前方後円墳であるが、副葬品がきわめて乏しい点が特徴である。遺骸は、大藪の報告によると壮年男子であり、病変や外傷はみられないという。壮年男子から想定されることは黒坂命の如く任地での突然の病死か不慮の死亡である。寿陵と想定される同時期の三昧塚古墳や弁天塚古墳あるいは日天月天塚古墳等の副葬品と茅山古墳の場合では、あまりにも大きな差が存在する。この差がそれを表現しているのではなかろうか。

　要するに常陸北部のこのような古墳は大和王権の命によって東国計略（蝦夷対策）のために派遣され、当地で不慮の死を遂げた武官のものである。そのため装具としての副葬品は本籍の寿陵に埋葬された可能性も想定される。わが国の古墳時代研究では、このような視点は今日までほとんどみられないが、何時の日にか畿内の巨大前方後円墳が、研究資料として国民に開放されることがあれば、多角的な視野での研究が可能となるはずである。その日のくることを信

じて結びとしたい。

注
（1）森本岩太郎・平田和明「第3主体部出土人骨について」（『竜角寺古墳群第101号古墳発掘調査報告書』千葉県教育委員会、1988）では男子3体、女子3体、小児1体、幼児1体の計8体が報告されている。森本岩太郎「出土人骨について」（『専行寺古墳発掘調査報告書』関城町教育委員会、1986）では男子4体、女子2体、小児1体の計7体が報告されている。また、茅山6号墳では京都大学大学院自然人類学教室大藪由美子氏により男子1体、女子1体、不詳1体、小児1体の計4体が確認されている。
（2）伊達宗泰は報告書『高松塚』（奈良県教育委員会、奈良県明日香村、1972）の中で次のような観察結果を紹介している。「盛土は地山に近い締固めが版築の技法において行われていた。」と解釈され、さらに「封土は石槨を構築し、棺を安置するまで直径10m、高さ3mの截頭円錐形につき固め南面には墓道の施設を設けていた。」とし、大化の薄葬令に準拠した可能性を説いている。
（3）拙稿「黒坂命の墳墓」『古墳時代寿陵の研究』雄山閣、1994。筆者はこの事実をもって寿陵の終焉とは考えていない。それはこの地方の特殊性であると想定している。

第Ⅲ部　常陸における古墳研究抄史

1 藩　政　期

　日本考古学の研究は、その基礎を藩政期に置く。特に4代将軍家綱以降、文治主義が、幕政の根幹をなすようになると、多くの藩で儒教を中心とした思想教育が盛んに行われるようになった。そうした方向の先鞭をつけた一人に水戸藩主徳川光圀がいた。彼は『大日本史』編纂という大事業を行い、その中から幕末の政治思想の中心をなす天保学あるいは水戸学と呼ばれる学問体系が発生したともいわれている。

　常陸の古墳研究は徳川光圀にその出発点がある。文化年間に小宮山楓軒の手によって完成したといわれる『水府志料』に紹介された次の一文から本稿を始めることにしたい。

　　「新治郡　紅葉組下玉里村」
　　古墳、光明寺中に石磈有り、竪二間、横一間半、高六尺有り。其上に観音堂を創せる故岩屋の観音と称す。元禄三年、水戸義公其磈を発し観給ふに、内に刀、鎧、鏃の類あり。皆枯腐して、黄金を以装飾となせし物僅に存せるのみなり。

という興味ある一節がある。水戸義公が光圀であることはいまさら説明を要しないところである。

　内容は下玉里字岡の光明寺境内に存在した直径20mほどの円墳から石槨が発見され、それを光圀が調査したという記事である。記録によれば、光明寺は万延元年廃寺となった由、この寺は上玉里の円妙寺の末寺で天台宗に属する寺であったという（豊崎監修 1975）。

　調査についての詳しい記述は全くないが、元禄3年といえば1690年であり、注目したい。ただこの調査が何を目的に行われたのか明らかでない。もしもこの調査の記録が残されていたとしたら日本考古学史にとってきわめて重要な記録となったはずである。

　さらに光圀は翌々年の元禄5年、水戸領であった栃木県湯津上村において発

掘調査を行っている。上侍塚古墳および下侍塚古墳がそれである。(斎藤 1974)。
「那須記」によると、

　　光圀卿数十人の人夫をして此の塚を掘らせ給ふ。時に元禄5年申2月16日也。

とある。これは有名な那須国造碑の発見された6年後であり、彼は国造碑近くに存在する古墳を発掘することによって、国造に関する詳細なデータを得ようと、発掘調査を実施したという。要するに墓誌を発見することが目的であった。残念ながら下侍塚からも上侍塚からも墓誌を発見することができなかったため、出土品をすべて再埋納し、それを入れた松板の木箱の蓋に自ら筆を執って、

　　是歳元禄壬申春、命儒臣良峰宗淳、啓発䰗域。若有誌石知其名氏、則欲建碑勒文而伝不朽也。惜哉惟折刀破鏡之類、莫有銘誌焉。

と記した。光圀の学者としての面目躍如たるものがある。彼が希望した墓誌については、わが国の古墳から発見された例は皆無である。それにしても調査後の処置には頭が下る。

　常陸の古墳については、江戸時代に記録された三大著作がある。赤松宗旦の『利根川国志』、小宮山楓軒の『水府志料』さらに中山信名の『新編常陸国誌』である。特に『水府志料』と『新編常陸国誌』には多くの古墳が記録されており、貴重な文献である。これらの常陸全体を総合的に広く集成しているが、こうしたもの以外に注目すべきいくつかの文献がある。

　斎藤忠も高く評価した小宮山昌秀『中根村石窟考』（天保9年）は勝田市中根の十五郎穴についての記録で、注目された一文がある。

　　常陸那珂郡中根村ニ石窟多クアリ、大小一ナラズ。……我上古ノ時ノ墓地ニテ、小ナルハ小児ヲ埋メシ所ナランカ。……

横穴を墓と断定した画期的な一文であり、おそらく日本の横穴研究にとって欠くことのできないものであろう。しかしあまり知られておらずほとんど引用されることがない。

　さらに土浦の色川三中『野中能清水』なども古墳研究にとっては忘れたくない文献である。

特異なものとして、行方郡麻生町富田に存する「古冢の碑」がある(茂木1982)。

　　古冢の碑
　　常州行方郡冨田村大御堂山崩志者々々火の光を見類里人大尓
　　怪□阿ふ今玆閏2月17日人阿り地を本りて石槨を得たり中に
　　囙骨及古剣曲玉観世音の像阿り銘誌なけ礼ハ何人の墳墓奈
　　類事□志らされとも其様尋者なけ礼ハ□□弥千百歳を経る物
　　□したり当仏像を一乗寺に安置し余は皆埋て元の如くに須
　　人是を尊□祈誓する事其心阿り蓋其人誰有べし故に碑を立て
　　事を□□□後の人犯す事なく汚す事なかれ
　　文化8年辛未春3月　　羽生惣右衛門鳴識

とある。文化8年というと西暦1811年であり、古墳発掘の記念碑としては本県最古のものである。特に藩政期にこうした碑を建立した名主羽生惣右衛門なる人物の徳が偲ばれる。この碑は風雨にさらされ碑文の解読も困難となってきている。茨城県の貴重な文化財として保存対策を考えてほしい。

　以上、常陸の先哲による近世における古墳関係の記録を紹介したが、こうした記録は、全国的に注目できるものである。

2　明治・大正期

　明治に入ると、考古学は西洋流の新しい科学的方法で研究されるようになる。しかしそれは石器時代が中心で、古墳を発掘調査して研究しようとする動きは1945年の敗戦まで待たねばならない。その傾向は本県下においても同様で、偶然の機会に発見されたものの報告と踏査行の報告が多い。特に注目されるものをいくつか紹介しておこう。

　小室龍之助「常陸国霞ヶ浦沿岸附近ニ於ケル古跡」(『東京人類学雑誌』106号、1895年)がある。この中に出島村安食の富士見塚古墳の発掘についての記事が紹介されている。

此ノ塚始メハ高大ナルモノニシテ面積三畝八歩ヲ占メ高サ三間ナリキト云フサレドモ今ハ悉ク平ゲテ僅ニ石槨ヲ蓋フノミ、石槨ノ底ハモト平地ニ接セシナランモ多クノ土ヲ平ゲタル為メ其ノ近辺一面ニ高クナリタレバ今ハ少シク深クナリ居レリ其ノ構造、口ハ正南ニ向ヒ奥行一丈二尺五寸ニシテ、更ニ之ヲ二部ニ区画ナシ奥部ハ間口四尺二寸前部ハ三尺八寸ナリ高サハ奥部ニ於テ五尺前部前ニ於テ三尺奥部ノ側壁ハ二枚ノ平石奥ハ一枚ヲ建テ天井モ二枚ヲ以テ覆ヘリ厚サハ何レモ四寸余アリ前部ノ側壁ハ平石ノ小片ニテ積ミ上ゲ天井ハ矢張平石ナリシト云フ底一面ニ真白ノ砂利ヲ敷キ入口ハ両処共手石ニテ閉チアリキト云フ而シテ奥部ノ側壁ニハ朱ノ如キ着色アリ石槨ノ構造所見概略此ノ如シ而シテ此ノ内ニ更ニ石棺アリシト云フ今ハ毀チテアラザレバ聞ケルマ、ニ記載センニ高サハ二尺五寸許リ底ト天井ハ各四枚ノ長方形平石左右側壁ハ各五枚ノ全石前後壁ハ二枚計二十枚漆喰様ノモノニシテ之レヲ合セタリ中ニ骨格二組アリ一ハ五六十年位ノ男子ノ骨ナラン北首ナリ一ハ南首ニシテ十五六年位ノ人ナランガ男女ノ程ハ別ラザリキト云フ而シテ二人ノ中間ニ直刀其外ナイフ様ノモノ抔アリ而シテ此ノ石棺ハ石槨ノ奥壁ニ接シテ左壁ヲ離ル、コト僅ニ三四寸而シテ右方石槨内ノ空処ニ又一人ノ骨格アリ棺内北首ノ者ト同年輩位ニシテ男子ナラン茲ニモ直刀等アリタリト云フ直刀ハ何レモ腐食シ尽キタレドモ鞘ノ外部ヲ包ミタル金鍍金ノ金物ノ如キモノ、ミト外ニ柄頭銀環二ケハ満足ニアリキ其ノ他五寸釘又ハ火箸ノ折レノ如キモノ沢山アリ石棺ノ上ニアリキト云フ甲冑ニテモアリシナランカ、……

とあって、興味ある横穴式石室が報告されている。おそらく大師の唐櫃古墳として有名な装飾古墳の最初の報告といえる。報告中「奥部ノ側壁ニハ朱ノ如キ着色アリ……」とあり、翌年大野雲外はその発見を明治23年1月14日として円文を図化して紹介した。これ以後大師の唐櫃古墳として茨城県を代表する彩色を有する装飾古墳として関城町の舟玉古墳と共に注目されるようになった。

三上靖秀「常陸国諏訪山古墳」(『東京人類学雑誌』135号、1897年)は、茨城町諏訪山古墳の報告であるが、あまり知られていない。特に円筒埴輪が二重

にめぐっていたことと、

　　5月13日ニ及ンテ兜形の鉄具剣（三尺）片刃直刀（中ニ長サ四尺ノモノアリ）鏃及ヒ石製ノ鑿弐個ヲ得タリ、又其近傍ノ畑中ヨリ村民ノ口碑ニ拠リテ大瓶壱個ヲ探掘セリ…（以下略）…

　この報告中にみられる石製のノミが気にかかる。滑石製品を伴い円筒埴輪が樹立されていたとすると鏡塚古墳や舟塚山古墳とともに常陸においてはきわめて重視されてくる。

　ただ残念なことは、こうした資料を現在検討することができないことである。

　兜塚古墳の調査

　この時代、本県の資料を基に論じられた古墳時代の研究にとって最も重視すべきは、坪井正五郎、野中完一「常陸国新治郡瓦会村の古墳」（『東京人類学会雑誌』153号、明治1898年）である。これも八郷町瓦会の俗称兜塚古墳と呼ばれる横穴式石室を有する円墳の報告である。調査の経過については野中が担当し、考察を地主小松惣兵衛氏の要請に応じて坪井が担当している。

　坪井は「考究の手段」として、

　（1）塚の構造によりて知るを得べき事。
　（2）発見品によりて知るを得べき事。
　（3）玉類の位置によりて知るを得べき事。
　（4）埴輪の無きによりて知るを得べき事。
　（5）屍体の数によりて知るを得べき事。
　（6）兜塚の称によりて知るを得べき事。
　（7）類似の古墳に比して知るを得べき事。

以上7項目についてそれぞれ詳細な検討を加えている。特に年代の比定については、大化の喪葬令を基礎とした論攷がなされている。

　（1）では天智帝以前とし、さらに（2）では孝徳帝よりも遡るとしたうえで、（3）では、発見された玉類の接する部分が摩擦されている点を重視して「死者が生前からこうした玉類で身辺を飾つていた」としている。（4）では大

化の喪葬令に埴輪についての記載が存しないことから「当時既に埴輪を樹つる風、衰へて此事に付き制限を設けるの要認められざりしに由ると考ふ」として、

　　埴輪土偶に模されたる服装より推せば、是等の作られたるは大化に先だつ事少くも数十年の時なるべく、従つて其得々に跡を絶ちし端緒は或は大化に先だつ百年以上時に開かれしやも知るべからず、要するに埴輪隆盛の期は垂仁以後500年には達せざりしならん。右の考案にして大差無くば、今回調査の塚は垂仁帝以後四百数十年の時に成りしものと云つて可ならん。

と時代を反映する考察が行われている。しかしその実年代の比定は別としても、その方法の確かさは時代を越えた今日でも多くの示唆を与えられる。

（5）は3体の屍体についての考察であり、「余は此所に合葬されたる者の中、奥室に横はれるは主人にして、中室に横はれるは其死に際して殉死せる二人の従者なる事を疑はず……」とある。

（6）は俗称の由来を検討し、（7）では当時発見された埼玉県真観寺古墳との比較がなされている。

　この報告が常陸の古墳時代研究に果たした功績は大きい。その一つはまず年代比定である。常陸の古墳の年代が初めて日本史を使用して示されたことである。孝徳帝以前ということは大化以前を意味するのであり、1世紀を経た現在でもほとんど変りない年代決定といえるだろう。さらに常陸のみの問題としてではなく関東地方という大きな枠で考察されたために、常陸の古墳が広く紹介された意味も大きい。現在は残念ながら古墳は残らず、わずかに坪井の撰文による「兜塚古墳」の碑（1900年建立）が伝えられるのみである。その碑文は次の通り。

　　兜塚とは常陸国新治郡瓦会村大字瓦谷小松惣兵衛氏所有地の屋後に在る古塚の名なり、明治31年4月小松氏土を要する事ありて此塚の一隅を崩したるに図らずも大石に掘り当れり、塚の名既に人をして或ハ甲冑を納めたる地ならんかとの念を起さしむ、況や大石の露出せしに於てをや、好奇心ある者挙りて発掘に従事し終に大石の石室の一部たる事を憺めたるのみならず此石室内に於て人骨刀鏃馬具銅鋺金環切籠玉管玉丸玉小玉銅製空虚玉等

を発見するに至れり、余此事を聞き野中完一氏に実査を嘱託し氏の報告に接して其詳細を知るを得たり。後小松氏余に此塚に関する考説を質する、余日く外部の形状内部の構造遺物の種類及び類似古塚の比較は此塚の今を距る凡一千四百年前１人の貴人と２人の殉死者とを合葬したる古墳なるべきを告ぐ、兜塚の称は塚の形状に基けるのミ埋蔵品の何たるに由るに非ずと古墳所在地の有志諸氏此遺跡を永遠に保存し此事実を後世に云へんか為碑を建てんとし余に撰文を需むるや切なり、余未だ其地を踏まず他に云ふべき無し、僅に知る所を記述して責を塞ぐと爾云ふ。

　　　東京帝国大学理科大学教授従五位理学博士、坪井正五郎識
　　　明治三十三年十月十五日　大野雲外書

草野甚太郎「常陸行方郡南部の遺跡」(『東京人類学会雑誌』176号、1904年)には大生古墳群が紹介された。

大野雲外「真壁町発見の埴輪土偶土馬に就て」(『東京人類学会雑誌』188号、1901年)は、常陸の形象埴輪を紹介して注目できる。

　常陸地方には古墳の存在せしもの数多く同県下に於て埴輪土偶の発見せられし地名を挙ぐれば左の通りであります。

　　　東茨城郡西郷村青山　　　　　　　土偶
　　　那珂郡平磯村　　　　　土偶３、土馬８
　　　多賀郡松原町大字高萩　　　　　　土偶２
　　　同　　松岡村大字高戸　　　　　　土偶１
　　　行方郡秋津村大字青柳　　　　　　土偶４
　　　稲敷郡木原村大字大須賀字幸田　　土偶２

この報告を読むと茨城県下の人物埴輪が最初にこれだけまとめて紹介されたことに意義があろう。

吉田文俊「下総猿島郡地方遺跡踏査」(『東京人類学会雑誌』226号、1905年)には県西部で『利根川国志』にも紹介されている川妻隠里なる五霞村の穴薬師古墳を紹介している。

　丸塚古墳の崩れて石槨の顕はしきものなり、其石槨中々面白き構造にして

一見煉瓦積工事の如く小なる角石を積みて椁とせるものなり、其奥壁中央の所のみ大石を積みて恰も五輪塔の如く見えたり、鎌倉の横穴に真の五輪塔の入れあるものあれど、こは此等に比して考ふるに殆ど同時代位のものか、さなくとも幾分五輪塔の感化を受けし頃築かれたる石椁なるべく如何にも此塚穴は比較的新しく見えたり。

とある。『利根川国志』以来横穴識石室の鏡石に当る部分が五輪塔に似たるものとされ、吉田もそれを中心に古墳の年代を比定している。
　本県下の古墳研究にとって、この下限問題も久しく信じられてきたものである。しかし現在はこの奥壁を五輪塔と見る諸家は少ない。
　吉田は水海道出身で坪井正五郎の門人となり、その個性豊かな人間性はきわめて興味深い。県西から千葉県にかけて古老の間に時として現在でも吉田の話題を得ることがある。また吉田が中心となって1900年に東京帝国大学人類学教室がまとめた『古墳横穴及同時代遺物発見地名表』には、茨城県132基の遺跡が記録されている。
　堀田良済『鹿島名所図会』(1901年)には、4基の古墳が紹介されている。
　明治期の本県下における考古学研究は縄文時代の貝塚の研究が中心であり(山内 1966)、古墳を発掘調査して研究しようとする試みは全くみられない。
　偶然の機会に発見されたこのような調査の記録が残されているのみである。それは大正期に入っても同様である。

吉田古墳の調査

　この時期にも注目されるのは柴田常恵「常陸吉田村の彫刻ある一古墳」(『人類学雑誌』第30巻3号、1916年) である。同年梅原末治も『人類学雑誌』第31巻10号に「常陸吉田村の彫刻の一につきて」を発表している。柴田の吉田古墳の概略を報告した後、

　　彫刻は大体に於て左右相対し、種々の器物の形状を示したもので、中央の上部には、柄部を上方にし尖端を下方にした刃物の形状が相並びて二個示され、(……) 之れは刀子を示したものと考えられる。其下方に一横線が

引いてあるが之れは区別を示す為に作つたものと思はる。其下方には矢筒に五本の矢を入れたと思はるゝ形を示せるが…(略)…矢筒の両側には略ほ相似た長大な銅鉾様のものが示してある。…(略)…銅鉾形のもの、両外側即ち奥壁の両側に近い部分にはまた各々一個の器物が示されている。右側にあるのは矢筒の形で中央に示された矢筒と同形で大さも殆んど相等しく…(略)…左側にあるは底部が広くて上部の狭いもので、しかも甚しく細長い形状を呈し、之れ

吉田古墳の線刻画(人類学雑誌30-3より)

に数条の横筋が引かれ居り、…(略)…抑々此形状は何物を意味するかと云ふと、銅鉾形のものに於けるより更に難解で、予は遺憾ながら暫く之れに答ふるを得ないのである。

と吉田古墳の装飾に対して詳しい報告をしている。そして最後に九州地方の装飾古墳と比較して「製作の手法を比較すれば彼方が優つて居る様であり、石槨と横穴との相違などもあるが、此等の器物を示した考は同一であると共に余程相似た所があると思ふ」と結んでいる。

大正8(1919)年になると「史蹟名勝天然記念物保存法」が公布されるが、翌々10年7月の第1回の史蹟指定によって石岡市舟塚山古墳が対象とされている。

ちなみに関東地方でこの時指定された遺跡は、下野薬師寺跡、下野国分寺跡、多胡碑、山上碑および古墳、金井沢碑、相模国分寺跡等である。

3 昭和期

　昭和に入っても敗戦まではほとんど系統的な研究はされていない。明治以来の皇国史観にとって古墳を発掘して調査しようとすることはタブーを犯すことに等しかったのであろう。

　昭和20年までに報告された主要なものは、鳥居龍蔵「国画の存在する常陸の二古墳（上・下）」（武蔵8―2・3、1928年）、塙瑞比古「常陸国関本町上野の古墳及発掘遺物」（『武蔵野』20―30、1933年）の2つである。2つともに関城町に関係するものであり、前者では船玉古墳の装飾が初めて広く中央に紹介された。上野古墳はすでに墳丘が削平されており、耕作中に閃緑岩質の箱式石棺が発見され、石棺内から豊富な副葬品が出土した。特に馬鐸3、六鈴鏡1等は今日でも茨城県ではあまりその例をみていない貴重なものである。

　昭和5（1930）年から不定期に刊行された『茨城県史蹟名勝天然記念物調査報告』には簡単ではあるが、舟塚山古墳、吉田古墳、梵天山古墳、八幡塚古墳、田余古墳、十五郎穴、大日山古墳等の概略が報じられている。

　戦後になると皇国史観の強い枠が撤廃され、「客観的歴史と神話とが分離させられ、日本の神話を外国の神話とともに文学として保存すること」になった。特に静岡県登呂遺跡の調査が1947年7月13日より再開されることになり、多くの成果が敗戦による国民に新鮮なニュースを送ることとなった。登呂遺跡の調査について、監事の一人で1943年の発見以来調査に奔走した大場磐雄は、その日記『楽石雑筆』に次のように書き留めている。

> 　本年初より登呂遺跡再調査の儀起り、東亜考古学会の島村氏を始め、東大考古学の駒井・原田諸氏を始めとして、各方面の専門家二十余名を委員として、登呂遺跡調査会を作り、今井登志喜氏を委員長として、余は幹事の一人となれり、故に春以来実査すること数回、いよいよ機熟し、地方に於ても後援会をつくり又県史よりも補助金を支出することとなり文部省学研よりの補助金5万円と合せて15万円を以つて第1期の事業を行ふことと

なせり。

　この登呂遺跡の調査は当時毎日新聞静岡支局の森豊により全国的に報道され、考古学を国民に理解させるうえでも重要な役割を果し、これ以後全国各地に考古学ブームを巻き起すこととなった。日本歴史の構成も、従来の神話・伝説中心から考古学を加味した歴史科学へと脱皮していくことになったのである。

　茨城県における考古学研究も戦後は活発に発掘調査が実施されるようになり、多くの資料を提供するようになった。

　以後登呂遺跡の調査を機会に誕生した日本考古学協会の年報から茨城県の主要な古墳の調査のあとを振り返っていきたい。

鏡塚古墳の調査

　茨城県の古墳が中央学界に強烈な印象を与えた戦後最初の成果は、大洗町鏡塚古墳の調査である。現在日下塚古墳として県指定の史蹟である鏡塚古墳は、戦後間もない1949年8月、大場磐雄を責任者とし、国学院大学学生と、水戸一高教諭名越時正に引率された高校生が参加して行われた。

　本墳は、大洗町磯浜の鹿島灘を見降す独立丘の南端に構築されている前方後円墳である。

　前方部が南面し、全長105.5m、後円部径60m、前方部幅36mと推定されている。墳丘には葺石は認められないが、県下で最も古いと思われる円筒埴輪がめぐっている。発掘調査では埴輪の実態や周隍については調査されず、埋葬施設のみを解明させた。それによると埋葬施設は後円部墳頂部の主軸線上に設けられた粘土槨で、南側すなわち前方部側が一部崩落していた似外はほぼ完全に調査された。崩落は幕末期に水戸藩が前方部の一部に砲台を築いたことと、戦時中に防空壕が掘られたためである。粘土槨は、墳頂下1.5mの部位に発見され、外法南北8.95m、幅東西3.5mを有し、崩落した南側に最小限1.5mを復原すると全長10.5mというきわめて大規模な施設となり、その内法は残されていた部分で南北7.85m、幅1mという。

この槨内から実に多量の副葬品が発見された。報告書に従ってその数量を記しておこう。

　1、鏡類
　　　変形四獣鏡　　　　　1面
　　　内行六花文鏡　　　　1面
　2、玉類
　　　勾玉　　　　　　　　5個
　　　管玉
　　　　碧玉製品　　　　　23個
　　　　滑石製品　　　　　4個
　　　ガラス小玉　　　　　47個
　　　臼玉（滑石製品）　　3989個以上
　3、刀剣類
　　　直刀　　　　　　　　1振
　4、滑石製模造品類
　　　鏨　　　　　　　　　2個
　　　刀子　　　　　　　　10個
　　　紡錘車　　　　　　　11個
　　　鋤　　　　　　　　　1個
　　　釧　　　　　　　　　6個
　　　斧　　　　　　　　　16個
　　　鎌　　　　　　　　　2個
　　　鉈　　　　　　　　　1個
　　　鑿　　　　　　　　　1個
　　　勾玉　　　　　　　　2個
　　　異形品　　　　　　　1個
　5、鉄製品類
　　　斧、鉈、刀子、鎌、不明品（篦形、釘状、袋部付等）数10片

6、櫛　　　　　　　　　　　10数枚
7、棺材残片　　　　　　　　1片　以上

　副葬品の最も大きな特徴は滑石製品の大量出土である。石材中で最も加工しやすい滑石で模造品を作り、それらを埋葬に際して副葬しているということは、副葬品に実用品を加えず、模造品すなわち雛形を葬送儀礼に使用していることを裏づけるだろう。そしてさらに注目したいことは、同様の雛形が鉄製品でも見られるということである。それらの詳細については、1956年国学院大学より報告書が刊行されており、その中で大場磐雄は「遺物を通じて見た葬礼に関する一考察」という一文を草している。

　それは古墳時代の葬礼について整理されたもので、鏡塚古墳に副葬された石製品と模造器具との用途の差が葬礼の変化にあるとして次の3つの儀礼をあげている。

（イ）殯斂儀礼
（ロ）葬送儀礼
（ハ）墓前儀礼

これら3つの儀礼を次のように詳述する。

　（イ）死亡直後から本葬迄の間即ち殯宮に仮葬されている時期に行われる各種の儀礼。（ロ）本葬として封土内に埋納される際に行われる諸儀礼。（ハ）本葬後墓前において執行される祭祀類を意味する。

さらに（イ）（ロ）（ハ）の実態については次のように述べている。

　殯斂儀礼、殯宮は一応墳丘とは別な死者の邸宅に近い個所に設けられたとみてよい。副葬品の一部とされる鏡や玉や剣はこの時すでに屍体に副え置かれたと思う。全く悪霊が宿るに及び現世への復帰希望が断念されたとき、殯斂から本葬に移行したとすべきで、即ち屍は黄泉戸喫して黄泉国の人となると考えられた。

　葬送儀礼、殯斂時における復活儀礼と異なり、黄泉国における新生活に対する儀礼が主であった。この際鏡、玉、剣や石製品の類は、黄泉国における霊魂の安泰を守り、且つ権威を持続させる観念の下に副葬されたもの

である。
とし、古墳の墳丘から発見される土師器にとどまらず屍体に副葬された石製品類をも幣とみることができることを示唆している。最後に墓前儀礼については次のように整理する。

　ここで問題となるのは滑石製模造器具の出現である。既述の如く石製品が先代の模作で宝器なものであるのに対して、これは当代の器具の模造であって献供を主としたものである。…（略）…恐らく中期に入った頃には被葬者は神と意識されたものではあるまいが、神の認識が起ってから、それに対する葬送儀礼にも若干の変化が生じ、奉斎又は献供が主な儀礼となってくる。即ち葬送に際してはその霊を祀り、又は各自その恩頼を受けようとして、これに献供する風が生ずるのは当然であって、その量の増大と形状の型式化のため、安易な石材を選び、形態も縮小粗製化されて滑石製模造器具の盛行へと移行したものであるまいか。……本墳における滑石製品の意義は宝器から祭器へ、副葬から献供へと移行せんとする姿を示すものとして、興味深い。

さらにこの報告書に収録されている佐野大和の「粘土槨考」は、わが国におけるこの種埋葬施設の研究上欠くことのできないものである。こうした意味からも本墳がわが国の古墳時代研究に果した役割は大きく、茨城県を代表するものである。また近年轟俊二郎によってその端緒が開かれた円筒埴輪の研究でも（轟 1969・1973）、最近県下最古に属する資料が採集され、再び鏡塚古墳が評価されるようになった。

丸山古墳の調査

1952年11月22日から12月2日かけて、後藤守一を中心として調査された新治郡八郷町所在の丸山古墳（1号墳）がある。現在は墳丘の裾に柵が作られ、墳丘の東から南にかけて、かなり深い溝が掘られている以外は、よく保存されている。墳丘には椎の大木が繁茂し、後方部頂に大きな五輪塔が祀られている。後方部北側の眼下には佐自塚古墳を見降すことができる。

墳丘は測量の結果全長55m、後方部幅34m、長さ30m、前方部先端幅18m、後方部高さ4mの整然とした前方後方墳である。
　埋葬施設は主軸に並行して設けられた粘土床といわれる形態で、木棺の両端を粘土塊で固定させるもので、北端粘土幅73cm、南端61mであり、その間の長さ3.56mである。棺内に相当する部分に多量の玉類が副葬されていた。以下報告書に従って列記しておこう。

　1、鏡類
　　　内行花文鏡　　　　　　　1面
　2、玉類
　　　勾玉　　　　　　　　　　9個
　　　管玉　　　　　　　　　　95個
　　　棗玉　　　　　　　　　　1個
　　　丸玉及び小玉　　　　　　138個
　3、銅鏃　　　　　　　　　　　4本
　4、鉄製品類
　　　直刀　　　　　　　　　　3振
　　　剣　　　　　　　　　　　6振
　　　刀子　　　　　　　　　　1本　　以上

　本墳で注目される点は、県下で最初の前方後方墳であったこと。特に発掘助手として参加した大塚初重はこの丸山古墳の調査後、前方後方墳に関する多くの論文を発表し、前方後方墳の研究によって文学博士位を授与されている。
　さらに、本県下で最初の銅鏃の発見と粘土床の確認も注目したい。後藤守一は報告書の中で、次のように述懐している。

　　　この丸山古墳が前方後方墳であることと、内部主体が粘土床といってよいものであることを決める心の準備ができていないということが、その一つの理由であった。前方後方墳というものは、最近はすでに学界の常識となってきているが、5年も前にはあまり多くの人には知られていなかったものである。しかも、この丸山古墳は、葺石も、埴輪円筒列もないので、

これを前方後方墳とする「きめ手」が手弱なのである。そうなると、類例を求めてみなければならないことになる。さらにまた粘土床に至っては、当時はこれが最初の例であった。これを確信をもってペンをとる前に、やはり類例を多く見て、それを踏み台としたいという心の「あせり」であった。

　老学徒の面目躍如たるものがある。研究者として真摯な態度で報告書の作製に当たることを忘れたくないものである。

　この年には日本大学考古学会によって、下館市女方古墳群の発掘調査も行われている。この古墳群から発見された1体の人物埴輪には特に問題点が多い。すなわち仏教の影響を受け眉間に白毫を有するというものである。最近では若い学徒の間で櫛の退化したものであるとの意見が強くなっている。筆者もその考えを早くからもっていた。かつて大場磐雄に連れられて、初めてこの埴輪を見学したとき、大場に「これは白毫ではなく櫛ですよ」といわれたのが印象的であった。大場の1952年の雑記に次のような一文が記されている。

　　問題となるべき白毫は女子にのみありて男子になく、これは一つの不思議なり、更に両者共全体に形式化せられて他の埴輪像の如く写実性を失い、特に相対的となせる点に意を用いたるが如し、故に余はこれを白毫と見る能はず、恐らく櫛の先端を示すものにして、歯の部分を署せしならん。又眉の形仏像に似たりといへど、かかる眉は伎楽面にもあり、又埴輪にも認めらる。故にこれを以つて仏像との関係を説くことは些か早計ならんと断ず。

　注目すべき意見である。しかし残念ながら女方古墳群の正式な記録は公表されていない。本資料は単に白毫の有無を論ずるだけの問題ではない。確実に人物埴輪の眉間に白毫が施されていたとしたら……。それだけに女方古墳群がどのような内容の古墳から構成されていたのか、あるいは副葬品の中にも仏教的色彩がみられたのか、あらゆる角度から分析・検討するためにも報告書の刊行が待たれるのである。

大生古墳群の調査

　この年潮来町大生古墳群の調査が国学院大学教授大場磐雄を中心に開始されている。この調査は県南地方における本格的な学術調査として注目されるものである。本古墳群は大生神社を中心に築造され、1952年から3ヵ年の歳月をかけて発掘調査された。

　盟主的な子子前塚古墳の調査ほど県南地区の古墳発掘の方法に貢献したものはなかったといえるだろう。子子前塚古墳の発掘調査には当時としては考えられない60日という期間が費やされている。埋葬施設を発見しようとする大場の執念もさることながら、それを支援した大生原村当局の態度も銘記されなければならない。当時の森音治村長以下原治、大川文、風間万治郎、風間茂、石津徳三郎の各氏および助役松兼敦に対して後進として感謝したい。すでにほとんどの方が物故されているが、筆者も大生古墳群の報告書刊行に参画させてもらい、原、大川両氏の謦咳に接することができた。小さな村の大生原村は現在潮来町に合併されて村名は消えてしまった。しかしこの村の行政担当者が考古学上に残してくれた子子前塚古墳の成果は、後に続く古墳時代を追究する学徒に多くの示唆を与えている。学問とはそんなものであろう。

　子子前塚古墳は全長71.5m、後円部径38.1m、前方部幅32.7m、高さ後円部6m、前方部5.24mを測り、北西に面する前方後円墳で、西南側括部に造り出しを有している。外部施設として葺石は認められないが、2段に円筒埴輪が囲繞し、後円部西南側に形象埴輪（人物、馬、靫）が発見された。埋葬施設は西南裾の造り出し部に設けられていた。

　発見遺物を報告書から拾い出して列記すると次の通りである。

（イ）箱式石棺内出土

　1、玉類

　　　管玉　　　　　　　　　11個
　　　切子玉　　　　　　　　 3個
　　　ガラス小玉　　　　　　39個

　2、鉄製品類

直刀	6振
刀装具	6個
鉄鏃	10本
刀子	4個
鉄製環状金具	1個

3、金銅製品類

銀環	1対
金環	1個
銅環	1対

4、須恵器片　　　　　　　2片

(ロ) 墳丘内出土

1、埴輪類

円筒埴輪	破片多数(復原6本)
形象埴輪(人物、馬、靫)	破片多数

2、須恵器

(ハ) 造り出し部出土

1、須恵器類

壺	3個
高坏	3個
坏	6個

2、土師器類

坏	1個

3、金銅製鋲金具　　　　　6個

4、鉄製品類

刀子片	3個　以上

　この調査は1954年に一応終了し、1960年に付近の調査が行われ、1971年に正式な報告書が刊行された。それは大場にとって本格的な報告書の最後となった。

村松村の調査

　この頃になると県内に古墳を研究する若手のグループが生れた。それは当時茨城高校教諭であった大森信英らで、水戸市周辺の小古墳の発掘調査をさかんに行い、報告書もいくつか刊行している。その中で特筆すべきは、東海村における一連の業績である。1953年より当時の村松村に腰を据えて古墳群の調査を継続し、大きな成果を収め、大著『常陸国村松村の古代遺跡』をまとめている。この書は1955年に村松村教育委員会より刊行されているが、ここにも大生原村長森音治同様、当時の村松村長川村義彦の努力がある。それが県内研究者による最初の本格的な報告書として県内外から注目されることとなった。報告中特に注目されるのは「権現山第五号墳と出土埴輪」と題する円筒埴輪の紹介である。

　　此の埴輪は全長65センチ、直径23.5センチ、肉厚1.2センチの円筒形で口縁部より約8.5センチの処に厚さ1.2センチの帯状のつばを附し、更に口縁部より円筒上部3分の1附近にかけて一辺約3ミリの方形の刻印を一面に附している。

と述べている。

　最近この種の格子目タタキを有する円筒埴輪が関東地方でも発見されるようになり、権現山古墳の円筒埴輪が再評価されるようになっている。しかし残念ながら報告されたこの埴輪は調査後火災によって焼失し、現存しない。

　1954年には明治大学教授後藤守一によって丸山4号墳が調査された。この古墳は全長35mの小規模な前方後円墳で、後円部に県下最古に属する横穴式石室があって、墳丘には2段に円筒埴輪が囲繞していた。

三昧塚古墳の調査

　1955年になると、古墳時代後期初頭（5世紀中葉）の資料として全国的に注目される三昧塚古墳が後藤守一、斎藤忠らによって実施された。

　本墳は、行方郡玉造町沖洲の霞ヶ浦に面する沖積地に、東西に面して構築された前方後円墳である。その規模は、全長85m、後円部径48m、前方部幅40m、

高さ後円部8m、前方部6mを測り、周隍は水田として盾形に残されている。その東側には、周庭状に細長い畑が存在する。葺石はなく、多量の埴輪が2段に樹立されていた。埋葬施設はいわゆる筑波石を使用した箱式石棺で、蓋石には縄掛突起が長側に各1個つけられている。

　発見された遺物は、墳丘からの埴輪と石棺の内外から数多くの副葬品が認められた。

（イ）石棺内出土品

1、鏡類

変形四神四獣鏡	1面
変形乳文鏡	1面

2、玉類

管玉	12個
丸玉	468個
ガラス小玉	1792個

3、鉄製品類

直刀	2振
剣	1振
刀子	3本
鉄鏃	50本
棒状鉄器	1本
尖頭形鉄器	1本
性質不詳鉄器	数例
鉤状鉄器	1点
挂甲	1領

4、金銅製品類

冠	1個
垂飾付耳飾	1対
飾金具	5個

（ロ）石棺外出土品
　1、武器類
　　　直刀　　　　　　　　　　1振
　　　戟　　　　　　　　　　　1振
　　　刀子　　　　　　　　　　1本
　　　鉄鏃　　　　　　　　　160本以上
　2、武具類
　　　短甲　　　　　　　　　　1領
　　　挂甲　　　　　　　　　　1領
　　　衝角付冑　　　　　　　　1領
　3、工具類
　　　鉄斧　　　　　　　　　　1個
　4、馬具類
　　　轡・鏡板　　　　　　　　1対
　　　面繋飾金具　　　　　　　1括
　5、砥石　　　　　　　　　　1個
（ハ）墳丘出土品
　　　埴輪
　　　円筒埴輪　　　　　　　70本以上
　　　形象埴輪
　　　　人物・動物　　　　　　　　以上

　これだけ豊富な副葬品は、これ以後も茨城県では発見されていない。先に紹介した大洗町の鏡塚古墳が茨城の前期を代表する前方後円墳であるなら、三昧塚古墳は後期初頭を代表する古墳である。副葬品中最も注目されるのは金銅製冠である。また埋葬施設の箱式石棺も興味ある形態で、後期になって非常に多い箱式石棺の起源ともいえる。しかしそれらとの格差は大きく、三昧塚古墳における箱式石棺導入の実態は解明されていない。それを畿内に流行する長持型石棺の退化した形式であるとする諸家も存するが、必ずしも多くの賛同を得て

いるわけではない。千葉県小見川町の三分目大塚古墳の石棺との関係を今後検討する必要があろう。

1958年には、2ヵ所で古墳の調査が行われた。それは那珂湊市三ツ塚古墳（大森信英）と、千代田村四万騎古墳群（吉田章一郎）である。また、この年に亀井正道「常陸浮島の祭祀遺跡」（『国学院雑誌』59—7）が公表された。浮島の尾島神社周辺の祭祀遺跡を中心に考察されたもので、常陸の古代信仰を考えるうえで特筆される内容といえる。

1959年も同様に小さな古墳の調査が行われた。水海道市貝塚古墳（吉田章一郎）と麻生町南古墳（大森信英）である。前者については上智大学より1963年に『七塚古墳群の調査』として報告書が刊行されている。私事ながら後者は、筆者が最初に参加した古墳の調査であって、想い出深いものである。残念ながら正式な報告は未だ刊行されておらず、わずかに日本考古学協会の年報にその概略が記されているのみである。また大森によって勝田市金上谷津古墳で横穴式石室の側壁に陰刻された装飾古墳が調査されている。

この年、後藤守一を中心に『茨城県古墳総覧』が茨城県教育委員会によって刊行された。茨城県初の地名表である。

1960年にも上智大学史学会は、水海道市で七塚古墳群を調査した。

勅使塚古墳の調査

1961年には三枚塚古墳の調査の折前方後方墳と確認されたという勅使塚古墳の調査が、明治大学の大塚初重によって行われた（大塚　1964）。霞ヶ浦の東岸、標高約20mの尾根上に東南に面して築造されている。本墳の調査において特記されることは、県下で初めて墳丘外表の土師器群を精密な調査によって明らかにしたことであり、それによって底部に穿孔する壺型土器が検出されたことである。

埋葬施設は長さ5m、幅50cmの粘土床に属し、副葬品には次のようなものが報告されている。

1、鏡類

重圏文鏡　　　　　　　　　　1面
　2、玉類
　　　管玉　　　　　　　　　　　　10個
　　　ガラス小玉　　　　　　　　　40個
　3、鉄製品類
　　　剣先　　　　　　　　　　　　1片
　　墳丘内出土品
　　　土師器　　　　　　　　　　　　　　以上

　この報告中大塚は、築造年代を県下の資料以外の全国的類例から次のように述べている。すなわち、「墳丘の立地、墳丘の形態および内部主体の構造と副葬品の特徴及び墳丘の各所からの相当数の土師器」等を基礎として「西暦400年前後、おそらくは5世紀中葉以前に築造された古墳であろう」と具体的な年代を示した。このことは少なくとも常陸の古墳の築造の開始が5世紀初頭という年代の比定であり、従来の研究では得られなかっただけに以後の研究に及ぼした影響は大きい。丸山古墳とともに常陸の初期古墳が前方後方墳であったことは注目される。

　1962年、63年にはこれといった大きな調査はない。しかしこの頃から水戸市周辺で宅地造成や工場誘致に伴って古墳も破壊されるようになってくる。1963年に調査された勝田市津田の西山古墳群などはその好例である。特に全長25.5mの1号墳と仮称した前方後円墳には円筒埴輪列が囲繞し、後円部の中央から木炭槨が発見されて話題を呼んだ。

稲荷山古墳の調査

　1964年に日本大学考古学会が発掘調査を行った新治郡出島村風返の稲荷山古墳は三昧塚古墳に次ぐ副葬品が伴出したとして、当時かなり話題となった。しかし女方古墳群の調査同様出土品は私蔵され、研究者がこれを研究に使用することはほとんど不可能である。断片的な報告を継ぎ合せてみると次のようにまとめられる。

全長70m、後円部径35m、前方部幅45m、高さ後円部7mで、前方部はそれよりも高かったようである。後円部に複室構造の横穴式石室があり、さらに括部に箱式石棺が埋置されていた。横穴式石室内には3基の箱式石棺が存在した（調査時筆者実見）。

副葬品としては次の遺物を知る。

（イ）横穴式石室内

　　　直刀
　　　馬具
　　　刀子
　　　弓弭
　　　銅碗
　　　須恵器類（長頸壺、平瓶、甕、高坏）

（ロ）石室内の箱式石棺内

　　　金銅製耳飾　　　　　　　　4
　　　頭椎太刀　　　　　　　　　1
　　　円筒大刀　　　　　　　　　2
　　　刀子　　　　　　　　　　　1
　　　金銅製密柑玉　　　　　　多数
　　　ガラス丸玉　　　　　　　多数

（ハ）括部石棺内より

　　　馬具類
　　　鞍
　　　杏葉
　　　雲珠
　　　馬鈴　　　　　　　　　　　以上

これらの豊富な副葬品がどのような状態でどれほど発見されたかは全く調査担当者以外は知ることができない。調査後すでに20年を経過し、担当者の軽部慈恩は他界してしまった。報告書の刊行は困難かも知れない。しかし大学の名

において後進がその責を果たすことが学問研究にとって、最も大切なことと思う。

馬渡埴輪窯跡の調査

　1965年には大塚初重によって2ヵ所の重要な遺跡の調査が開始されている。それは勝田市馬渡埴輪窯跡と玉里村舟塚古墳の調査である。双方ともにこの年から数年を要して計画的な調査が行われ多くの成果を得ている。

　馬渡埴輪窯址は、この年から1968年9月まで7次にわたる調査が計画され、埴輪を生産する邑の実態が解明され、1968年には国史跡の指定を受けた。大塚らの努力によって全国に冠たる茨城を代表する最重要遺跡として知られるようになった（大塚 1976）。

　遺跡はA・B・C三地区に分れ、A地区では南側の水田面までわずか3mの微高地に、南面して9基の窯跡があり、その北側には埴輪製作工房跡9基、住居跡2基と20基近い粘土採掘抗が発見された。B地区は、窯跡2基、埴輪製作工房跡1基、埴輪捨場等が発見された。C地区では窯跡3基、埴輪製作工房跡2基が発見された。

　以上のように14基の埴輪窯跡が発見されたのみではなく、その製作工房や原料の採掘抗まで検出された例は全く存在せず、邑全体の輪郭を捉えることができたことは、調査担当者の努力以外にない。このようにして保存された馬渡遺跡は、今後も古墳時代を研究する多くの学徒に永く研究材料を提供してくれるであろう。

　報告中特に筆者が興味を感じた点は、これら窯跡の操業の問題である。「同時操業の窯は2基か多くても4基を超えることはなかった」と述べている。そしてこうした埴輪窯の時期を、伴出した土師器から、「ほぼ西暦6世紀中葉前後から7世紀前半頃と考えられ、東国でもっとも埴輪が盛行した年代であった」としている。このように大塚らの努力によって公表された埴輪生産地からどの範囲にどのようにして供給されたかを調査することは、常陸をフィールドとする者の責任であり、調査を担当した大塚に対する学問的返礼であることを

忘れたくない。

舟塚古墳の調査

さらに大塚はこの年から玉里邑舟塚古墳の調査を1968年7月まで5次にわたって実施している。

全長88m、後内部径42m、前方部幅50mの前方後円墳である。墳丘には3重に円筒埴輪が囲繞し、墳丘の西側裾部には家、人物、動物等の形象埴輪が存在した。

埋葬施設は後円部墳頂下に主軸と交叉する方向で発見された。その形式は箱式石棺に属するが、側壁が2重である点が特異である。

副葬品は発掘調査を計画中に盗掘に遭遇してその実態は必ずしも明確ではないが、報告によると次のような遺物が記録されている。

1、玉類
  丸玉   11個
  ガラス小玉   48個
  銀製山梔玉   2個
2、武器類
  圭頭大刀   1振
  鹿角装大刀   2振
  鉄鏃   20本以上
3、武具類
  挂甲   1領
4、馬具類
  鞍金具   1式
5、埴輪類
  円筒埴輪
  家型埴輪
  人物埴輪

動物埴輪　　　　　　　　　　　　　以上

　本墳の盗掘者3名が1971年石岡署に検挙されたというが、その出土品についてはすでに売買され不詳という。

玉作遺跡の予備調査

　1965年には古墳時代の生産遺跡として注目される玉作遺跡の予備調査が寺村光晴によって行われた（寺村 1980）。茨城県の玉作遺跡は現在までのところ3遺跡が知られている。金砂郷村玉作遺跡、土浦市烏山遺跡、江戸崎町上の台遺跡がそれである。最も良好なのは烏山遺跡であるが、この年調査されたのは金砂郷村の玉作遺跡である。この遺跡は金砂郷村玉造字中平という山田川の南側に面する微高地で、付近からは古くからメノウの原石が採集されていた。寺村が中心となって、県立太田一高・二高生の協力を得て12月24日から28日まで実施した。筆者も参加したのでその日誌を紹介しておこう。

　発掘地点は微高地の先端で、丘陵に直交して2本のトレンチを設定し、Bトレンチ（幅1.5m、長さ10m）の西端から2棟の竪穴住居跡を発見した。

　1号住居跡は一辺3.5mの方形プランで、床面までの掘り込み約10cm、床面は張り床で北壁にカマドを有し、覆土中より滑石片を少量検出したが、玉作に直接関係するものは検出されなかった。

　2号住居跡は1号の北西コーナーで一部重複するが、ほぼ完全で北壁にカマドを有する。一辺約7.5mの隅丸方形でカマドは泥岩を一部使用している。覆土および床面より滑石製有孔円板4個、メノウ原石、砥石、土師器、須恵器、鉄器等を伴出したが、玉作工房を検出することはできなかった。しかし付近に玉作工房の存在を推定しながら本調査が計画されずに中断してしまったことは残念である。

　またこの年も日本大学考古学会によって出島村で大日山古墳という全長45mの帆立貝式前方後円墳が調査され、馬具類、武器類が箱式石棺より発見されたと聞く。

宮中野古墳群の調査

1966年茨城県考古学会によって発掘調査が行われ、以後早稲田大学考古学会に受け継がれて、前方後円墳3基、円墳9基、方墳1基の計13基が発掘調査された。この調査は鹿島臨海工業地帯の造成に伴って破壊されることを前提として行われたが、円墳1基を除いてすべて盗掘されており、茨城県の古墳研究史にかつてない数の古墳が同一地内で調査されたにもかかわらず、以後の研究に益する有効な資料を得ることはできなかった。

この年には大塚初重「常陸の前方後方墳について」(『茨城県史研究』6)が公表された。

狐塚古墳の調査

1967年3月に岩瀬町では工場誘地に伴って消滅する狐塚古墳が発掘調査され、前方後方墳であることが確認された。

その規模は全長44m、後方部幅23m、前方部幅14mを測り、後方部がほぼ方形に近いタイプの前方後方墳で、墳頂部のやや西寄りに鹿沼土を使用した槨が発見された。槨の輪郭は、南北7m、幅2mを有し、棺床は長さ5m、幅1mである。報告書から出土品を列記すると次の通りである。

（イ）埋葬施設内
 1、玉類
  ガラス小玉　　　　　　　14個
 2、鉄製品類
  直刀　　　　　　　　　　1振
  剣　　　　　　　　　　　1振
  刀子　　　　　　　　　　1本
  鉇　　　　　　　　　　　2口
  短甲　　　　　　　　　　1領
  鉄斧　　　　　　　　　　1個
 3、青銅製品

銅鏃　　　　　　　　　　4本
　4、土師器類
　　　高坏　　　　　　　　　　2個
（ロ）墳丘内
　　　土師器類
　　　壺　　　　　　　　多数　以上
　本墳の特徴は、八郷町丸山古墳に次いで茨城県で銅鏃を発見したことになる。また竪矧板革綴短甲は関東地方最古に属するもので、長方形板を革で綴ったものでその例はあまり知られていない。さらに墳丘裾付近の括部には底部に穿孔する壺型土器が多数検出されており、玉造町勅使塚古墳と共に茨城県を代表する古墳として注目されている。

須和間遺跡の調査

　須和間遺跡は東海村須和間地区の南端、小舌状台地の先端を利用して構築された弥生末期から古墳時代にかけての低墳丘を有する墳墓群である。
　この遺跡は1967年、東海村都市計画による主要幹線道路の敷設に伴って発見されたもので、最初は記録保存のための調査であった。調査を担当した茨城考古学会の若手グループにより、5号、6号と呼称した低墳丘墓が、方形周溝墓であると確認された。調査当時筆者の日誌には次のような記録がある。
　　6号墳
　　　第1トレンチ掃除終了後、第2トレンチを設定して、周溝を追求した結果、円形になる可能性がなくなり、方形プランを呈したので今日は全員で第6トレンチまで設ける。確認した結果、南北11メートル、東西8メートルの長方形を呈することが判明した。周溝は南北両溝が断面V字状を呈し、西溝が比較的幅広の溝で、東側はテラス状をなし、台状部はほぼ水平である。南溝は東コーナー部でやや狭くなり、丘陵傾斜面に突き抜ける。台状部は中央で約1メートルの3層からなる封土が盛られている。その封土中央の2号土壙上部の表層で器台片一点を採集する。台状部には少なくとも

4基の土壙が認められ、特に第1土壙は方位をN22度Wにとり、長さ1.8メートル、幅75センチである。周囲には多量に焼けて破砕された河原石が散布し、しかもこれらが旧表土と思われる黒土内から検出される。

この頃わが国で問題となりつつあった方形周溝墓の盛土の有無について一つの重要な資料を提供することとなった。方形周溝墓は1964年8月、八王子市宇津木遺跡で大場磐雄によって発見された。須和間遺跡の調査はその3年後から開始される。この調査には宇津木遺跡の方形周溝墓を発見した。翌1972年『常陸須和間遺跡』を刊行してその実態を紹介した。

大場磐雄は筆者の求めに応じて長文の序文を寄せ、本遺跡の重要性を示してくれた。

> 従来方形周溝墓には果して人工的な封土がどの程度まで盛られていたかどうかついては、いろいろと議論の存する所であって、あったとしても周溝を掘りあげた土を盛った程度の低いもので、人工封土と称するものではあるまいと推定されていた。
>
> ところが今回の本例により明らかに人工的な封土が設けられていたことが判明するに至ると、しばしば問題視されていた方形周溝墓と高塚（古墳）との関係が、改めて検討されて来るのである。両者の有機的な結合を示す一つの手がかりを与えることとなって問題は大きな進展を示すこととなる。

と高く評価している。この墳墓群からは副葬品はほとんどなく、従来の古墳に対してきわめて貧弱である。しかしこの遺跡の場合、遺構がきわめて注目されるのである。現在は一部を削り取られた6、8、9、10、11号が残されており、阿夫利神社（小石祠）境内地として、須和間の数軒の人達によって祀られている。方形周溝墓の研究に果たした成果が大きいだけに行政の手で保護してくれることを念ぜずにはいられない。

浮島古墳群の調査

1968年から、もう一つの注目される古墳群の調査が東京電機大学高校考古学研究会の主催で開始された。稲敷郡桜川村浮島所在の古墳の調査である。この

調査は1973年まで7次にわたって行われた。特に注目されるのは勝木3号、4号墳と原1号、2号墳の調査結果である。詳細は前記の報告を参照していただきたい。その中で特に筆者は、原1号墳（前方後方墳）の墳丘構築の方法、外表土器群の詳細なあり方等を正確に記録することに努めた。さらに副葬品に含まれた細形の管玉や墳丘構築法から、その年代を茨城県で初めて4世紀代に比定した。その概略は、原1号墳が全長31.5m、後方部幅13m、前方部幅8m、高さ後方部3.5m、前方部1mほどの小規模な前方後方墳である。
その出土遺物は、

（イ）埋葬施設直上

 1、土師器類

  壺（底部穿孔）   3個体

  器台   1個体

 2、砥石   1個

 3、須恵器（坏）   1個

 4、カワラケ片   数10片

（ロ）埋葬施設内

 1、玉類

  管玉   4個

  ガラス小玉   11個

 2、鉄製品

  槍先（？）   1本

  剣状鉄器   1本

  鉇   1本

  鏨   2本

  短冊型鉄斧   1本

  鎌   1本

  針   1本

  用途不明鉄器   1本

(ハ) 前方部周溝内
  土師器類
  壺（底部穿孔）　　　　　　　　1個　　以上

これに対して原2号墳は低墳丘墓で、埋葬施設が発見されて古墳と認められた。それは粘土をわずかに使用した木棺直葬形式で、棺長3.6m、幅約80cmであった。出土遺物は、

(イ) 棺内
  1、玉類
    管玉　　　　　　　　　　　　13個
    ガラス小玉　　　　　　　　　4個
  2、鉄製品類
    刀子片　　　　　　　　　　　1片
(ロ) 西溝内
  土師器類
  器台　　　　　　　　　　　　　1個　　以上

　筆者はこの報告の中で「霞ヶ浦沿岸の発生期古墳」と題して、常陸における古墳出現期の様相を整理しておいた。さらに原支群の調査をしていた1972年、この島を縦貫する広域道路の計画が明らかになった。その計画では原支群の一部も削り取られるとのニュースが伝えられた。筆者は保存を優先して調査の継続を断念して、浜田作衛らを中心として保存運動を展開し、日本考古学協会から保存要望書等を提出してもらい、原支群は道路によって破壊されることはなくなった。しかし心ない土建業者によって最近、筆者らが断念した部分が削り取られてしまった。

上の台玉作の調査

　1970年には、寺村光晴によって江戸崎町上の台玉作遺跡の予備調査が実施された。この遺跡が一部の研究者によって注目されるのは管状穿孔具による石製品加工の工程を示す遺物が採集されたからである。真偽を明らかにするために

は本格的調査が必要である。

この遺物は石釧や紡錘車形石製品の内面をクリぬく際に得られるものであり、東国の玉作史上貴重な遺跡になる。予備調査には筆者も招かれて参加したが、フレークを表面で採集することはできたが、本調査を計画するだけの良好な遺構・遺物を確認することはできなかった。

烏山遺跡群の破壊

この頃から茨城県においても遺跡破壊の数は増加し、1971年をみると水戸市赤塚古墳群、出島村稲荷山古墳、茨城町八幡埴輪窯跡、常陸太田市身隠山横穴群、笠間市うら山古墳（大川 1973）、同杉崎古墳群等が発掘調査されてその大半は消滅した。1972年になって土浦市烏山遺跡群が破壊の対象とされた。この遺跡の破壊は茨城県の考古学上の遺跡の中でも最も大きな破壊といえる。茨城県住宅供給公社による宅地造成工事に伴って破壊されるため、調査されたものである。第1次調査の際、7棟の玉作工房が発見されたことは特筆されなければならない。工房跡からは勾玉、管玉の未製品が大量に伴出し、関東地方では例をみない内磨砥石が発見された（大川他 1972）。

本遺跡は古墳時代の全体を通じて300棟を越える住居跡が発見され、その中のある時期に玉作が行われていた。さらに十数基の古墳も同時に調査された。

虎塚古墳の調査

この頃になると各地で市史や町史の編纂も活発となり、中には勝田市のように市史編纂のために基本的調査実施したり、発掘調査を行う所もあらわれてきた。虎塚古墳はそうした事業の一環として調査された最も大きな成果である。

本墳は大塚初重により1973年から76年にかけて調査されたものである。全長55m、後円部径27m、前方部幅30m、高さ後円部5.7m、前方部5.2mの西北西に面する前方後円墳である。葺石、埴輪等の外護施設はなく、後円部に西南に開口する横穴式石室が存在する。

副葬品はそれほど豊富ではなく、直刀、刀子、鈬状鉄器、鉄鏃等が少量発見

されたにすぎない。しかし石室の奥壁や側壁には多くの絵や文様が描かれたいわゆる装飾古墳として全国的に注目されている。石室内の図文は、白地に赤色で、主として武器、武具類が稚拙に描かれている。今まで常陸には久慈川流域を中心として線刻装飾の横穴がよく知られていた。しかし本墳は関城町船玉古墳、出島村大師唐櫃古墳等のように横穴式石室の側面に白色粘土と赤色顔料を使用して彩色されたものである点注目される。しかも本墳が学界に及ぼした影響は単に彩色の装飾古墳の資料を新たに加えたのみではない。わが国における保存科学に与えた影響は図り知れない。東京国立文化財研究所の協力によって、横穴式石室の開口前から調査が行われ、克明なデータの採取によって、今後の遺跡保存を考えるうえで特に重要視されている。また奈良の高松塚古墳が密封され研究者とて見学できないのにもかかわらず本墳は国民に対して部分的に公開している。このことも銘記したい。今や虎塚古墳は常陸の古墳の中で最も注目されている。それは従来のように発掘された遺構や遺物によって評価されていた時代から新しい時代に向けてわが国最尖端の保存・公開施設を備えたものとして、重要な責務を背負っていることである。

　古墳研究は1975年頃をピークとして、停滞化の傾向にある。それは破壊を前提とした調査に追われ、いわゆる長期的展望をもった研究があまり見られなくなったためであろう。徳川光圀が侍塚古墳を調査したことをわれわれは忘れてはならない。それは単なる調査ではなく、遺跡の保存でもあった。そうして昭和50（1975）年までの常陸の古墳研究史を振り返ってみたが、日本の考古学研究にとっていかに重視されることが多いかも理解していただけたと思う。

　現在のように破壊を前提とする調査が多くなると、研究のためにジックリと腰を据えて一つの遺跡を検討することが不可能となりつつある。常陸の古墳研究には大塚初重が示したような馬渡遺跡、舟塚古墳、虎塚古墳の調査のような長期にわたる研究の手本がある。それは須和間遺跡や浮島古墳群の調査にも受け継がれている。

　筆者はそろそろ時流から取り残されてもよいからのんびりと常陸の古墳を追いかけようと思う。

参考文献一覧

1. 引用参考文献
あ行

市毛 勲　1973「『変則的古墳』覚書」『古代』56
伊東重敏　1966『津田、天神山遺跡調査報告』勝田市教育委員会
　　　　　1969『勝田市下高場遺跡調査三報』勝田市教育委員会
　　　　　1974『向井原発掘調査報告』水戸市教育委員会
今井 尭　1984『竹田墳墓群』（竹田遺跡発掘調査報告第1集）鏡野町教育委員会
今井尭他　1969「古墳外表の土器群」『考古学研究』16-2
岩崎卓也　1973「古式土師器再考」『史学研究』91
上田三平　1942「大丸山古墳主体部構造の特異性」『考古学雑誌』32-9
上田宏範　1969『前方後円墳』学生社
　　　　　1984「松鶴洞一号墳実測図の型式学的検討」『韓国の前方後円墳』社会思想社
　　　　　1985「前方後円墳における築造企画の展開　その5—型式分類からみた常陸の前方後円墳—」『末永先生米寿記念献呈論文集』末永先生米寿記念会
上田宏範他　1961『桜井茶臼山古墳』奈良県教育委員会
梅原末治　1925「上代墳墓の営造に関する一考察」『芸文』16-4
海老原幸　1972「鹿島地方の古墳文化」『鹿島町史 第1巻』鹿島町史編さん委員会
大川 清　1971『花室城跡発掘調査概報』茨城県教育委員会
　　　　　1973『石井台遺跡』国士舘大学考古学研究室
大川清他　1972『茨城県土浦市烏山遺跡発掘調査中間報告』国士舘大学考古学研究室
大木衛他　1972『羽計古墳群』東庄町教育委員会
大塚初重　1956「前方後方墳の成立とその性格」『駿台史学』6
　　　　　1967「常陸の前方後方墳について」『茨城県史研究』6
　　　　　1976『茨城県馬渡における埴輪製作址』明治大学
大塚初重他　1964「茨城県勅使塚古墳の研究」『考古学集刊』2-3
大塚 博　1975「古墳時代の土浦」『土浦市史』土浦市役所
大橋泰夫他　1984「常陸長辺寺山古墳の円筒埴輪」『古代』77
大場磐雄　1970「神社の成り立ち」『祭祀遺跡』角川書店
　　　　　1971「大生西第一号墳の年代と諸問題について」『常陸大生古墳群』雄山閣
大場磐雄他　1971『常陸大生古墳群』潮来町教育委員会
大森信英他　1975『土浦市烏山遺跡群』茨城県住宅供給公社
小川町教育委員会編　1985『茨城県東茨城郡小川町埋蔵文化財分布調査報告書』
尾崎喜佐雄編　1976『下総片野古墳群』（芝山はにわ博物館研究報告Ⅳ）

尾崎喜佐雄他　1971『前橋市史』前橋市史編纂委員会
　　か行
笠井新也　1942「卑弥呼の墳墓と箸墓」『考古学雑誌』32-7
堅田　直　1964「池田市茶臼山古墳の研究」大阪古文化研究会
金関丈夫他　1962「山口県土井浜遺跡」『日本農耕文化の生成』東京堂
川崎純徳編　1982『東中根遺跡』（勝田市史別編Ⅲ）勝田市史編さん委員会
喜田貞吉　1936「前方後円墳の起源及び沿革に関する臆説」『考古学雑誌』26-11
小林三郎　1972「古墳出土の土師式土器Ⅰ」『土師式土器集成2』東京堂
小林行雄　1961「初期大和政権の勢力圏」『古墳時代の研究』青木書店
　　　　　1976「古墳文化とその伝播」『古墳文化論考』平凡社
小室　勉　1972「墳丘外表土師器群の一考察」『常陸須和間遺跡』雄山閣出版
近藤義郎他　1985『養久山墳墓群』兵庫県揖保川町教育委員会
後藤守一　1958「古墳の編年研究」古代史談話会編『古墳とその時代1』朝倉書店
後藤守一他　1957『常陸丸山古墳』丸山古墳顕彰会
　　さ行
斎藤　忠　1958「国造に関する考古学上よりの一試論」『古墳とその時代2』朝倉書店
　　　　　1961『日本古墳の研究』吉川弘文館
　　　　　1974『日本考古学史』吉川弘文館
　　　　　1989『壁画古墳の系譜』学生社
斎藤忠他　1974「古墳時代概観」『茨城県史料・考古資料編―古墳時代―』茨城県史編
　　　　　纂委員会
佐藤次男　1974「金井戸集落遺跡」『茨城県史料・考古資料編―古墳時代―』茨城県史
　　　　　編纂委員会
佐藤次男他　1972『柳沢遺跡発掘報告』那珂湊市教育委員会
柴田常恵他　1953『日吉加瀬古墳』三田史学会
朱栄憲他　1986『徳興里高句麗壁画古墳』講談社
末永雅雄他　1972『壁画古墳高松塚調査中間報告』橿原考古学研究所
杉原荘介他　1969「茨城県殿内における縄文・弥生両時代の遺跡」『考古学集刊』4-3
　　た行
滝口宏編　1961『印旛手賀両沼周辺地域埋蔵文化財』（早稲田大学考古学研究室報告第
　　　　　8冊）
滝口宏他　1984『竜角寺古墳群発掘調査報告書（第2次）』千葉県教育委員会
竹石健二他　1970「新治郡出島村の古墳概観」『茨城県史研究』7
田中国男　1944『接触文化の研究』大塚巧芸社
谷貝氾子　1952「船玉古墳と其壁画」『古代常総文化』2（鳥居報告の再録）
玉口時雄他　1953「下総龍角寺古墳調査概報」『古代』12

千葉県教育庁文化課編　1982『竜角寺古墳群測量調査報告書』房総風土記の丘友の会
坪井正五郎他　1898「常陸国新治郡瓦会村の古墳」『東京人類学会雑誌』153
寺沢　薫　1988「纒向型前方後円墳の築造」『考古学と技術』同志社大学考古学シリーズ刊行会
寺沢薫他　2002『箸墓古墳周辺の調査』奈良県立橿原考古学研究所
寺村光晴　1980『古代玉作形成史の研究』吉川弘文館
東京大学考古学研究室編　1969『我孫子古墳群』我孫子町教育委員会
富樫卯三郎　1984「宇土城石垣の古墳石材」『熊本県装飾古墳総合調査報告書』熊本県文化財保護協会
轟俊二郎　1969「円筒埴輪」『我孫子古墳群』我孫子町教育委員会
　　　　　1973「下総型円筒埴輪論」『埴輪研究第一冊』(私家版)
豊崎卓監修　1975『玉里村史』玉里村教育委員会
鳥居龍蔵　1928「図画の存在する常陸の二古墳」(上・下)『武蔵野』11-2・3
土木学会編　1936『明治以前の日本土木史』日本土木学会

な・は行

西嶋定生　1961「古墳と大和政権」『岡山史学』10
仁科義男　1931「大丸山古墳」『山梨県史蹟名勝天然記念物調査報告』5
塙瑞比古　1933「常陸国関本町上野の古墳及発掘遺物」『武蔵野』20-3
原田大六　1953『磐井の叛乱』河出書房新社
東　　実　1970『鹿島神宮』学生社
久松潜一　1959『風土記上』(日本古典全書) 朝日新聞社
櫃本誠一他　1982「山陰への道、山陰からの道」『日本の古代遺跡2・兵庫北部』保育社
平野功他　1985『三之分目大塚山古墳測量調査報告書』小見川町教育委員会
藤田安通志編　1972『常総古文化研究』(故藤田清・中村盛吉遺稿集)
房総風土記の丘編　1988『千葉県成田市所在竜角寺古墳群第101号古墳発掘報告書』千葉県教育委員会

ま行

増田精一　1982『筑波古代地域史の研究』筑波大学
松本洋明他　2002「東殿塚古墳」『西殿塚古墳・東殿塚古墳』天理市教育委員会
丸子亘他　1975「千葉県東庄町宮本第二号前方後円墳発掘調査報告」『房総文化』13
三木文雄　1976『中道町史』中道町
右島和夫　1976「片野第8号墳」『下総片野古墳群』芝山はにわ博物館
茂木雅博　1966「成田市大山古墳調査報告」『古代学研究』41
　　　　　1969a「古式古墳の性格―とくに前方後方墳を中心に―」『古代学研究』56
　　　　　1969b「浮島和田古墳群第一次調査概観」『茨城考古学』2
　　　　　1978「寿陵試論」『古代学研究』91

　　　　　　　1982「麻生の古碑」(個沼手帳6)
　　　　　　　1986「箱式石棺考―岡山県下を中心として―」『山陰考古学の諸問題』山本
　　　　　　　　　清先生喜寿記念論集刊行会
　　　　　　　1993a「空墓考」『翔古論聚』久保哲三先生追悼論文集、京都真陽社
　　　　　　　1993b「中国の空墓」『博古研究』6
　　　　　　　1994「浮島の祭祀遺跡」『風土記の考古学1』同成社
　　　　　　　2001「日本における寿陵の起源」『日本考古学の基礎研究』(茨城大学人文学
　　　　　　　　　部考古学研究報告4)
　　　　　　　2004「日本における寿陵の変質」『地域と古文化』地域と古文化刊行会
茂木雅博編　　1972『常陸須和間遺跡』雄山閣出版
　　　　　　　1980『常陸観音寺山古墳群の研究』茨城大学人文学部史学第5研究室
茂木雅博他　　1970「浮島和田古墳群第二次調査概報」『茨城考古学』3
森貞二郎　　　1964「珍敷塚古墳」『装飾古墳』平凡社
　　　　　　　1972『装飾古墳』朝日新聞社
　や・わ行
安村俊史他　　1983『玉手山九号墳』柏原市教育委員会
柳田康雄他　　1971『今宿バイパス関係埋蔵文化財調査報告第2集』福岡県教育委員会
山内清男　　　1966「縄紋式研究史における茨城県遺跡の役割」『茨城県史研究』4
兪偉超他　　　1986「漢壁画墓」『中国大百科全書―考古学―』新華書店
遊佐和敏　　　1988『帆立貝式古墳』同成社
吉田章一郎他　1962『茨城県水海道市七塚古墳群の調査』上智史学会
渡辺和夫　　　1960『埋蔵物発見報告書』真壁郡関城町教育委員会
渡辺健治　　　1958「美作隠里箱式石棺調査報告」『古代吉備』第2集

2．茨城県の主要古墳・古墳群の報告書等

［概括的文献］
茨城県教育庁社会教育課『茨城県古墳総覧』1959
茨城県史編纂委員会『茨城県史料・考古資料編―古墳時代―』1974
川崎純徳『茨城の装飾古墳』新風土記社1982
茂木雅博『古代の遺跡36　茨城』保育社、1987
茂木雅博『身近な郷土の遺跡―古墳篇―』筑波書林、1988
茂木雅博他『特別展 茨城の古墳』茨城県立歴史館、1990
茨城大学人文学部考古学研究室『常陸の前方後円墳(1)』(茨城大学人文学部考古学研
　究報告第3冊) 2000
茨城大学人文学部考古学研究室『常陸の円筒埴輪』(茨城大学人文学部考古学研究報告

第 5 冊）2002

茨城大学人文学部考古学研究室『常陸の前方後円墳（2）』（茨城大学人文学部考古学研究報告第 8 冊）2005

［個別文献］
あ行

青柳 2 号墳	伊東重敏『青柳 2 号墳調査報告書』岩瀬町教育委員会、1983
赤坂山古墳	茂木雅博他「麻生町赤坂山古墳の測量」『博古研究』10、1995
	茂木雅博他「茨城県赤坂山1号墳第二次調査の概要」『博古研究』11、1996
	茂木雅博他『常陸赤坂山古墳』（茨城大学人文学部考古学研究報告第 7 冊）2004年
赤塚古墳群	伊藤重敏「赤塚古墳群」『茨城県史料・考古資料編―古墳時代―』茨城県史編纂委員会、1974
赤浜古墳群	川崎純徳他『茨城県高萩市赤浜古墳群―発掘調査の概要―』高萩市教育委員会、1972
葦間山古墳	三木ますみ「小貝川中流域における古墳の調査」『古墳測量調査報告書Ⅰ』筑波大学歴史・人類学系、1991
麻生南古墳	大森信英「茨城県行方郡麻生町南古墳」『日本考古学年報』11、日本考古学協会、1962
愛宕山古墳（水戸市）	大塚初重「愛宕山古墳」『茨城県史料・考古資料編―古墳時代―』茨城県史編纂委員会、1974
愛宕山古墳（かすみがうら市）	茂木雅博「茨城県玉里村愛宕山古墳の測量」『博古研究』2、1991
愛宕山古墳（石岡市）	諸星政得他『府中愛宕山古墳周濠発掘調査報告書』石岡市教育委員会、1980
安戸星古墳	茂木雅博他『常陸安戸星古墳』常陸安戸星古墳調査団、1982
穴薬師古墳	高橋信和「猿島郡五霞村川妻穴薬師古墳」『茨城県埋蔵文化財調査報告書 Ⅲ』茨城県教育委員会、1970
粟田石倉山古墳	稲村繁他『粟田石倉山古墳』千代田村教育委員会、1983
伊勢山古墳	茂木雅博他「常陸伊勢山古墳の墳形について」『古代学研究』76、1974
	大塚初重他「お伊勢山古墳」『宮中野古墳群発掘調査概報―昭和56年度―』鹿島町教育委員会、1982
磯崎東古墳群	井上義安『那珂湊市磯崎東古墳群』磯崎東古墳群発掘調査会、1990
一騎山古墳群	高根信和他『常陸一騎山』大宮町教育委員会、1974

稲荷山古墳(かすみがうら市)　軽部慈恩他「茨城県出島村風返，稲荷山前方後円墳の発掘調査」『日本考古学協会昭和39年度大会研究発表要旨』1964

　　　　　　　　　　平沢一久他「稲荷山古墳」『茨城県史料・考古資料編―古墳時代―』茨城県史編纂委員会、1974

　　　　　　　　　　千葉隆司他『風返稲荷山古墳』霞ヶ浦町教育委員会、2000

稲荷塚古墳(潮来市)　茂木雅博他「常陸稲荷塚古墳の測量調査」『博古研究』28、2004

上野古墳　　　　　斎藤忠「上野古墳」『茨城県史料・考古資料編―古墳時代―』茨城県史編纂委員会、1974

　　　　　　　　　　松尾昌彦他「上野古墳出土遺物の再検討」『関城町史別冊史料編―関城町の遺跡―』関城町、1988

浮島古墳群　　　　茂木雅博『常陸浮島古墳群』浮島研究会、1976

浮島祭祀遺跡　　　亀井正道「常陸浮島の祭祀遺跡」『国学院雑誌』59-7、1958

　　　　　　　　　　茂木雅博「浮島の祭祀遺跡」『風土記の考古学』1、同成社、1994

牛伏4号墳　　　　井博幸他『牛伏4号墳の調査』内原町調査委員会、1899

王塚古墳　　　　　大塚博「古墳時代の土浦」『土浦市史』土浦市史役所、1975

大穴塚古墳　　　　井上義「大穴塚古墳」『那珂湊市遺跡分布調査報告書』那珂湊市教育委員会、1976

大上1号墳　　　　茂木雅博他『大上古墳群第4号墳発掘調査報告』鉾田町史編さん委員会、1994

大上4号墳　　　　茂木雅博他『大上古墳群第4号墳発掘調査報告』鉾田町史編さん委員会、1994

大平古墳　　　　　川崎純徳他『茨城県大平古墳』大平遺跡調査会、1986

大峰山古墳群　　　杉崎茂樹編「北浦東岸における考古学的踏査及び測量調査報告」『金鈴』21、1976

　　　　　　　　　　小林三郎他『大峰山古墳群調査報告書』大洋村教育委員会、1983

小幡北山埴輪製作遺跡　井上義安他『小幡北山埴輪製作遺跡』茨城町教育委員会、1989

大生古墳群　　　　大場磐雄編『常陸大生古墳群』雄山閣、1971

　　　　　　　　　　茂木雅博他「大生古墳群の測量」『ふるさと潮来』5、1980

か行

鏡塚古墳　　　　　大場磐雄他『常陸鏡塚』(國學院大学考古学研究報告第1冊)綜芸社、1956

川子塚古墳　　　　井上義安「磯崎古墳群に関する覚書」『那珂湊市磯崎古墳群』那珂湊市教育委員会、1974

梶山古墳　　　　　汀安衛『常陸梶山古墳―茨城県鹿島郡大洋村梶山所在―』大洋町教育委員会、1981

香取神社古墳　　　白石典之他「香取神社古墳」『古墳測量調査報告書 I』筑波大学歴史・人類学系、1991

参考文献一覧　275

兜塚古墳	坪井正五郎他「常陸国新治郡瓦会村の古墳」『東京人類学会雑誌』153、1898
甲山古墳	小瀬康行「甲山古墳」『筑波古代地域史の研究』筑波大学、1981
釜付遺跡	井上義安他『常陸釜付祭祀遺跡』東海村教育委員会、1986
上出島古墳群	大森信英他『上出島古墳群』岩井市教育委員会、1975
茅山古墳	茂木雅博他『常陸茅山古墳』東海村教育委員会、2005
烏山遺跡	大川清『烏山遺跡』土浦市教育委員会、1988
烏山5号墳	小室勉「古墳群の調査―5号墳」『土浦市烏山遺跡群―第2次発掘調査報告』茨城県住宅供給公社、1975
借宿古墳群	茂木雅博「借宿古墳群」『鉾田町史 原始・古代史料編』鉾田町、1995
観音寺山古墳群	茂木雅博『常陸観音寺山古墳群の研究』茨城大学人文学部史学第5研究室、1980
観音山古墳	大竹房雄他『塚原古墳群第1号墳（観音山古墳）調査報告書』美浦村教育委員会、1981
カンブリ穴横穴群	斉藤忠「かんぶり穴横穴群」『茨城県史料―考古資料編　古墳時代』茨城県、1974
后塚古墳	大塚博「古墳時代の土浦」『土浦市史』土浦市役所、1975
	茂木雅博「土浦市における古墳の測量」『博古研究』1、1991
狐塚古墳	西宮一男『常陸狐塚』岩瀬町教育委員会、1969
宮中野古墳群	茨城考古学会『宮中野古墳群調査報告』茨城県教育委員会、1970
	小林三郎他『宮中野古墳群発掘調査概報―昭和50年度・昭和57年度』鹿島町教育委員会、1982・1983
公事塚古墳群	茂木雅博他『常陸公事塚古墳群』麻生町教育委員会、1989
熊野古墳	田中裕「茨城県千代田町熊野古墳の測量調査」『筑波大学先史学・考古学研究』8、1997
車塚古墳	上川名昭『大洗町車塚古墳群測量調査報告書』車塚古墳測量調査団、1971
小町塚古墳	早稲田大学考古学研究室「宮中野古墳群小町塚・夫婦塚古墳の測量調査」『茨城考古学』4、1971
駒塚古墳	茂木雅博他「茨城県関城町駒塚古墳・弁天山古墳の測量」『博古研究』18、1999
権現平古墳群	伊東重敏『権現平古墳群』玉里村教育委員会、1994
権現山古墳	茂木雅博他『常陸権現山古墳調査報告』東海村教育委員会、2001

さ行

桜塚古墳（つくば市）	蒲原宏行他「桜塚古墳」『筑波古代地域史の研究』筑波大学、1981
桜塚古墳（筑西市）	関城町史編さん委員会編『関城町史・別冊資料編―関城町の遺跡―』

	関城町、1988
桜山古墳	石井毅『桜山古墳』(茨城県教育財団文化財調査報告書61)、財団法人茨城県教育財団、1990
佐自塚古墳	西宮一男「佐自塚古墳調査のあらまし」『八郷公報』92、1963
	大塚初重「佐自塚古墳出土の土器」『土器式土器集成2』東京堂、1972
	斎藤忠「佐自塚古墳」『茨城県史料・考古資料編―古墳時代―』茨城県史編纂委員会、1974
三昧塚古墳	斎藤忠他『三昧塚古墳』茨城県教育委員会、1960
宍塚古墳群	椙山林継他『常陸宍塚発掘調査概要』国学院大学宍塚調査団、1971
四万騎古墳群	倉田芳郎「茨城県新治郡四万騎古墳群」『日本考古学年報』10、1963
白方古墳群	茂木雅博他『常陸白方古墳群』東海村教育委員会、1993
白河内古墳	斎藤忠「白河内古墳」『茨城県史料・考古資料編―古墳時代―』茨城県史編纂委員会、1974
寿行地古墳	石川功他『茨城県土浦市沖宿所在寿行地古墳発掘調査報告書』土浦・出島合同遺跡調査会、1995
杉崎コロニー古墳	井博幸他『杉崎コロニー古墳群』日本窯業史研究所、1980
須和間12号墳	茂木雅博他『須和間12号墳の調査』東海村教育委員会、1989
須和間遺跡	茂木雅博他『常陸須和間遺跡』雄山閣、1972
専行寺古墳	茂木雅博『茨城県真壁郡関城町専行寺古墳発掘調査報告書』関城町教育委員会、1986
浅間塚古墳	茂木雅博「浅間塚古墳」『常陸観音寺山古墳群の研究』茨城大学人文学部史学第5研究室、1980
	塩谷修「潮来市浅間塚古墳」『常陸の円筒埴輪』(茨城大学人文学部考古学研究報告第5冊)、茨城大学人文学部考古学研究室、2002
た行	
大師唐櫃古墳	小室竜之助「常陸国霞ヶ浦沿岸ニ於ケル古跡」『東京人類学』
大日塚古墳	大塚初重「大日塚古墳」『茨城県史料 考古資料編 古墳時代』茨城県、1974
大日山古墳	市毛勲他『大日山古墳』大日山古墳調査団、1971
	会雑誌』10-106、1895
台畑古墳	三木ますみ「台畑古墳」『古墳測量調査報告書 I』筑波大学歴史・人類学系、1991
高山塚古墳	茂木雅博他「常陸太田市高山塚古墳測量報告」『博古研究』21、2001
宝塚古墳	井上義安『茨城町宝塚古墳』茨城町史編さん委員会、1985
	大野延太郎「常陸国霞ヶ浦沿岸旅行談説」『東京人類学会雑誌』11-121・123、1896

長辺寺山古墳	西宮一男「長辺寺山古墳」『茨城県史料・考古資料編―古墳時代―』茨城県史編纂委員会、1974
	大橋泰男「常陸長辺寺山古墳の円筒埴輪」『古代』77、1984
勅使塚古墳	大塚初重他「茨城県勅使塚古墳の研究」『考古学集刊』2-3、1964
塚原古墳	茂木雅博他「牛堀町塚原古墳の測量」『博古研究』4、1992
塚山古墳	樋口清之他「茨城県新治郡新治村塚山古墳発掘調査報告」『上代文化』37、1967
天王原古墳	茂木雅博他「茨城県潮来町天王原古墳の測量」『博古研究』3、1992
天神塚古墳(田宿)	田中裕他「茨城県出島村田宿天神塚古墳の測量調査」『筑波大学先史学・考古学研究』7、1996
天神山古墳(常名)	大塚博「古墳時代の土浦」『土浦市史』土浦市役所、1975
	茂木雅博他「土浦市における古墳の測量」『博古研究』1、1991
天神山古墳(大場)	岸本直文「茨城県水戸市出土の三角縁神獣鏡」『考古学雑誌』78-1、1992
灯火山古墳	瀬谷昌良『灯火山古墳確認調査報告書』明野町教育委員会、1990
富田古墳群	茂木雅博「麻生の古碑」『個沼手帳』6、1982
	茂木雅博「宮田古墳群」『麻生町の遺跡』麻生町教育委員会、1997
虎塚古墳	大塚初重『虎塚壁画古墳』勝田市史編纂室、1978
鴨志田篤二	『史跡虎塚古墳』勝田市教育委員会、1985
鴨志田篤二	『虎塚古墳』(日本の遺跡3)同成社、2005
堂目木1号墳	茂木雅博「堂目木1号調査報告」『茨城考古学』1、1968

な行

長堀2号墳	市毛勲「長堀古墳第2号墳」『茨城県埋蔵文化財調査報告 Ⅳ』茨城県教育委員会、1973
西山古墳	関城町史編さん委員会編『関城町史・別冊資料編―関城町の遺跡―』関城町、1988
西山古墳群	大森信英『勝田市津田・西山古墳群調査報告』勝田市教育委員会、1964
日天月天塚古墳	茂木雅博他『常陸日天月天塚古墳』(茨城大学人文学部考古学研究報告第2冊)、1998
根古屋古墳群	桜井二郎『根古山古墳群―4号墳・13号墳発掘調査報告―』茨城県行方郡麻生町教育委員会、1985

は行

幡古墳	藤田稔「幡町幡古墳調査報告」『史考』11、茨城県立太田第一高等学校、1955
八幡塚古墳	茂木雅博他『常陸八幡塚古墳整備報告書』八幡塚古墳調査団、1979

原1号墳	茂木雅博他「常陸浮島原1号墳の調査」『日本考古学協会1972年度大会研究要旨』1972
	茂木雅博編『常陸浮島古墳群』浮島研究会、1976
瓢箪塚古墳	茂木雅博他「麻生町瓢箪塚古墳の円筒埴輪」『博古研究』7、1994
	茂木雅博他「麻生町瓢箪塚古墳の測量」『博古研究』8、1994
平沢古墳群	寺内のり子「平沢・山口古墳群」『筑波古代地域史の研究』筑波大学、1981
福田古墳群	大森信英他「福田古墳群」『東町史 資料編 原始考古』東町史編纂委員会、1998
富士山4号墳	阿久津久「大宮町の遺跡」『大宮町史』大宮町1997
富士見塚古墳	出島村遺跡調査会編『発掘調査報告書 富士見塚古墳』出島村教育委員会、1992
船玉古墳	荒井庸夫「舟玉古墳」『茨城県史蹟名勝天然記念物調査報告 第2輯』1932
	生田目和利「舟玉装飾古墳」『関城町史別冊史料編 関城町の遺跡』関城町、1988
舟塚古墳	大塚初重他「茨城県舟塚古墳Ⅰ・Ⅱ」『考古学集刊』4-1、1968・1971
	新井悟「茨城県玉里村舟塚古墳の再測量報告」『駿台史学』109、2000
船塚1号墳	大森信英『常陸國村松村の古代遺蹟』村松村教育委員会、1995
舟塚山古墳	大塚初重他「茨城県舟塚山古墳の性格」『考古学手帳』22、1964
	諸星政得『舟塚山古墳周濠調査報告書』石岡市教育委員会、1972
舟塚山2号墳	茂木雅博『土浦市舟塚山2号墳調査概報』茨城大学人文学部史学第六研究室、1983
不二内古墳	八木奘三郎「常武両国発見の埴輪に就いて」『東京人類学科雑誌』12-131、1897
	斉藤忠「二不内古墳」『茨城県史料─考古資料編 古墳時代』茨城県、1974
	茂木雅博「不二内古墳群」『鉾田町史─原始・古代史料編』鉾田町、1995
部原古墳	茂木雅博『常陸部原古墳』東海村教育委員会、1990
別当山古墳	茂木雅博「別当山古墳」『東海村の遺跡』東海村教育委員会、1986
弁天塚古墳	茂木雅博「黒坂命の墳墓」『古墳時代寿陵の研究』雄山閣、1994
弁天山古墳	茂木雅博「茨城県関城町駒塚古墳・弁天山古墳の測量」『博古研究』18、1999
星神社古墳	茂木雅博他「常陸星神社古墳（町指定名称諏訪山古墳）の測量調査」『博古研究』26、2003

梵天山古墳	茂木雅博他「常陸梵天山古墳の測量調査」『博古研究』27、2004

ま行

前山古墳	茂木雅博「前山古墳」『身近な郷土の遺跡―古墳篇―』筑波書林、1988
真崎古墳群	茂木雅博他『常陸真崎古墳群』東海村教育委員会、2006
松塚1号墳	日高慎「茨城県つくば市松塚1号墳の測量調査」『筑波大学先史学・考古学研究』9、1998
丸山1号墳	後藤守一他『常陸丸山古墳』丸山古墳顕彰会、1957
馬渡埴輪製作遺跡	大塚初重他『勝田市馬渡埴輪製作祉』勝田市教育委員会、1972
三ツ塚古墳	斎藤忠『茨城県那珂郡平磯町三ツ塚古墳群調査報告』1951
	斎藤忠「三ツ塚古墳群」『茨城県史料・考古資料編―古墳時代―』茨城県史編纂委員会、1974
	大草義造「三ツ塚古墳群Ⅲ」『那珂湊市遺跡分布調査報告書』那珂湊市教育委員会、1976
宮山観音古墳	滝沢誠「宮山観音古墳」『古墳測量調査報告書 Ⅰ』筑波大学歴史・人類学、1991
妙見山古墳	茂木雅博「妙見山古墳」『身近な郷土の遺跡―古墳篇―』筑波書林、1988
武者塚古墳	武者塚古墳発掘調査団『武者塚―武者塚1号墳発掘調査連報告』新治村教育委員会、1983
夫婦塚古墳	早稲田大学考古学研究室「宮中野古墳群小野塚・夫婦塚古墳の測量調査」『茨城考古学』4、1971
	大塚初重他「夫婦塚古墳測量調査概報」『宮中野古墳群発掘調査概報―昭和58年度―』鹿島町教育委員会、1984
元太田山埴輪製作遺跡	斎藤忠他「元太田山埴輪窯跡」『茨城県史料考古資料編　古墳時代』茨城県、1974

や・わ行

谷津古墳	大森信英「茨城県勝田市金上谷津古墳」『日本考古学年報』12、1964
山木古墳	上川名昭『茨城県筑波町山木古墳』茨城考古学会、1975
山口古墳群	寺内のり子「平沢・山口古墳群」『筑波古代地域史の研究』筑波大学、1981
吉田古墳	梅原末治「常陸吉田村の彫刻の一つにつきて」『東京人類学雑誌』31-3、1916
	鳥居龍蔵「国画の存在する常陸の二古墳」『武蔵野』11-2・3、1928
和田古墳	茂木雅博他「浮島和田古墳第二次調査概報」『茨城考古学』3、1970
割山古墳	茂木雅博「常陸の円墳」『古代学研究』123、1990

初出一覧

序 「常陸の古墳」『えとのす』新日本教育図書、1985年10月
　〈付論〉「常陸」『全国古墳編年集成』雄山閣出版、1995年11月
第Ⅰ部
　1 「常陸の前方後方墳」『國學院大學考古学資料館紀要』第2輯、1985年3月
　2 「常陸の初期前方後円墳」『考古学叢考』吉川弘文館、1988年9月
　3 「常陸における前方後円（方）墳の伝播」『常陸の前方後円墳（2）』（茨城大学人文学部考古学研究報告書第8冊）2005年3月
　4 「北浦西岸の前方後円墳」『常陸赤坂山古墳』（茨城大学人文学部考古学研究報告書第7冊）2004年3月
　5 「特集：各地域における最後の前方後円墳＝茨城県＝」『古代学研究』106号、1984年11月
　6 「茨城県の円墳」『古代学研究』123号、1990年8月
第Ⅱ部　常陸の古墳をめぐる諸問題
　1 「常陸南部の古墳群」『古代学研究』60号、1971年6月
　2 「常陸伊勢山古墳の墳形について」『古代学研究』76号、1975年6月
　3 「霞ヶ浦沿岸の発生期古墳」『常陸浮島古墳群』浮島研究会、1976年9月
　4 「土浦市の古墳」『土浦の遺跡』土浦市教育委員会、1984年3月
　5 「鬼怒川中流域における古墳文化の展開」『関城町の歴史』6号、関城町史編さん委員会、1986年3月
　6 「石室に描かれた水鳥の意義」『須和間12号墳の調査』東海村教育委員会、1989年9月
　7 「墳丘と埋葬施設」『常陸日天月天塚古墳』（茨城大学人文学部考古学研究報告書第2冊）1998年3月
　8 「箱式石棺の再検討」『博古研究』17号、1994年4月
　9 「茅山古墳墳丘構築の特殊性について」『常陸茅山古墳』東海村教育委員会、2006年3月
第Ⅲ部
　「常陸における古墳研究抄史」『常陸国風土記と考古学』雄山閣、1985年9月

常陸の古墳
<small>ひたち こ ふん</small>

■著者略歴■
茂木雅博（もぎ　まさひろ）
1941年　茨城県生。
1965年　國學院大学文学部卒業。
1980年　茨城大学人文学部助教授（1988〜2007年教授）。
1994年　國學院大學より博士（歴史学）の学位授与。
主要著書（単著のみ掲載）
『前方後方墳』(雄山閣、1974)、『墳丘よりみた出現期古墳の研究』(雄山閣、1987)、『日本古代の遺跡　茨城』(保育社、1987)、『身近な郷土の遺跡　古墳』(筑波書林、1988)、『天皇陵の研究』(同成社、1991)、『前方後円墳』(同朋社、1992)、『古墳時代寿陵の研究』(雄山閣、1994)、『天皇陵とは何か』(同成社、1997)、『日本史の中の古代天皇陵』(慶友社、2002)

2007年2月10日

著　者　茂　木　雅　博
発行者　山　脇　洋　亮
印　刷　㈲章　友　社
　　　　モリモト印刷㈱

発行所　東京都千代田区飯田橋
　　　　4-4-8 東京中央ビル内　㈱同成社
　　　　ＴＥＬ　03-3239-1467　振替00140-0-20618

© Mogi Masahiro 2007. Printed in Japan
ISBN7984-88621-379-2 C3021